U0802115

周蓓 主編

『民國專題史』叢書

(法)列維-布留爾 著 彭基相 譯

河南人民出版社

法國哲學史

敘述了近代法國哲學代表人物笛卡兒、巴斯噶、孟德斯鳩、服爾德、盧梭、孔德等人的思想，總結了法國各個哲學流派間的不同，較爲詳細介紹各個流派的特點及其代表人物

圖書在版編目(CIP)數據

法國哲學史 / (法)列維-布留爾著; 彭基相譯. —
鄭州 : 河南人民出版社, 2016. 4(2017. 1 重印)
(民國專題史叢書 / 周蓓主編)
ISBN 978-7-215-10056-5

Ⅰ. ①法… Ⅱ. ①列… ②彭… Ⅲ. ①哲學史—
法國 Ⅳ. ①B565

中國版本圖書館 CIP 數據核字(2016)第 079721 號

河南人民出版社出版發行
(地址 : 鄭州市經五路 66 號　郵政編碼 : 450002　電話 : 65788063)
新華書店經銷　　河南新華印刷集團有限公司印刷
開本 710 毫米×1000 毫米　1/16　印張 21.75
字數 320 千字
2016 年 4 月第 1 版　　2017 年 1 月第 3 次印刷

定價 : 139.00 圓

出版前言

中國現代學術體系是在晚清西學東漸的大潮中逐步形成的。至民國初建，中央政治權威進一步分散和削弱，加之新文化運動帶給國人思想上的空前解放，新學的啓蒙，新知識分子的産生，民國學術如草長鶯飛，進入一個自由而蓬勃的時代。中國傳統學科乃中國學術之根基與菁華所在，民國學人采用『取今復古，别立新宗』之方法，引入西方的學術觀念，積極改造，使史學、文學等學科向現代學術方向轉型。此外，大力推介西方社會科學的新學科和自然科學，在學習、借鑒乃至移植西方現代學術話語和研究範式的過程中，逐漸建立中國現代學科，使中國的學科門類迅速擴展。一時間，新舊更迭，中西交流，百花齊放，萬壑争流，開創了中國現代學術的源頭。

伴隨知識轉型和研究範式轉換而來的，還有學術著作撰寫方式的創新。中國古代的著作向來以單篇流傳，經後人整理匯編後，方以成册成集的面目出現并持續傳播。直到十九世紀末，東西方的歷史編撰體裁不外乎多卷本的編年體、紀傳體和紀事本末體等，章節體的出現標志着近代西方學術規範的産生和新史學的興起。章節體具有依時間順序，按章節編排；因事立題，分篇綜論；既分門别類，又綜合通貫的特點。以章、節搭建起論述之框架，結構分明，邏輯清晰，較傳統的撰寫體裁容量大、系統性强。它的傳入，使中國現代學術體系從内容到形式被納入了全球化的軌道。民國時期專題史的研究、譯介、編纂、出版恰恰是在這樣的背景下欣欣而發，是學術的實驗場，也是歷史的記録儀。編選『民國專題史』叢書的初衷正是爲了從一個側面展示中國學術從傳統向現代過渡的歷史進程。

專題史是對一個學科歷史的總結，是學科入門的必備和學科研究的基礎，也是對一個時代艱深新鋭問題的解答，是學術研究的高點。民國專題史著作中，既包含通論某一學科全部或一時代（區域、國别）的變化過程的，又囊括對一時代或一問題作特殊研究的，還有少部分是對某一專題的史料進行收集的。原創與翻譯并重，翻譯的底本大多選擇該學科的代表著作或歐美大學普及教本，兼顧權威性和流行性，其中日本學者的論著占據了相當比重。日本與中國同屬東亞儒家文化圈，他們在接納西方學術思想和研究模式時，已作了某種消化與調適，從思維轉換的角度看，更便于中國借鑒和利用，他們的著作因而被時人廣泛引進。

與當代學術研究日趨專業化、專門化、專家化的『窄化』道路迥乎不同的是，中國傳統學術崇尚『學問主通不主專，貴通人不尚專家』的通識型治學門徑，處于過渡轉型期的民國學術在不同程度上保留了這種特徵。民國學術大師諸學科貫通一脉、上千年縱横捭闔之功力自不待冗言，外交家著倫理政治史、文學家著哲學史、化學家著戰争史等亦不乏其人，民國專題史研究呈現出開放、融通、跨界撰述的特點。與此同時必須看到，自晚清以來，中國的命運就在外侮屢犯、内亂頻仍的窘境中跌宕彷徨，民族存亡仿若命懸一綫。這股以創建學科、總結經驗、解决問題爲指歸的專題史出版風潮背後，包裹着民國學人企望以西學爲工具拯民族于衰微的探索精神，及以學術救亡的愛國之心。梁任公曾言：『史學者，學問之最博大而最切要者也，國民之明鏡也，愛國心之源泉也。』這種位卑未敢忘憂國的歷史使命感和國民意識是今人無法漠視和遺忘的。

『民國專題史』叢書收録的範圍包括現代各個學科，不僅限于人文社會科學，學科分類以《民國總書目》的分科爲標準，計有哲學、宗教、社會、政治、法律、軍事、經濟、文化、藝術、教育、語言文字、中國文學、外國文學、中國歷史、西方史、自然科學、醫學、工業、交通共19個學科門類。本叢書分輯整理出版，内不分科，單本發行，方便讀者按需索驥。既可作爲大專院校圖書館、學術研究機構館藏之必備資源，也可滿足個人研讀或興趣之收藏。

與目前市場已有的一些專題史叢書相比，『民國專題史』叢書具有規模大、學科全、選本精、原版影印的特點。本叢書選目首重作者的首創、權威和著作影響力，尤其注重選本的稀見性。所謂稀見，即建國後没有再版，且多數圖書館没有收藏，或即便有收藏，也是歸于非公開的珍本之列予以保存，普通讀者難以借閲。部分圖書雖有電子版，但作爲學術研究的經典原著讀本，紙質版本更利于記憶和研究之用。本叢書精揀版本最早、品相最佳的原版圖書作爲底本，因而還具有很高的版本收藏價值。

『民國專題史』的著作是民國學者對于那個時代諸問題之探究，往往有獨到之處，無論其資料、觀點短長得失如何，要之在中國現代學術史的構建與發展進程中，自有其開宗立論之地位。

張序

著述歷史本不容易；而著述思想史更難。在思想史中唯有哲學史尤有各種態度的不同。通常我們看哲學史是希望藉此可以知道各大哲學家的思想。這便是把哲學史當作哲學引論來看待。能達這個目的的書自然是不少，就中如美國譯萊（Thilly）的書似乎可算一個代表。而余伯維虛（Ueberweg）的書卻爲最好。至於把哲學史當作人類思想發展的歷程與痕跡來看，這固然是由黑格爾（Hegel）創始，然而卻亦後繼有人。黑格爾自己的哲學史講義當然可算是哲學史的經典了。不過他有一個大弊病：就是他硬以正（thesis）反（antithesis）合（synthesis）的程式來嵌入一切思想。於是便成了一個削足適履的情形。但是他居然能告訴我們：哲學家的思想不是他個人的思想，乃是人類思想的大流中的一個小分支。這一點卻啓發了後來的哲學史家不少。例如文旦榜德（Windelband）的書便是注眼於人類思想進展的全程。他說：『哲學史上的思想進展在某一時期可完全由思想內部自己的必然性看得出來。』這句話顯然是表示黑格爾派的眞理。但他又以爲僅僅這個內在的必然性還是不夠。所以他把文化看的很重。社會的變遷與文化的創新在在都足以影響哲學思想。最後他又舉出哲學家的個性，表明個性與思想大流的關係。我們可以說著述哲學史若是採取這樣的態度當然要和前一種稍有不同了。於此以外，據我看，似乎還另有一種。就是以著者自己對於這些思想的了解來作主觀的敍述。好像報館的通信與旅客的遊記一樣。遊客對於眞山眞水述他的印象。思想史家則未嘗不可把古人的思想作爲遊歷的對象。所以哲學史中所述各大哲學家往往有詳有略，有很透澈有很淺薄。這便是由於著者自己對於他們的了解有深淺不同。例如赫甫定(Hoffding)的近世哲學史，其述康德就特別好，而其述柏克萊與休謨就似乎太略了。我所說的這三種態度不是互相排斥的。決沒有一個人著哲學史而專取一種態度的。因爲第一種不能自足，必須有幾分兼第二種態度。同時無論如何，第三種態度總是不可免的，不過有程度的等差而已。

以上是汎論哲學史，至於這一本哲學史卻另有其優點。優點很多，就中我最喜歡的一點是：用自己的話來述古人思想，而不用古人自己的話。我認爲這個態度是思想史家所必具的。我在拙作道德哲學上曾試用一次。於是我纔知道襲用古人的言語來述古人的思想容易藏拙。用自己的言語來述他人思想卻非對於他人思想有深切的了解不能辦到。本書著者是法國當代的一個大哲學家，以他來述法國的哲學思想，那還會有絲毫疑問麼？可見思想史的著述是不容易的。

彭叔輔先生留法數年，專攻哲學。歸國以來，埋頭譯書。我們應該知道哲學就是一種訓練。初學哲學無論有何獨到處，總不如讀書多的人。叔輔先生譯書愈多，當然是讀書愈多。他的哲學必是一天一天醇化起來了！正如蘇格拉地所說，必須思想上有孕，方能爲思想的生產。所以我想叔輔先生當他從事翻譯的時候必定正是他思想孕育的時候。他日爲中國創造一個新哲學，是可翹足而待了。

西歷一九三三年八月十三日

張東蓀序於北平西郊之達園

瞿序

彭叔輔先生譯成 Lévy-Bruhl 的近代法國哲學史，這是一件極有價值的工作。現在我們研究哲學的人很不少。我總覺得我們現在對於西洋思想還是在吸收了解的時代。從思想的相互影響的發展上看，融化不同的思想而創造新的哲學，最不能着急的是時間，非經過適當的時間，不大容易有新的創造。一方面整理原有的材料，一方面系統的紹介西洋思想是現在的要緊工作。

Lévy Bruhl 的近代法國哲學史是很著名的一部書。雖名爲法國哲學史，而一方面顧到西洋哲學的共通之點，忠實的說明法國哲學所受於英德哲學的影響。一方面又提出法國思想天才之所在。卽原著者所謂法國哲學雖有其特點而不能與歐洲哲學的一般的發展分開。同時法國哲學的歷史的聯續亦確爲表現法國人思想天才的共同傾向。一國哲學的特點不一定在他的哲學的內容，而在他的根本的思想的路道，或者亦可以說是精神。

這本近代法國哲學史，亦可以認爲一本一般的思想史。同時，（用馮芝生先生的話）又是一本哲學家的哲學史。使讀者可以在這本書裏看出歐洲思想的進展。他所舉的都眞是代表人物。笛卡兒，巴斯噶，孟德斯鳩，服爾德，盧梭，康的，亞克孔德……這些人不但是法國思想的代表人物，亦是近代歐洲思想的代表人物。在近代哲學史上，如其除去上面提出來的一兩個名字，西洋哲學或者會與現在的哲學史不同。這些思想家都是代表思想主潮的人物。著者爲要表明思想的主潮起見，凡從別的方面綜合他們時代的思想的思想家，尋常不列入狹義的哲學史的人物，如孟德斯鳩，盧梭，亦特別提出來討論，這是著者選擇材料的獨到處。亦表示他的哲學立場。

這本哲學史是了解現代法國哲學的極好的準備。著者說要預言法國哲學的將來，很不容易。但是舊的形上學——不是形上學本身——漸漸的要衰歇，將來或者會有一種科學基礎的知識論，或者根據一種新的知識論產生一種新的形上學。我們如其想到柏格森，邁亦松 (Meyerson) 乃至於較早的潘加勒，就覺得他的預測是很有意味的了。

一國的思想特徵是最難捉摸的。在提到某一國的思想與另一國比較時，似乎覺得很清楚。但要分析的研究，用一兩個概念來說明，確很不容易。我們覺得法國哲學確有他的特點，但不大容易指定。一般的說，笛卡兒是很好的代表。笛卡兒不是要求明白清楚的觀念麼？這要求明白清楚的精神，是理性的精神。在理性的精神之下，所要的是理知的批評分析與確證的方法。Lévy-Bruhl 說：

> 法國的大哲學家都先研究數學。例如十七世紀有笛卡兒，他是解析幾何的發明者。Pascal 是幾何學者與物理學者。Malbranche 也是一位科學家。十八世紀有 Fontenelle, D' Alembert, Condorcet，十九世紀有孔德，Renouvier, Cournot。他如服爾德與康的亞克亦對於數學很有興趣。這不是偶然的。在法國數學的與哲學的精神有很密切的關係。

幾何學是從原則演繹下來的研究。有原理就可以推論得明白清楚的結論。然而要得到原理原則，必須有方法。法國哲學家之注重方法，也不是偶然的。以嚴格的方法，在不容疑的原理之下，嚴格的推證，是數學的特徵。也是法國哲學家的理想。所以著者說三百年來法國哲學至今恪守笛卡兒的精神。這種精神，根本上是理性的精神。假如有人說法國也有懷疑派。然而法國思想上的懷疑精神，是研究者的懷疑，是理性的懷疑。理性的懷疑，是思想的最初的準備。

著者亦提到法國思想之注重人生。並且提出法國哲學家都相信人力制勝自然之點。這種人本主義的思想，是法國思想的大潮流。提到人本主義乃至於人文主義的思潮，不能不令人想到孟登的一方面是理知的懷疑，一方面注重人生的行爲的藝術的看法。孟登與笛卡兒可以說是導引法國哲學的兩條線路。一方面要求的是數理的確證性，一方面是一種人文主義的傾向。而背後都是一種以理性爲立場爲出發點的批評態度。

法國的哲學是一種求解放的哲學，是一種代表自由的哲學。是以理性對權威的哲學。是要理性脫離束縛的哲學。因此他的哲學必須具有『方法的，嚴格的，與明白清楚的方式。』亦因此同的理由，法國的哲學對於科學的哲學與道德的哲學有其特到的貢獻。

中國現在對於新哲學的建設，還只是準備的時期。我們所需要的是批評的方法與嚴格的分析。申言之，我們要有理性的精神，要有清楚的思想。這是建設新哲學的必要前提。在這一點上，法國哲學應當有他的貢獻。

菊農瞿世英　廿一年十二月

譯者序言

此書係譯自雷維不魯爾(Lévy-Bruhl)的法國近代哲學史(History of Modern Philosophy in France)；此書出版於一八九九年在時間上說似乎稍舊。但譯者以為欲了解法國思想，這本書實在是一本很好的書。法國哲學史；在英法文中沒有什麼好書：在英文中如 Alexander Gunn 的近代法國哲學 (Modern French Philosophy) 在法文中如 Cresson 的法國哲學的思想史 (Les Courants de la Pensée Philosophique Française) 都是很好的書，但是究竟不及雷氏這本書寫的深刻。美國哥侖比亞大學的哲學系印出一本小冊子，名哲學史的問題與書目，也將雷氏此書列入於近代哲學史書目中。此書原名法國近代哲學史，我因為法國哲學史實在是起於笛卡兒，在笛氏以前如蒙旦(Montaigne) 不能說是真正的哲學家；故我稱此書為法國哲學史，刪去『近代』二字，意義反覺貼切。

至於這本書對於法國現代哲學一章，讀者或不滿意，這是因為他著成這本書的時候在一八九九年，在法國現代哲學中的許多重要著作如：Poincaré 的科學之價值（出版於一九二五年），科學與假設（出版於一九二七年），柏格森的創造的進化（出版於一九二七年）等等，雷氏當然不能提到。又凡在一八九九年以後之法國著名哲學著作，讀者可參看我譯的自一九一八至一九二五年之法國哲學一文；此文係譯自 Parodi 之法國現代哲學的最後附錄一篇曾登載於哲學評論（商務出版）的第三卷第一期。

雷維不魯爾的著作有十幾種而以一九二五年出版之初民的心靈（La Mentalité Primitive）一書尤爲著名。現任法國哲學雜誌(Revue Philosophique) 的總編輯，在法國現代哲學界中頗具聲望。

這本書的第一章，第六章，第十三章與第十五章我曾在中法大學月刊上發表過。又第二章與第三章，我曾在哲學評論（商務出版）上發表過；特在此聲明。至於我對於人名的翻譯多半根據於商務印書館出版的外國專名表；所以有時是法文音，我譯成英文音或別的音（如拉丁文音），就是這個道理；因爲我想譯名能統一，在翻譯上也是一件很重的事。

最後我還要聲明一句，即這本書原來是定爲師範大學研究院的叢書之一，後因該院無印刷費，所以未能印成。

又承張東蓀先生與瞿菊農先生各替我做一篇序，特在此致謝！特別是東蓀先生對於我這本書的出版具有熱心的幫助，我當更爲感激！

中華民國二十二年七月二十五日

彭基相於北平。

目錄

插圖表

著者序言

一本書應當讓牠自己說話，所以序言是愈短愈好。我因爲要指明本書的目的與性質，所以必須要說幾句話。

要想寫一本法國近代哲學史，當然是自笛卡兒開始，因爲大家承認在哲學思想史中笛卡兒開了一個時期，這不僅是爲法國，並且是爲世界。

這本『哲學史』並不是說完全的——卽這本書並沒有把法國自十七世紀開始直到現在凡是討論哲學問題的人都包括在內。比較次一等的哲學家與創造很平庸的人在這本書內都沒有提到。著者不願意用那些不著名哲學家之乾燥無味的知識來加重這本書，因爲這本書已很大了。尤其是他不想寫一本無所不包的著作，而是想寫一本歷史。那些沒有特別創造的哲學家（例如許多僅爲大師的弟子）在想無所不知者的眼中看來固有他們的價值。但是在歷史家的眼中看來他們的價值是很少。因爲歷史家不是想僅僅保存事實與年代，這些知識只是他著作的原料，他的主要目的是要執住事實的連絡與推演觀念及學說發展的公律。這就是他爲什麼一定要集中注意力於代表的人物，於『有後代』的著作的原因。

有許多哲學的著作家在法國思想的演進中並不重要，所以我們也不提到，還有許多別的適相反，我們給他們以很多的地位，雖然他們常常不算在『職業的』哲學家中。例如巴斯噶，封特涅爾，服爾德，芮農等等皆是我們對於這件事有很有力的理由。在哲學史中只看見系統的論理演進，這是不是哲學史過於狹窄的概念？當然這是一種看法；但是我們仍應當明白哲學的思想雖有其特別與一定的目的，而亦包括於每一個文明的生活中，並且包括於每一個民族的生活中。在每一個時代這種思想都影響於時代的精神，這種精神又回過來反應這種思想。在牠的發展中與別的系統如社會與智識的現象，實證的科學，藝術，宗教，文學，政治與經濟生活，有同時的發展。總之，一個民族的哲學即是牠的歷史的作用。例如過去二百年的法國哲學對於法國的大革命頗有關係，雖然是間接的關係。在十八世紀，法國哲學是法國革命的預備；在十九世紀，法國哲學一部分是阻止革命，一部分是推演革命的結果。

所以在我們法國近代哲學史中，依照系統分明的著作家，當介紹這些人，即那些在不同的形式下想綜合他們那時代觀念的人，與那些改變他們的方向的人。除上述的人以外，要排斥了孟德斯鳩，狄德羅，盧梭與梅斯特，這能成為法國忠實的哲學思想史嗎？在我看來，這個問題並不在他們是否佔一個地位，而在他們所佔的是一個什麼地位？讀者將明白我不是以騎牆派為滿意，這個問題在這本書中在很自由的精神中解決了。

最後我應當敬致謝意於下列各人，第一是 Open Court 出版公司，他們以最大善意出版這種外國的著作；其次是 G. Coblence 小姐，她是翻譯者；再次是 Kansas 大學教授 W. H. Carruth，他校閱了翻譯的全稿。

於巴黎

一八九九年八月 L. Lévy-Bruhl

法國哲學史

第一章　笛卡兒（Descartes）

一

近代哲學到了笛卡兒（R. Descartes 1596—1650）轉入一個新的時期。笛氏生於十六世紀科學與哲學光明的時代以後，實在獲益非淺。意大利法國與英國的文藝復興，均給笛氏以不少的利益。當時如伽利略（Galileo），托里析利（Torricelli）與哈維（Harvey）這些科學家的發現，笛氏都已經認識。即他所攻擊的中古經院哲學在他心中亦留下永久不滅的印象。

雖然當時與已往的勢力對於笛氏都有影響，但是笛卡兒之創造的天才仍顯然可見，在他所創造之新哲學的方法中更可看出。黑格爾（Hegel）稱他為英雄，這種過譽的誇獎在某種意義下也許的確。笛卡兒固無機會以身殉學術；但是天賦與他以極大的勇氣來愛真理與努力科學。假使英雄這個名稱要是指為人類思想開闢新的路徑，那笛卡兒可以當之無愧。

笛氏傾向在他以前之哲學家的態度是很明顯——但是實際上他並無所知。雖然他讀過在他以前之哲學家的著作，但是他建造他的系統好像對於以前的人一無所知。他想完全依靠他自己的方法與理性。他並不輕視古代與近代的哲學家；他也並不相信他的頭腦超過他們。他並承認在他創造他的方法以前已經有許多眞理發現，但是他不願用傳統的態度來承受他們。他要自己決心來發現眞理。他主張用他的方法來求眞理，不與普通流行的錯誤意見相混，要用證據來認識眞理。只有如此，眞理才有價值，才有用。因爲一個眞理孤立不與以前的任何眞理有關係，結果是很難發展以後的眞理，這樣一個眞理本身一定很少有興趣。我們要費精力了解古代的著作，費時間學習古代的言語來獲得這樣的眞理未免太不值得。一切的時間最好用來訓練我們的理智捉住眞理的必要連環，得着一個可以推知到別一個。

此爲最初之動機，亦爲最有效力之動機，因爲笛氏既不妄信耳食之談，更不囿於傳統學說。但是他另有一個權威的學說。他所尋求的不是或然，是眞實。尋求眞實的第一個條件是要排斥當時所教授的哲學，因爲這種哲學只以或然自足，並無任何滿意的證據。雖然他有時仍不免要用中古經院哲學的語句（例如在他的 Méditations 大部分中就有，）雖然他有時仍不免借用中古經院哲學的材料（例如在本體論的論證中，在不斷創造的學說中，）但是笛卡兒對於經過中古之改變與文藝復興之攻擊的古代哲學的方法與精神，可以說完全沒有關係。即使他有時借用古代學說，他也十分地改變過了。笛卡兒的學說不僅有我們即將要研究的積極意義，並且還具有批評的意義，掃除這種哲學系統，即在實體形式神祕原因中要解釋一切事物，實際上並不能證明一件事物。

在他的態度中當然不僅只是攻擊前人的權威方法——這種攻擊在十六世紀以前已高唱入雲。在笛氏學說中我們可以知道他把普通人承受的哲學視為虛浮飄渺，而另以一種與以前毫無關係的哲學代替之。這實在是一件勇的事業，不僅是改造的，並且是革命的。在英國培根（Bacon）雖也藉實驗的方法攻擊中古的經院哲學，但是他的物理實在的觀念仍然是由經院哲學裏面出來。霍布士（Hobbes）雖也極力擺脫傳統的玄學，但是他仍然為後來英國經院哲學派的繼承者。在德國也是相同：來勃尼茲（Leibniz）的天才在保守方面與在創造方面是相同的；他對於笛卡兒過度地攻擊經院哲學顯然表示反對，在他的學說中與語句中有一大部分仍保守着經院哲學的態度。所以到他的繼承者吳爾服（Wolf）手中，就根據了來勃尼茲的哲學，再恢復一種新經院哲學的系統。康德承受的哲學也就是這種哲學；後來，在康德的批評以後出現了一種新經院哲學（例如在黑格爾派中）無疑地是與中古的經院哲學有關。所以在德國傳統哲學的線索始終未斷。

在法國因為有了笛卡兒，情形就完全不同。笛卡兒的哲學注全力摧殘其敵人，到了十七世紀的後半期，就完全戰勝了。這對於法國哲學的進步有好處也有壞處。這當然有很大的利益，即後來這種哲學脫離了古代的權威，脫離了經院哲學的專制，獲得完全的自主，能自由陶冶於物理科學及數學的精神中，這種科學勢力的增加，在人類生活中成為一個新的要素。笛卡兒哲學這種成功以及方法的堅定，雖在學說衰微以後，仍可以獲得充分的證據。但在另一方面法國哲學在十八世紀有許多不良之點，也就是因為與傳統的學說太無關係而產生，喜歡抽象與過於簡單的解決，相信發現眞理就要有清楚的原則做論證就夠了，雖在最複雜的社會生活問題中——總之，缺少歷史的精神，是這時期法國哲學的缺點——這些缺點多少是由於笛卡兒哲學的精神來的。笛卡兒與其信徒，和傳統的哲學打戰的時候，所以很難能領略其價值與必需的功用了。

在這方面沒有事再有如此的重要，卽這些著作家所說的歷史。因爲歷史不是一種科學，故不能做一個學派的基礎。歷史固能使吾人留戀不捨，但不能啓迪吾人以知識。這是很容易獲得錯誤的觀念，很容易被激動走過火。論理說來，凡是僅依據於歷史的要求並不足以認爲確實。這最後的公理在實際上發生很嚴重的結果。笛卡兒已預知他的學說要擴張應用到政治與社會的問題。所以他在未應用以前公然否認，假使他願意我們不去批評現存的制度，在他的情形中與在蒙旦(Montaigne)的情形中相同；就是因爲功利的原因。可以想像這種情況，卽功利的考慮將有利於別一個方面。所以這只是一種利益的問題。

這種傾向是要求只有理性應當爲意見的基礎，因爲只有理性能證明意見爲眞，結果能自由應用理性的批評，這就是笛卡兒在歷史中給我們以他的心靈。他在學校裏面雖然學了很多，但是除數學以外沒有一樣能使他滿意。當他極力欲忘記他的教師的學說的時候，他似乎爲要脫離他們的權威。他在當時所受的科學，卽是所謂醫學，法律，哲學，他對於這些科學均極爲輕視。他後來轉回來研究美術，文與歷史。他最歡喜幾何；他對於幾何因好奇心被用爲娛樂的東西極爲驚異，『在這種一個堅固的基礎上面，竟不能建築一個更高貴的東西』，眞未免可惜。基礎旣明白了；笛卡兒就開始建築了。

笛　卡　兒(1596–1650)

二

有人說笛卡兒先是一個科學家，而後才是一個哲學家。又有別說，笛卡兒是一個哲學家的成分多，科學家的成分少。其實在笛卡兒看來哲學與科學不分。他要建立一個與人接近的系統——一個一致不能分的系統，好像一條無限的長鍊之一樣。他尋找這個系統爲的是要得着最正當與最快樂的生活方法。所以笛卡兒的目的是一個正當與快樂的生活。這一點他不僅與他同時的哲學家相同，我們並可以說與任何時候的哲學家都相同。

對於這一點，在笛卡兒看來只有數學值得稱爲科學。笛氏覺得數學原則的完全明白命題的證實嚴正，眞理的必然結果，都與其他一切不同。但是假使數學家沒有做成原則的方法，這些性質根本自什麼地方來？所以笛卡兒要建立一種哲學與科學，一定需要方法，哲學的方法應當是數學演繹的方法——算術，代數與幾何。

應用在以上所述的科學之有效果的方法，再拿來應用到笛氏所研究之普遍的科學，將能使提出之問題獲得簡單之解決。但此種解決是非實際的。數學方法『在古代分析與近代代數』中應用過。此種方法爲一特別方法，限制於幾何圖形的研究中與符號及規則之代數中。怎樣能從這些步驟中，尤其適用於特別的科學，達到普遍科學或哲學所需要之普遍方法？笛卡兒假使沒有一個大發現使他到這條路上，他絕不會有這樣大膽的奢望。他曾經發明解析幾何，卽藉幾何圖形的方程式來表現的方法，或者換言之，卽藉幾何的圖形代表一定的方程式。在這方面，笛卡兒用一種普遍的方法代替以前幾何與代數所採取之舊方法，卽使幾何與代數互相不同，這種普遍方法可以應用到他所謂『普遍數理的科學，』即可以應用研究『在數理科學中之各種的比例與均衡，以前視爲不同的。』這種發現不僅在數學歷史中劃一新時期，即不僅供給一無可比喻之簡單與有力工具，並且能使笛卡兒希望一種哲學的方法。最後的普遍化不應當可能嗎？藉着這種普遍使他發現的方法不僅應用於『普遍數學的科學，』並且也應用於一切眞理的系統結合，此種眞理爲吾人有限心靈所能達到。

在笛卡兒心靈中之方法即是如此形成的，在他的方法論（Discours de la Méthode）中他即撮要敍述這種方法，並且他決定在他的計劃中用這種方法來代替無用的古代邏輯。在這兒無須詳細解釋這些規則。但吾人必須知道第一個規則，即『一件事我們要不很清楚地知道，絕不能承認之爲眞，』實在說來，這個規則並不是一個方法的標準。這些標準是包含在附錄的規則裏面，笛氏在此規則中用分析法，使各種困難分爲部分，用綜合法構造並說明科學。但是第一個規則完全不同。這個規則不能建立步驟，用以發現眞理。這個規則只是與科學本身不可分離的方法（這當然也是笛氏的意思。）假使情形是如此，方法（或科學）的第一步應當精細地決定，使吾人認識眞的，放棄或然或不定的。這種表徵即吾人所謂證據。這第一個規則是數學暗示於笛卡兒，像別的規則一樣。因爲在他的方法中，他假用於數學的研究及證明之步驟普遍化，所以在他的公式中，他建立一定的原則，科學由此原則獲得完全，並且這種原則後來亦變爲新哲學的原則。

所以著名之『證據』的規則已超過方法的原則範圍以外。規則所排斥的與著作所含有的，即可視爲笛卡兒哲學的格言。這個規則開始排斥一切根據於權威的知識（除非宗教的眞理。）雖然亞理斯多德以及他所有的註釋者都同是一個意見，仍不能證明這種意見爲眞。卽使這種意見偶然是對的，亞理斯多德的權威在科學中亦毫無所建設。除證據外，科學不能允許任何東西；換言之，除淸楚明白毫無疑惑外，或者除由依據於證據之原則所演繹的東西以外，科學不承認任何其他東西。經院哲學的完全系統：玄學，邏輯，物理學，一概都被攻擊。所謂道德的科學，比較起來不能達到數學的證據程度，並且這種科學就要達到較高的或然就自足了，笛卡兒的公式也排斥這種科學，事實上笛卡兒對於歷史與淹博的學問也不十分看重。

但是使此規則最爲重要的，是使理性能爲眞僞的最高判斷。所以理性宣佈其最高的威權，不准再有上訴餘地。我們想的，信的與做的都應當爲證據所決定；只有理性能判決這種證據；除非吾人爲當下之動作所壓迫。人人均具有相同之理性，所以眞理一個人明白了，其餘一切別的人都能明白。爲一個心靈所允許的證據，也同樣能爲人類全體所允許；所以區別眞僞的個人理性在一切人中有普遍的狀態。

雖然笛卡兒也覺得他公式中的危險。他已預見到他的公式會引起很嚴重的誤會，所以他十分小心來努力阻止這些誤會。第一件就是宗教的眞理不受理性的批評；不在理性的裁判之下。宗教的眞理我們不能研究，只能信仰。依笛卡兒的意思，我們既不能使宗教的眞理適合於我們的理性，也不能使我們的理性適合於宗教的眞理。他們屬於另一世界。所以笛卡兒分知識界與行爲界爲二；他們附屬於暫時的倫理，當科學完成的時候，卽在很遠的將來，這種暫時的倫理爲確定的倫理所代替。在思想的範圍內，笛卡兒不談政治與社會問題。「這些洶洶不息的謠言」要提出許多不必追問的問題，笛氏禁止不談。所以在道德與宗教問題以後，政治的問題他很小心的擺開不問。那末，理性的絕對主權施於何地？施行於哲學中，於抽象的科學中，於物理學中；總之，凡無其他興趣，只有純粹眞理的地方。

過度的謹愼還是等於不謹愼。理性先管理這有限的範圍，漸漸侵越到別的範圍。假使我們承認理性有權決定眞假，那我們立卽應當承認理性無限制，除非在康德（Kant）與孔德（Comte）的著作中不知怎樣有了限制。其實，在十八世紀的法國哲學是努力將笛卡兒方法的精神應用到一切的事物上去：如政治，倫理，宗教等，這些笛卡兒都是小心地放棄。任何東西除有證據外均不能承認之爲眞，我們豈不能更進一步搖撼一切被承認的歷史事實；召集一切特權，制度，信仰於理性審判之前？表示對於笛卡兒特別的尊敬，『制憲會議』(Assemblée Constituante) 證明法國大革命的精神就是笛卡兒精神的淵源之一。

三

現在既有了方法，笛卡兒最需要的豈不就是用這種絕對數學的確實來構造他哲學的系統？不，不因爲數學中，基本原則：公理與定義，均極淸楚明白，無需理性的心靈再來研究他們。但是哲學直到他那時候爲止，仍缺少這種原則，笛卡兒的目的就是要建立這些原則。

爲達到這個目的，他至少暫時要放棄一切他往日認爲眞實與僅爲或然的意見。因爲要免除厭煩的舉例，他主張考慮意見要從他們的來源入手。他說：『例如有時覺得我的感覺欺騙了，凡是感覺告訴我的都不能相信。如我有時對於極簡單的推理錯誤了，雖是實證科學的結果我都不能相信。最後我假定一個具有萬能的魔鬼喜歡使我錯誤，雖當我相信與看見眞理極明白的時候，所以雖有證據使我不能不相信的時候，我仍自動願意審愼我的判斷。」

「能否有任何信條不爲這種過度的懷疑所影響？有一個，並且只有這一個。感覺欺騙我，推理能有錯誤，極確實的事體魔鬼會迷惑我們使我們不能相信；假使我是錯了，只因爲我在，——我思故我在，是如此自明與如此確定的眞理雖極端的懷疑均不能搖動。」這是爲笛卡兒所尋求的第一個哲學原則。阿基米得（Archimedes）只要求一個立足點來舉起這個世界，所以笛卡兒也尋出一個無可駁難的信條，來樹立他全體系統的基礎。

假使依照哲學家的習慣吾人應區分知識界與存在界爲二，那末這句話即笛卡兒之「我思，」當然是在知識界以內。因爲吾人可以懷疑一切我所思想的，但對於我思則無所懷疑，雖在我懷疑的時候。但在存在界，絕對（即神）是主要的。所以笛卡兒在他樹立「我思」的原則以後，立即要證明神的存在。他知道他思想，他也知道他懷疑，所以他是不完全；因爲不知代替了知是不完全。他所以有一個不完全的觀念。這個觀念是自什麼地方來的？笛卡兒研究其一切的來源，一個一個研究過都覺得不適當，最後只有一個，即完全的觀念不能來自經驗，如完全的東西（即神）實際不能存在，那我們也不能有這個不完全的觀念；所以這個觀念是「工人留在他工作中的痕跡。」

開始笛卡兒不能不證明神的存在。否則魔鬼的假定（魔鬼能欺騙他，雖當他十分看淸楚的時候，）能除去對於一切信條的疑惑，除「我思」以外；他自己引起的懷疑曾使他無結果。為除去這種假定，笛卡兒立即去證明一個完全的存在——神。神不能欺騙我們。但這是不是一個三段論證的圓圈？假使最明白的論證需要神的保證，那末什麼又來保證證明神的存在的論證？

因為下面推理的幫助，笛卡兒仍難逃脫一個三段論證式的圓圈。神的保證是必需的，不是因為證據，此與其本身不同；而是使我確定這種眞理，即不記着什麼理由，我仍能承認之為淸楚明白。總之，不論何地記憶來在中間的時候，這神的保證是必需，但只限於那種情形下。假使我們無須記憶來知道我們所想的，那我們也無須記憶來知道神的存在。不論笛卡兒證明神之存在的三段論證式是怎樣，但這種證明與其說是根據於形式的推理，毋甯說是根據於直覺。在默想完全之概念時，同時我見到此完全概念不存在之不可能。一切別的事物之存在似乎是可能；但是神之存在好像是必需，就包含在神的觀念中。這個是沒有論證，或者只是直接的悟解。像後來麥爾伯蘭基（Malebranche）說的一樣，這「只是幻覺」的證明。所以三段論證式的圓圈只是表面的。笛卡兒是對的，緊在「我思」的證明以後就建立神的存在。自此以後，他十分相信用神賦與他的官能，因為神永遠不欺騙。他現在只要小心謹愼跟着他的方法，將語句連結在一定的秩序內，就達到確實無誤的眞理。

開始於最普遍，最簡單與最容易執着的事物，即為一定必需的秩序；換言之，即別的眞理由此第一原則演繹而出。所以除非玄學有很好的基礎，物理學不能被研究。根據這個標準，笛卡兒開始建立絕對與完全的東西的存在，即是神；因為相同的理由，他進而確定靈魂與身體的本質。達到這個目的，他的開始點仍然是「我思。」

我思，我在，但是我是什麽？一個人思想，換言之，卽一個人判斷，記憶，感覺，想像與願意，一個東西的存在不與任何地方相連，也不依賴於任何物質東西。笛卡兒由『我思』才跳出他的普遍的懷疑。他主張在這一點惟一存在的東西卽是他自己的思想。他的思想的存在在他以為不必需要與他的身體的存在相連，而依靠於身體。並且相反，他可以假定他的身體不存在，又外面世界的知覺與他自己的分子，他以為是一種幻像。他至少在現在不能拒絕這種假定；一直等到晚年並經過些困難，他才稍有改變。雖然，因為他思想，他才確定他存在。但顚倒言之，讓他假定他不能思想，依此假定他卽不能存在，雖然一切外面的體與其自己的身體仍然是實在的。所以他自己的認識（卽他的思想）絕不依靠於物質的東西，物質的存在仍是問題，所以他的完全的性質是思想。

笛卡兒的反對者說，你假定『你自己的身體不存在，你又說你仍能繼續思想。但是假使你的假定證明是確實的，換言之，假使你的身體與你的腦筋消滅了，你仍承認你能繼續思想嗎？』笛卡兒回答說『我並沒有確定這種假定——至少是現在。我現在的目的不是證明靈魂的不朽。這是玄學的問題，不是我現在所能解決的——因我現在只知道一件事實，卽是『我思』（還有神的存在。）我要研究的全問題僅是：「我是什麽？」以前說過，我的存在能被我知道的只是一個為思想所供給的東西，並且僅為思想所供給。因為我雖然十分確定我思想的存在，但是其餘一切東西的存在仍完全對我懷疑。這種思想的存在，或者可以與腦筋的存在有關係。但是我對於腦筋的存在一點不知道。現在我也不能討論這個問題。有一件事可以確定：卽我知道我自己是思想，在積極方面我不能知道我自己是腦筋。』

這是笛卡兒哲學的主要點之一，這一個主要點能使我們測量他的影響，可以與在他以前的思想以及以後的思想比較。笛氏的『我思』可以說代替了哲學的輪軸。在古代與中古的經院學派（除了神學）思想的心靈似乎與宇宙不分，視爲思想的對像，正如靈魂被視爲活的身體的實體形式。依笛卡兒的意思，剛剛相反，以爲思想心靈的存在，並不依靠於別種存在的東西，爲我們可以了解的別種存在之重要條件；因爲假使我能確定任何東西的存在，除了我自己以外，還不及我確定我（具有思想）是存在比較理由充足得多。我不能懷疑的唯一實在就是我自己的思想。

笛卡兒的反對者與繼承者能自這一點出發。一切近代理想主義形式（與古代的理想主義極不同）的來源都自笛氏『我思』來的洛克（Locke）之平和謹愼的理想主義，麥爾伯蘭基之基督教的理想主義，休謨（Hume）之懷疑的理想主義，康德之超越的理想主義，菲希特（Fichte）之絕對的理想主義，還有我們現在這個時代流行的各種別的學說，差不多都與笛卡兒哲學之根本原則有密切的關係。並且在近代科學中之自然的概念也與笛氏的哲學有關。因爲我們以後可以知道，當笛氏使思想（卽靈魂）與思想以外的東西有區別的時候，他不得不使力與生命在物質世界中有一個新的概念。

現在讓我們在笛卡兒公式（我是思想的東西）以外再加以下的原則，卽『凡是淸楚明白的是眞的。』因爲我知道身體與靈魂的性質沒有相同的屬性很淸楚明白，所以這兩種性質的無關也是眞的。了解靈魂不僅無需於任何身體的觀念，並且靈魂的存在也無需於身體。

因此笛卡兒有一個權利可以推知『靈魂比較身體容易知道。』這並不是說（依他的學說）心理學比較物理學或生理學爲容易的科學。心理學在笛卡兒的系統中沒有地位；最多在他的靈魂的痛苦（Passions de l'ame）中僅有一個大綱。但是這個格言是玄學的，不是心理學的。這個意思就是說我們對於靈魂有極清楚明白的知識，絕無懷疑的可能；至於身體適相反，我們所知道的只是表面的，能否存在正在懷疑中，我們不能征服這種懷疑，除了藉勞苦與複雜的推理。

爲使以上所說的一切更清楚起見，讓我們記住笛卡兒常說的忠告，即『摒除一切感覺與想像的印像，只相信理智。』設有兩種的證據：一種告訴我們太陽發光，蜜是甜的，鉛是重的；另一種告訴我們相等數加相等數，其總數仍相等。只有後一種是自明的；前一種不是自明的。感覺的印像雖很活躍，但是模糊不淸。我們不能解釋他們，並且沒有東西能保證他們是實在。水在我以爲煖，在你也許以爲涼。冷熱以及屬於身體之別種性質除『積』外，都不是身體生來具有的；他們都是與感覺的事物有關的。所以我們只憑感覺來認識物體，我們就很容易墮入錯誤，在證據未完以前，我們就急促做成判斷，即我們時時就會有錯誤的。難道在夢中我不能有我現在所有的知覺，堅決地去追求實在？但是不論我在夢中或是醒的，二加二等於四是眞的；思想的我是存在也是眞的。

所以在哲學的思想前，再沒有東西能像物體及其性質容易被人知道，因爲我們形成他們的印像無任何困難；至於靈魂是什麽就很不容易明白了。這並不是印像所能捉住的事物。哲學家第一步的工作是要使他自己與感覺的假光分開，尋求理性的眞光。這種努力很接近於柏拉圖的要求，他稱哲學爲不能見的科學，並說數學的研究爲預備的訓練身體與感官不能使我們認識實在，並爲心靈之正當活動的阻礙。卽使我們眼，耳，手，鼻所接觸的物質，我們也只有藉悟性方能知道。因爲只有悟性能給吾人以清楚的觀念——一個東西在長，寬，深能測量的觀念。

物體的別種性質並不是實在爲物體原來所具有。『看看這一片蠟；剛從蜂巢裏面取來的；還沒有失去裏面所含有的甜蜜；並且還保存着所採來的花香；顏色形式大小都很明白地看出；冷而且硬，容易拿起假使要用力敲，還能聽到微微的聲音。……但當我說話的時候，如有人拿起這塊蠟靠近火；不論裏面所含的味道如何都蒸發出去了，香味也沒有了，顏色變了，形式失去了，大小增加了，變成液體，比較熱些，人不能拿起，如人用力敲也聽不出聲音。』然而這還是相同的蠟。所以這片蠟既不是甜蜜的味道，也不是美麗的花香，也不是顏色形式或聲音，只是一個體，這個體在未近火以前我們感到許多形式，在近火以後我們又感覺許多別的形式。所以關於這個體我們能清楚明白知道的是牠的『積』(Extension)。

四

笛卡兒對於靈魂的定義是『思，』對於身體的定義是『積。』他的這種學說與當時流行的玄學大起衝突。中古經院派的哲學家在這一點上是跟着亞理斯多德走，視靈魂爲生命與思想的原則。在植物，動物與人中是一個相同的靈魂，不過在植物中的靈魂是純粹的養料，在動物中靈魂是感覺的，在人中的靈魂是理性的。雖然這種學說使靈魂的不朽成爲一個很難了解的東西，但對於經院派的人卻沒有什麼困難，因爲不朽在他們看來只是信仰的東西，不是證明的東西。笛卡兒說既沒有養料的靈魂，也沒有運動的靈魂；只有一種靈魂，卽是思想的靈魂，因爲情感也是思想。養料與運動只要藉機械的公律就可解釋。動物既無所思，亦無所感。動物像機器一樣，他們的動作的完全可以與一個鐘錶工作的完全相比較。但是在此以後，我們不能再設想人死後的歸宿與飛蠅螞蟻死後的歸宿相同。

經院派的物理學也假定力的存在，與物質中奧妙難解的因，並以爲有些自然現象中之特別性質不如此假定不能解釋。這兒笛卡兒也反對他們的學說，完全排斥這些假定的原則；力與因，在他以爲這些只是模糊不清的觀念，這些假設只適合於懶惰的心靈，這種解釋實際上一樣都沒有解釋，只是在另一種形式下將已經明白的問題加以複述罷了。物質只是『積』，幾何學家都這樣看法，他需要的除數目運動與綿延外，無他種材料。他認爲無論在生物或無生物的體中發生的現象，這些都足以解釋了。

所以笛卡兒的物理科學是純粹理性的，在性質與懷疑方面和他方法的規則是一致的，並禁止他『承認任何東西爲眞，除非是有了證據叫我們不能不承認。』似乎傾向於幾何的形式，一切物理的科學至少在原則上，當縮減爲機械的問題。『給我物質與運動的公律，』笛卡兒說，『我就能造出一個和我們所見的是相同的宇宙，也有天地日月星辰，在地上也有動植礦物；總之，能造出我們經驗上所有的一切東西，除了人的理性的靈魂。』

笛卡兒想像一切自然的現象，特別是那些活動的東西，比較他們原來的情形實在簡單得多。他的概念是一個大數學家的概念，在他的那個時候物理學與化學還不能存在，生物學更不用說。他以爲他不假經驗就能決定恆星的數目。他想像他能很精確地描寫胎兒的形成。他希望如留心用人類機器，在必需時再修補牠，能保護人的生命至於無窮，並且能征服疾病與死亡。現代的科學家對於這些問題的困難，知道比較多些，所以結果野心也比較少些。但是他們所要達到的科學理想雖然離開我們所考慮的很遠，仍能與笛卡兒所想的相同。發現一切現象的公律，在可能範圍內，把公律縮成數目，可以測量，放棄一切玄學的假設來解釋物理的現象。

這種將物質宇宙視爲幾何的概念，被笛卡兒的繼承者再三攻擊。來布尼茲極力證明笛氏物質的定義與動的公律不合。來氏歡喜連結德謨頡利圖（Democritus）與笛卡兒在一起，並常常將他們兩人合在一塊敘述。這種對比到是很聰明，但是不能連結太緊。當然，笛卡兒像德謨頡利圖一樣，只要物質與運動來解釋物理宇宙的發生。但在德氏與笛氏解釋之間，豈無任何區別，人能忘記德氏之物理科學與其玄學是一個是相同的東西嗎？原子與眞空在他以爲是一切東西的最初原質，此雖爲亞理斯多德所反對，他仍然以此來解釋動的來源。在笛卡兒，在物理學開始以前，一個完全玄學的系統已先建立了，物理學是由這種玄學中才獲得原則；現象最初的公律是由神的性質演繹來的。並且笛氏不像德氏因爲系統而強迫否認最後原因的存在。剛剛相反，他並主張他們的存在。他固然禁止我們去尋找這些最後的原因，但是因爲要了解神的計劃，故不得不在我們人類中假定有他們；神的自由愈絕對愈無限，結果他的動作將完全不能爲我們的理性所了解。最後，笛氏不承認物質是自己存在，他相信物體與別的東西一樣，他們的存在只是在神之表現的意志與常常的幫助中。假使這種幫助頃刻間停止，一切的物體將歸於烏有。

笛卡兒系統之機械的性質，與德謨頡利圖之物質主義所以相差甚遠。笛氏堅決主張自由意志的實在，在他的判斷論與錯誤論中，他將重要部分都歸之於此種自由意志。笛卡兒只可稱之爲機械的物理學家，不能稱之爲機械的哲學家。但是在這種意義中，幾乎一切的科學家也都如此。用朗格的話就是『機械主義是自然科學最好的公式。』

但是笛卡兒承認之演繹的科學，與近代用實驗方法最熱心並最有成效之自然科學豈不是相差甚遠？實在，當演繹法是困難並且是不實用的時候，笛氏常以爲演繹法容易。但是此爲事實問題，並非原則問題。當這種或那種科學（至少物理科學）漸漸近於完全的時候，我們可以知道是由實驗的達於理性的。如天文學，機械學早就如此，後來如光學，聲學，水力學，以及熱學，電學與物理學其他部分，都很能證明笛卡兒的理想。

並且笛卡兒本人對於實驗的方法也有重要的貢獻。很早就有一個故事，敍述他說他在阿姆斯特丹（Amsterdam）走過一個肉舖子，選擇許多肘子，他想帶回去『在閒暇時候分解；』又有一個研究學問的人想看他的圖書館，他指着他正在解剖的一塊小牛肉說『這兒就是。』在他的晚年，他在一年當中研究數學的時候很少，對於玄學的研究也不多。他幾乎完全把他的時間都費在物理學與生理學的實驗中。如此他如何不能領略一種方法的重要，這種方法就是他自己最熱心實習的？

『用結果預料原因，』這是笛卡兒對於實驗最得意的定義。他很明白表示出這種實驗的效用。假使只有一種方法，卽一定的結果能由一定的原因中演繹出，那實驗將無所用。但是自然現象極爲複雜，原因的可能結合也很多，所以一定結果的產生我們幾乎有很多的方法來解釋。那一種方法是對的？只有實驗可以決定。現在讓我們在已發展的科學與正在發展的科學中劃一區別。解釋已發展的科學，演繹是適當的方法，——由原因下推結果。但是正在發展中的科學不能採取這種方法發現未知的公律，一定要用實驗的方法，一定要用結果預料原因。

五

笛卡兒曾著有宇宙論（Traité du monde 譯者按此非哲學上之宇宙論）一書，正要出版，忽而聽到伽利略（Galileo）因論地球的運動被判定有罪，就改變他的主意。因爲笛氏極力想和平工作，在可能範圍內總想延遲他與神學家中不可免的衝突，所以他只是將他的物理學說印出一小部分，並將完體作一個大綱附在方法論的第五章。我們對於笛氏這種大著作的遺失當然痛惜之至，因爲在這種著作裏面對於笛氏哲學的不明之點，一定會有很多的貢獻。但是笛氏學說的重要部分究竟不在此，只有所謂『旋轉』的假設在十八世紀笛卡兒派的哲學家，就想藉這種假設來反對牛頓所發現的萬有引力的原則，並且現在有許多物理學家對於笛氏物質的學說也有一部分同意。

他的主要興趣並不在此，而在自然科學的完全性質，關於此種性質，笛氏已有淸楚精確的觀念，雖然只除有少數幾點外（如他在光學中的發現，）他並未能置於實用。有人說發明犂的人仍無形中站在我們今日用犂種田的農夫旁邊我們也可以說在我們的實驗室中，笛卡兒在無形中也站在研究現象公律的科學家之旁。

假使他還活着，他是否將從生命的科學走到倫理學與社會科學，如他已從數學到物理學從物理學到解剖學與生理學一樣？這或者可疑。笛卡兒對於十六世紀的政治改革與夢想不看重，倒不是因為他的過慮，假使要在他的幻想與學說之中抽出任何比較，將更使人煩惱不安。另一方面要使社會事實落到他的方法裏面他不禁感覺到十二分的困難，因為正如孔德所言，在生物學還沒有充分進步的時候，社會科學是談不到。而在笛卡兒的時代，生物學仍未產生，即是倫理學他也沒有加以很深的考慮。他的倫理學的規則仍是自蒙旦（Montaigne）與斯多噶派借來的。斯多噶主義在有些方面稍加以改變即形成了笛卡兒給依利薩伯之道德信的重要部分。這是法國哲學的特點，即產生了很多的道德家，但是很少道德的理論家。這種理由我在別處再說。笛卡兒當然亦不是這些倫理家中的一個。他或者相信科學的倫理學（不是根據於宗教的權威）還不能成立，要等到人的科學成立以後，並且物理學與道德的連結也就是很能被知道了。關於這種知識，他在他的靈魂的痛苦一書中開出一條路。

無論笛卡兒怎樣的謹慎小心，究竟仍逃不了別人的攻擊，仍然使他的哲學有「刁狡，迷惑，冒險」等等的名稱。經過了一個很長的猶疑時間，在拉伏來施（La Flèche）許多天主教徒是他以前的教師和朋友，都反對他的哲學。代表這一派反對的意見就是布爾丹神父（Father Bourdin）。笛氏曾有嚴重的回答他和天主教徒的鬥爭，就是他不住在法國的一個動機。他在荷蘭住了很久，過着一種很平靜的生活。但是當他的哲學傳播出去，引了人的注意各地方的大學都爭論他的學說的時候，他覺得他的生活將從此不能安寧了。所以他決意從克立斯提那皇后 (Queen Christina) 之請求到瑞典去了。但是他不能忍受那兒嚴寒的氣候，不到六個月他已患肺炎死了。後來他的屍身仍運回法國，

笛卡兒的哲學與他那時候的主要趨勢相合。他的哲學能在那時候成功，也就是得着時機的證明，這個哲學是否造成那個時代的精神似乎很難決定。無疑，這是可以決定的。如有人說，法國在十七世紀完全是「理性的時代」。霸羅 (Boileau) 說：

「愛理性，因爲你一切的著作
只有借着她的光才得着光明與價值。」

假使笛卡兒的哲學不這樣重理性，這種理性的嗜好或者不能有如此的急迫，感覺牠自己的存在有如此的完全。

這種「清楚觀念」的哲學，在十七世紀的後半期，在法國流行很盛，這種影響由法國擴張到全歐洲。雖然在十八世紀笛氏的玄學與物理學都受了極嚴重的攻擊，然而他的哲學即在他敵人的方法中仍然清楚明白。洛克休謨與康的亞克 (Condillac) 對於證據的概念與笛卡兒不同；但是經驗主義之歡喜清楚明白，實與理性主義相同。牛頓雖攻擊笛氏「旋轉」的假設，但是他仍保有笛氏對於物理現象機械解釋的觀念。完全否認笛卡兒的精神，直至十八世紀之末才出現。德國浪漫的作家起來以後，他們才主張清楚觀念的哲學自牠的原則起就錯了。在

他們以爲實在不是淸楚明白的。一種學說對於人類的了解愈滿意，產生出來事物的表面愈確定，至於事物的本體是神密的，不可捉摸的，不能解釋的。結果是宗教藝術與文學爲自發的哲學，其深奧與由悟性之意識努力所產生的系統簡直是無可比較，即如自然的工作比較由人工製造的物品也是高超的很多。

笛卡兒的哲學說實在話很少有情感的色彩，對於想像與心靈之隱微與無意識的活動也少有。他的哲學唯一的根據只是證據，但是證據的光耀消散了浪漫主義者認爲最可寶貴的又明又暗的地方。這種過於嚴肅的目的也有牠的毛病，這不久在笛卡兒的繼承者之中就出現了。

不論笛卡兒本人對於理性的努力如何誠懇與嚴重，不過在那個時候這種哲學實在是需要。這種哲學是一個解放者。他消滅了已經衰老的哲學，這種哲學在當時仍然很有勢力。他掃淸了道路，使物理學得脫離玄學假設的阻礙而自由。最後他把需要公式的問題都給以公式。笛氏不僅想使科學成爲有力的工具如倍根所努力的一樣，他並且還要使科學有一個永久不變的基礎。因此他的方法不得不使他由「暫時的懷疑」爲起點，使他試驗一切暫時獲得的知識，這可以看作一切近代知識論的起點。因爲影響於知覺印像推理而停止在思想的直接直覺之前的懷疑，本身就是知識能力的批評。這種懷疑一方面研究與外界事物的連接，一方面研究與思想心靈的關係；總之，這種哲學就是康德「純粹理性批評」的先驅。

一種新創與有結果的學說常常在很多方向中發展。接受這種學說的人漸漸由此得出不同，有時甚至於相反的結論，此往往爲系統的創造者所忽略，並且反對。這在笛卡兒比在別的任何哲學家中更爲確實，因爲他先從事於方法與科學的構造，所以他不得不將許多別的重要問題暫時拋開，並且他的方法也不需要他立即解決這些問題，因此根據於笛氏原則而來的有許多不同的玄學系統。斯賓挪莎採取笛卡兒給與靈魂及物質的定義，但在思想與『積』中他只看見一個實體的兩種性質。除了這種汎神論以外，還有麥爾伯蘭基的理想主義，這是由笛卡兒直接來的；難道麥氏沒有說『眞理是相同的東西嗎？』繼續創造的學說不是直接引到偶然原因論嗎？洛克他一方面攻擊內在觀念的題目，另一方面他又有許多點與笛氏相同；在我們心靈中研究許多觀念的思想與我們知識的批評研究極有關，此在笛卡兒中，在『我思』的原則以前。最後，在來布尼茲的理想主義中，笛卡兒的分子也佔有大部分；例如感覺的觀念爲不清楚的智識，這在來氏知識論的中心點，但是笛卡兒早已說過了。

所以笛卡兒的哲學是一種總的十字路，近的思想都由此分支。又在法國以外，他的方法也不是無限制地被人服從，並且他的哲學之被人承受也結合有別的分子，或爲傳統的，或爲近代的。在法國他的影響比較深而且久。笛卡兒的哲學也許很快就失去其權威，但是他的精神與法國民族的精神結合很密，永久沒有消失的一天，並且這種影響不僅在完全的十八世紀與大革命中，並且在十九世紀一切大思想家中。

第二章　麥爾伯蘭基(Malebranch)的哲學

一

自笛卡兒的方法論出來以後，在法國大多數人立即對於笛氏表同情。笛氏甯願用法文——他的國語——不願用拉丁文——他的教師的言語。開始即將之訴諸能用理性者之前。事實證明他所想的是對的。絕沒有一個新的學說能像他的學說這樣獲得同情。如何地驚異與歡樂來看見這勇敢的與活的哲學，牠的主要職務是『好好地領導理性並在科學中找眞理』忽而跳出來阻止這衰老的傳統學說，這種學說既無生命，並且在學校以外即毫無用處！又將這種哲學原則的清楚明白與經院哲學的晦澀不清相比較更覺可喜。許多女人都是熱烈地信仰笛卡兒的哲學。在摩利爾 (Molière) 戲劇中所描寫之出風頭的女人多半說什麼思想實體與刁狡物質，舍焚耶 (Sévigné) 夫人因爲表同情於他的女兒格利南 (Grignan) 夫人也變爲笛卡兒的信徒，至於格氏更信仰笛氏，並且稱他爲『父親』。

不論這種哲學有迅速的成功，有熱烈的崇拜，並有人呼笛氏爲異教徒中的上帝；但是他仍遇到極強烈的反對，這些反對者開始就看出這種哲學的缺點，不過他們不敢說他們自己是戰勝者，直到十七世紀之末。這種反對者多半是由教授傳統的經院哲學的大學裏面來的。這些大學中有些大學裏面流行有笛卡兒的哲學，就立即被攻擊。

在巴黎只有霸羅的不法拘捕寫出來以後，才使國會禁止教授任何哲學除了亞理斯多德的哲學以外的命令沒有通過。在羅馬笛卡兒的著作，天主教徒總將他們放在禁書之列。他們躊躇了很久，就要事實上這種哲學不與宗教的論點衝突，戰爭也就可以免了。因為祈禱派 (Oratorians) 與乾生派 (Gansenists) 公開歡迎笛卡兒的哲學，已夠引起天主教徒反對他。這是一個機會使他們壓迫祈禱派與摧殘乾生派。所以笛卡兒的哲學變成一切非哲學爭鬥的一種藉詞。

天主教徒因為反對笛卡兒，所以抬出一個伽桑狄 (Gassendi)，是他的最厲害與最深奧的批評者。並不是說伽氏的哲學沒有一點與笛氏相同。伽氏像笛氏一樣，也曾要求過自由哲學的權利，非常攻擊經院哲學；他也像笛氏一樣不僅是數學家與物理學家，並且也是哲學家。又他的意見與十六世紀及十七世紀之初的科學家完全相合。關於這一點他的科學的記錄以及與伽利略的通信都可以做證據。但是這一點他不像笛卡兒，即他不願用他自己的系統來代替經院哲學。他對於古代系統的歷史極為熟悉，並努力復活伊壁鳩魯的系統。他極力恢復已往哲學家的原來面目，因為他已為傳說所誤解，他的實在學說與他的性質一樣地被誤解。他又採取了伊壁鳩魯邏輯與物理學的重要部分。當他是一個感覺論者的時候，他像伊壁鳩魯一樣，用物質的觀點來解釋得的知識，然而伽桑狄又主張在我們當中有一個不朽的靈魂，並且有一個上帝，他的神靈創造與管理這個世界。這種誠懇的折衷主義似乎不使伽氏成爲一個笛卡兒哲學的可怕的反對者。伽氏在歷史上留下永久的印像因爲他一方面是一個原子論的復活者，一方面是這種物理概念的擁護者，卽後來爲波義耳（Boyle）及牛頓所採取的概念。他藉以反對笛卡兒理性主義的經驗主義並不能阻止理性主義的發展於任何時候。

笛卡兒永久是一個好的天主教徒在他的學說未成立以前他已十分小心把一切屬於宗教信仰的眞理都分開這當然是他的尊敬與服從的證據；然而這一種小心沒有滿足任何人宗教的眞理不是如此容易就能分開。例如笛卡兒的學說是物質只是『積』，他怎樣能使這種學說與宗教上之化體說（譯者按此字英文爲 transubstantiation）的神祕相合？假使一種學說如能與一種神祕相合，那至少要不正式否認神祕。事實上笛卡兒是告訴人他的學說並沒有確定什麽不能與神祕相合；但是他的解釋不是正宗的思想，並且他是摧殘不是改進物質。波緒亞（Bossuet）願意不談他們所以也不必責備笛卡兒，並且他以爲他自己是對的，因爲笛卡兒印出這些解釋並沒有用他自己的姓名。

在這一點上不論什麽眞理，笛卡兒的理性論，極勇敢地脫離一切權威甚至宗教的權威，被人視爲驚倒一切虔敬的良心，並且引起他們激烈的反對。有人視笛卡兒爲宗教有用的小路。他們很願意看見他用他自己的武器來戰一般無信仰的狂人，又藉着唯一的理性證明神的存在以及身體與靈魂的區別。別的人對於宗教事業並無深刻印像，因爲很不容易使他們看淸理智與信仰的區別，至少信仰方面總是佔着少數。除此以外，假使無信仰的人眞因笛卡兒的證明就歸於寂靜，那他的原則豈不是很可以爲無信仰者視爲好的記錄？巴斯葛（Pascal）當他稱讚笛卡兒天才的時候，似乎已指出在這種哲學的結果中基督教的信條已包含着危險。

所以一定需要鎮壓這種危機。說笛卡兒的哲學不否認宗教的眞理這還不夠；必須還要告訴我們這種哲學的結果一定嚴格地與基督教的信仰相合。經院哲學就是努力這種調和，並且覺得其能力至少在一個時候已經達到了。笛卡兒的哲學遇到相同的問題，並且這個問題再不能懸着不解決。統一的希望爲迫不容緩；兩個眞理同時並有許多心靈都不能滿足，雖然在他們當中沒有矛盾；要使這些心靈都能滿足，應當將這兩個眞理縮成一個。

這個工作的特別困難，是神學與不得不調和之哲學的性質。新教的神學常常到是安然無事，在這種哲學學說中不是積極的反宗教；這種做法是對的，因爲這種神學承認其本身產生進化，並且主張變化不是錯誤。但是舊教剛剛相反，承認不變爲眞理的必需條件。不僅信條，卽信條的解釋都是固定的，凡爲神聖權威所建立的東西一點都不能修改，並且要與哲學的學說完全相合。另一方面，笛卡兒的系統是積極的與淸楚的，很難使其本身能調和，因爲他的方法嚴格禁止之，不使與科學領域接近，無論如何，不能維持其本身於理性之前。所以要想這種調和成功，一定要使笛卡兒的學說不僅尊重信仰，並且要表白信仰；需要一種心靈要異常的玄祕，異常的虔誠；一種想像要異常的迅速與深入，並能在笛卡兒的教訓中認識，並要具有其本身所濡染之宗教信仰。麥爾伯蘭基就是這種靈魂。

二

麦爾伯蘭基（1638-1715）

用柏拉圖美麗的表現可以說麥爾伯蘭基是帶有完全靈魂的哲學家。絕不承認在他的宗教信仰與他的理性思想之間有不可侵犯的鴻溝，他也不以為在信仰與哲學之間有衝突的可能，假使哲學是眞的。『我以為一個人要想成一個健全的哲學家，當尋找他自己的道路去了解信仰的眞理，而最鞏固的道路是在玄學的眞原則中，假使他對於宗教的眞理攀附愈緊，他的道路將愈堅固。』這幾句話可以總括麥氏要努力實現的要綱，再確切地說，就是他的完全哲學要建立的眞理。

為達到這個目的，他必須在天主教的信條與笛卡兒的理性主義之間介紹一個新的份子，使他能由這階個級達到另一個階級。這些分子自動的由奧古斯丁中流出，奧氏的學說這時特別為新禱派所研究，麥氏就屬於這一派。因為奧古斯丁的幫助，麥氏深入於古代哲學，他特別傾向於柏拉圖，也因為他心靈上有這種自然的傾向。所以古代與近代哲學的連結，笛卡兒以為應當停止，這時候在緊隨他以後的一代又重新發現了，並且在他最著名的繼承者的手裏面。但麥氏不像經院哲學家之服從亞理斯多德，自已也做柏拉圖的奴隸，並且適相反，將柏拉圖的分子與笛卡兒的原則混合的結果，使麥氏的學說得有一創造的風味。

麥爾伯蘭基用十年苦工的最大著作出版於一六七四年，名稱叫眞理的尋求（La Recherche de la vérité）。無論什麼人開始擔任這個研究，一定要小心區別理性的證據——眞理的唯一表記，與感覺的假光——不管其表面的淸楚結果總是假的知識。感覺對於我們可以產生活潑的印像，但是不能使我們明白理性的光。剛剛相反，表面雖然似乎是冷淡，但能告訴我們以實在的事體。所以我們應當閉起肉體的眼，開着精神的眼去看一切。

這種教訓使我們想起柏拉圖。在(Phaedo)（譯者按爲柏拉圖對話之一）中，蘇格拉底以混亂與黑暗的元素代表身體阻礙靈魂的自然光明，使之屈服於粗大與欺騙的表面之下，又身體限制靈魂使之止於永久實在之不完全的回想，換解之，身體卽是一種牢獄，聖賢的靈魂就是渴望脫離這種牢獄。相同，麥氏也說感覺的擾亂，阻止靈魂不能靜聽理性的呼聲。所以他要漸漸自柏拉圖的觀點達到基督教的觀點。靈魂屈服於身體，結果成爲墮落；感覺戰勝了靈魂勢力必有犯罪惡，而靈魂具有眞理可以與神相通。『精神站在神與身體之間，善與惡之間，光明與黑暗之間，管理好與管理不好之間，使之完全與幸福及使之不完全與不幸福之間。』

所以依照麥爾伯蘭基與依照柏拉圖一樣，哲學第一步需要靈魂假定一個不同的態度與在思想以前的靈魂。看得見摸得着的東西能嗅能嘗的東西最初相信是實在的；後來知道他們僅是虛幻。那些既看不見又摸不着的東西剛剛相反，只能爲智識所認識，這是唯一的實在。麥氏不難藉笛卡兒的原則來建設這種眞理。他說物體的第二種性質對於思想的材料是相對的。這種性質僅屬於物體，我們藉『積』來了解他們。所以感覺對於我們什麽都不能告訴。我們以爲我們看見了我們所住的房子。我們以爲我們看見了太陽。其實這都是錯誤，實在我們並沒有看見。這似乎是不可能了解我們怎樣能看見他們；因爲這種物質東西怎樣能影響於非物質的靈魂？實在不知道，因在這二者之間實無共通之點。

我們是否完全拒絕感覺供給我們的材料，認之爲虛僞欺騙？不是，麥氏說：感覺既不欺騙，亦非虛僞，假使我們用之得當；換言之，如用之爲物體的保護，他們完全盡他們的職務，報告靈魂以痛苦與快樂，報告爲保護生命起見，那些事應當做，那些事不應當做。他們表現本能，並有其盲目的正確。假使要憑藉思想免除時時逼人危險，我們將立即消滅。感覺極適當做這種職務，並且多半能使我們相信他們的自動動作。但是除此以外再不能希望感覺了！爲物體的保護則可，做我們的教訓則不可。許多錯誤之來就是因爲我們疏忽了這種區別。因爲在利害方面感覺不欺騙我們，過久了我們成了習慣任何事都相信感覺，雖然被引入歧途仍是相信他們。

這種傾向差不多是不能免。因爲要使我們注意爲感覺所引起的印像，上帝才使他們附有快樂與痛苦。一個針刺了，雖然當時還沒有清楚的知識，但已有一個極活潑的印像，使我們不得不注意。所以形成一個習慣，即往往藉實際的興趣來判斷事物的實在；換言之，即相信感覺來知道什麼是事物，因此也就墮入於錯誤了。

如欲知『外界的事物』，憑感覺不能成功，因爲感覺是模糊不清，並且不能給我們以可靠的知識。只有憑觀念——清楚表示出來使吾人了解，並且無一點與感覺相同。觀念在上帝中，心靈能在上帝知道他們。當心靈發現任何眞理時，或看見事物時，均能在上帝觀念中見之——即在上帝中有一個清楚分明的默視，上帝代表他們，所以時時心靈知道眞理，總與上帝相連；有時心靈知道並且擁有上帝。

因爲要證明這種在『上帝中的默視』的著名學說，麥氏就依賴於笛卡兒的原理。他下靈魂的定義爲思想，下物體的定義爲積。本能上使人覺得這二者是相連的，並且深信不疑。但是我們沒有證據，並且很容易看出心靈與身體是兩個極端相反的東西。我們不能了解有形體的東西——即是積——在靈魂上產生所謂知識的印像，或者靈魂怎樣在天堂中遊行，所以知識的對象除爲一觀念外別無所有。例如當我看見太陽的時候，至於太陽是在地平線以上或以下，至於我是冥思或是做夢，這都沒有什麼關係。在這種情境中我的知覺固然是眞，在另一種中也許是假，我們不是沒有區別的方法；但是絕不是物質的東西，這往往是在我們靈魂中出現之事物的觀念。

因被許多反對者所攻擊，麥氏對於他的在上帝中之觀念默視的學說，再給以許多形式。在此處我們不能詳爲區別；只能指出他達到這種學說的方法。他詳考一切能解釋我們觀念知識的假設，第一他排斥由經院派哲學家而來之『感覺印像』的學說。這種假設不僅不能解決困難，並且增加困難，人不能了解物質的感覺印像怎樣能變成像觀念一樣的精神東西。人類的靈是自動的產生觀念嗎？想像靈魂能產生一切，這僅是人類的自傲。這種假設包含有因果的觀念。其實立卽可以知道：世界沒有東西是一個原因。在宇宙中只有上帝動作。可以說觀念是爲上帝所創造嗎？這也是一個極不可信的假設，並且不容易使之與上帝的智慧相符合。或者可以假設『觀念的無限數目』存在於各個的造物靈魂中。假設觀念永存在於上帝中，豈不是比較更有理嗎？當上帝好好顯示這些觀念的時候，我們就知道他們。這個假設不僅是最『實用，』並且能明白顯示我們依賴於上帝。空間圍繞着身體，所以上帝也圍繞着心靈。知卽是參與神聖的智慧。對我們心靈表現神之造物的觀念只是適應於這些造物之神的完全與他們的代表。

我們只有藉純粹的悟解來知道觀念；因爲觀念的世界是一個純粹的知識世界，感覺是無路可以進去。最壞的混亂是由錯誤的感覺而來，麥氏稱此爲靈魂的法式，因爲觀念是在神聖的智慧中。但是在物質中沒有錯誤的餘地，所以法式的性質完全與觀念的性質不同。靈魂的法式是變化的，觀念是不變的；法式是特別的，觀念是普遍的；法式是不定的，觀念是永久的與必然的；法式是不淸楚與晦塞的，而觀念是極淸楚與光明的；法式雖容易感到，卻是模糊不淸；而觀念是很淸楚的被知道，爲一切科學之基礎。我們不僅在上帝中看見『外界』事物的觀念，並且在上帝中看見理性的公理與這種眞理，卽波緖亞（追隨奧古斯丁）稱之爲永久的。

『在上帝中之默示』的假設是一個最可能的假設，並且是唯一可能的假設，依照麥氏的意思，在我們的常識看來，似乎爲似是而非之論。這喚起他同時人的責備，有一句著名的話：

『他能在上帝中看見一切的事體，看不見他自己的瘋癲。』

不過這實在是由笛卡兒原則而來的正當推論；在這一點上斯賓挪莎與來布尼玆的學說在表面上雖有不同，實際上與麥氏的學說相差不遠。笛卡兒曾證明我們不能由感覺知道事物，但由悟解可以知道；對於心靈的直覺而言，物質僅爲積，積的科學是幾何學。構成的眞理在心靈上爲普遍的與必然的。康德稱之爲『先驗的』(a priori)，麥氏稱之爲不動的與永久的。這些眞理的最初原因，卽全物理世界的最初的原因是在什麽地方？當然不在個人的悟解中，因爲這是有限的與可毀滅的。這種原因只能在無窮的，永久的與必然的悟解中，像眞理的本身一樣。笛卡兒已經說過一切的科學之所以眞實，是因爲上帝存在。麥爾伯蘭基更進一步，說除經過神聖的思想以外就沒有科學。我們看見眞理只當我們看見原來實在事物的時候，我們絕不能如此，除非我們在上帝中看見他們，上帝很有意義地包含他們。

麥爾伯蘭基是一個很好的笛卡兒的信徒，對於自然有一個純粹幾何的與機械的觀念。他說『上帝只藉積就產生出我們在自然中看見的一切驚奇事物並且甚至於給動物以生命與運動』但是麥氏雖與笛氏相同，說動物只是機械的，並無感覺但他對於算麥丹（譯者按：Swammerdam爲荷蘭自然科學家生於一六三七，死於一六八〇），雷汶胡克(Leewenhoek)與許多別的科學家藉新發明之顯微鏡的幫助所做出之特異的發現極有興趣。『封藏發芽』的學說，麥氏雖與來布尼茲一樣，承認之爲當時很可稱讚的學說但他對於這種學說只有一半的滿意。藉機械公律的力量，他很容易了解藏在種子裏面的小樹將要漸漸地生長出來，變成我們所看見的高的橡樹。物質現在的分類固然超過我們的感覺很多，這或者與物質的組織是相同。來布尼茲說液體的一滴是個滿池魚的小池，在一條魚中的每一滴血是另一個滿池魚的小池，一直到無窮。麥氏也承認這種解釋，但他以爲即藉純粹機械公律的力量也不能如此容易解釋種類的保護，每一個離開別一個甚至達於最小的狀態。他不像笛卡兒相信藉物質與運動的公律完全解釋像我們的世界，包括動物與植物。他想假定有另外存在的東西，像柏拉圖的觀念，『神聖的法式』『事物的模型』，這永久存在於上帝的心靈中，並在一切可能事物中決定他的選擇。否則種類的永久存在似乎對他不能解釋。麥爾伯蘭基在此處是站在笛卡兒與來布尼茲的中間。他開始像笛氏一樣，是有自然科學的幾何概念，最後像來氏一樣，是有一個玄學的概念，——最重要的是秩序與諧和。

所以我們再回到上帝。自然處處的表現使我們不能不稱贊其方法的簡單與豐潤。麥氏極活潑地感覺到自然的美。但麥氏像他那時候多半的人，在自然美中最感覺到牠表現的理性。總之，麥氏在自然中看見的是秩序。秩序的觀念可以說是麥氏哲學的樞軸；不僅成爲他倫理的基礎原則，即在他玄學的思想中也佔有一個重要的地位。他認實在是『秩序』的總合，彼此相應，彼此相關。在物理世界的秩序以上是道德實體的秩序，一個是爲偉大或量的公理所管理，另一個是爲完全或質的公律所管理。其次是恩惠的秩序，不是補充而是糾正自然的秩序。即在神聖的完全與性質中，秩序仍然可以管理。所有一切這些秩序都聚合於諧的統一中，我們微弱的悟解力對此只能有一個極不完全的觀念。這些秩序使麥氏的系統可以與一個偉大的宮殿相比較，——一個廣大與高貴的建築，其富庶與尊嚴使理性有最高的滿意。他們也可以與巴哈（譯者按Bach爲德國大音樂家一六八五——一七五〇）所構造之大樂曲相比較，巴氏藉強力創造的豐富諧和也達到最高點，在這裏面秩序常常管理。

三

一切東西的存在均因上帝而存在；我們知道一切東西亦均在上帝中知道。但是我們怎樣能知道上帝本身？我們知道他確實存在嗎？他的性質是什麼？在什麼範圍內我們知道他對於世界的關係？

在像麥爾伯蘭基這種哲學當中，上帝的存在不是一個問題。理性開始的第一步上帝就保護牠。如我存在，上帝存在，如我思想上帝存在；如我知道任何眞理，上帝存在；如任何現象發生，上帝也存在。總之，沒有東西存在或發生能沒有原因，除上帝外沒有別的原因。所以麥氏視證明上帝的存在爲多事。但他也有證明，並且他以爲有些提出的論證不是沒有價值。他並不拒絕根據於最後因的證明。管理自然之秩序的默想，常使他極力稱讚這些美的創造者，這是無疑我們一定要假定一個心靈來解釋他們。他對於這一點的推理像後來的服爾德（Voltaire）一樣。當我看見一個錶的時候，結論一定會說在這個錶的後面當然有一個智慧，只是機會絕不能產生與結合這些機器輪軸。在一切人與動物中機會與原子的結合真能安排各種的衝動，極爲適當嗎？

這個證明在心靈上產生一個很有力的印像；但是麥氏已經知道這個證明，自論理的觀點說，也不是不可非難。對於上帝存在之最美麗的，最高尙的與最有力的證明是自我們無限觀念抽出來的證明。我們有這個觀念是一個無疑的事實，雖否認上帝存在的人，即當否認的時候，亦有這個觀念。不僅人類的心靈有這個無限的觀念，並且心靈有這個觀念在有限的觀念以前。因爲無限的觀念與存在的觀念是同來的，要造一個有限存在的觀念，我們當自普遍存在的觀念裏面抽出來，所以這個觀念（普遍觀念）應當存在於另一觀念（有限觀念）之前。芬乃龍（Fénelon）說過相同的話；即不論表面現象怎樣，無限的觀念是積極的，有限的觀念是消極的，因爲前者代表無限的存在，後者代表有限的存在——即任何消極是超過限制。所以麥氏結論說，心靈除無限觀念外，不知道任何東西，一切特別的觀念是無限的普遍觀念的一部分。由此他在幾種方法中證明上帝之必須存在。

自我們有這種觀念的事實看來，一定要說上帝存在。這可以在幾種方法中看出：第一如笛卡兒以前用的實體論的論證（ontological argument）。一個東西明明被包含於表現這東西的概念之中，人就有權利假定這東西的存在。我現在明明知道上帝必須存在被包含在上帝的概念中，所以上帝存在。麥氏深知由這個證明而開的反對極有力量。他努力堅持以下的論點來回答他們，像笛卡兒以前一樣。即無限存在（上帝）的觀念與任何別的觀念不同;這個觀念構造一個單一的情形,普通的原則不能適用到這種情形,並且對於別的一切觀念不眞實的,對於這個觀念眞實。所以沒有任何三角形或山存在,而我可以有一個三角形或山的觀念,無限的觀念就是像這一種,即我有這個觀念,這個東西的本身一定存在。

實在說來,麥氏爲辯護起見已經改變這個證明。推理的形式消滅了,我們上帝的知識則爲當下的與直覺的。麥氏說當我們看見一個東西——例如一個身體——的時候,我們並未看見其本身。看見的是經過一個觀念;換言之,即經過在上帝中之完全的默示,即東西的代表。所以沒有事物之實際的存在,我們亦有看見的可能,並可以看見其全部世界。上帝只需要顯示他們於我們的默示,並不能創造他們在別的任何意義中。但是上帝本身我們不能由一個觀念看見他。『一切生存的東西可以由觀念中見之,這些觀念雖在東西未造成以前都能代表他們。……然而無限只能在牠的本身中見之,因爲沒有有限的東西能代表無限的。如我們思及上帝,他一定存在。沒有他我們不能看見他的觀念』。在上帝中之默示的學說當其飛騰在最高的時候,引導我們達於上帝的默示。有上帝的一個觀念並不是有了上帝的代表(此爲不可能);這是有上帝的本身在人類性質微弱的程度中。所以笛卡兒的證明變成與麥氏自己的系統混合起來了。他從此再不自上帝的觀念演繹出上帝的存在。他不承認在上帝的觀念與上帝的本身之間有區別。『無限是他自己的觀念。』

所以上帝的存在是一切眞理的開始,是眞理的本身,是一切別的眞理的實體;我們在神聖的悟解中知覺他們。因爲眞理是靈魂的自然目的,麥氏所以說靈魂與上帝之連結,其密切程度較與身體之連結遠甚。靈魂聽上帝在其本身以內，在其最深處。當靈魂使感覺的擾亂歸於平靜時就能聽到這種神聖的聲音，這種聲音告訴他以絕對的眞理與善，如牠自己的眞理與幸福的實體。再復活柏拉圖著名的比較，麥氏稱上帝爲心靈世界的太陽。照耀心靈的太陽與照耀身體的太陽不同。無折光太陽就絕不能吞蝕與鑽入到一切東西裏面去。不幸，在我們現在的情形中，爲罪惡所沾染，我們常常不能見到光明，而沉入在感覺的黑暗之下。

我們有一個當下的知覺，卽上帝存在；但是我們不知道上帝是什麼。因爲我們的眼光是有限的，上帝的完全是無限的。他的實體包含有無數的完全與實在。也不能在其單一中見之。上帝只有經過他的完全使我們看見他實在是什麼我們不能知道。我們的心靈達到他只在這個或那個實在的原因或實體，例如物質的積。但是上帝在他的本質上常常是無限的存在。所以只有上帝能知道上帝。當我們欲努力了解他時，我們已限制了他，由此我們已否認他的本質的一部分。最多人能說：『上帝是一存在。』一切特別西東的存在，只當他們參與在上帝中的時候；但是一切創造與一切想像的東西，不能充滿存在的無限。我們看見許多東西在非創造存在的無限中，但是我們不能很清楚地看見他的單一。我們這種看見並非因其絕對的實在，是因爲他與一切可能東西的關係，這些東西的數目他可以增加至於無窮，但不能與代表他們的實在相等。無限的重要性質包含在一裏面，一切東西在同時可以說是不同完全的一個無限數目所組成，又這些完全的每一個包含一切別的無任何實在的區別。

這又似乎與斯賓挪莎的學說極相近，麥氏稱這種學說爲『妖怪的』學說。上帝一方面是單一，同時一方面又是無限性質的無限衆多，上帝在他本身中又包含了一切實在與可能的事物，與神聖的實體不同，依照斯氏說，這就是唯一的存在，那這種上帝，究竟是什麼？麥氏視上帝爲精神的，而斯氏不承認在神聖性質中有管理宗教事務的人，這就是他們的區別嗎？但是麥氏自己說只有理智不能告訴我們說上帝是精神的；只有聖經能如此告訴我們。並且，當我們說及神聖智慧的時候，總不敢想到牠與我們自己有關係。讓我們不要墮入於『人神同性說』的錯誤中。正如上帝在他的本身中包含有一切物質的完全，也沒有物質的存在，所以他包含一切創造精神的完全，也沒有如我們所謂精神的存在。

然而，不論麥氏離『人神同性說』有多遠，不論他怎樣嚴責那些『使無限的存在爲人』，他仍有一個權利反對斯賓挪莎的學說。雖然他的系統似乎與斯氏的系統很接近，實際上是離開很遠。他似乎說的是相同的東西，但是當他用相同的名詞的時候，代表的意義已大不相同了，因爲這是基督教的意義。當他讀斯氏之『上帝，或自然』(Deus, sive nature)，他對於這樣褻瀆上帝的言語極爲憤怒；但當他自己說他在存在的無限中看見事物的衆多，他就慶賀他自己爲理性所引導重述保羅（傳道者）的話；在上帝中我們生活，動作與有我們的存在。聽聽『基督教默想』(Méditations Chrétiennes)開始的話：『我相信永久的字是精神的普遍理性，又這個相同的字是我們信仰的創造者與完成者，我相信我應當在這個『默想』中說他是藉着他的威權，憑着他的光明。來教導一切人的主宰。』

所以我們有兩種默示互相證實：一種是表現在聖經裏面，另一種是爲人人自己之理性所表現。所以雖然上帝的實體不能令人完全了解，但他顯示於我們的也很夠我們崇拜他了。當他的光明照耀着我們的時候，讓我們經過了理性參加在純粹智識的領域，參加到愛，愛上帝自己，所以他又變成一個智慧的，善的與公道的上帝。秩序的道德觀念沒有發現在斯賓挪莎中，因為依照斯氏，上帝必須是萬有，並且他的性質是相等的。相反，麥氏說上帝尊重並愛一切東西在平衡的比例中。上帝極愛靜的秩序，此僅包含在完全的關係中，在他的性質與觀念之間，此種觀念他包括之在他的本質以內。在這種論調中，我們離斯賓挪莎愈遠，離來布尼茲又較近。麥氏像來氏一樣訴於充足理由的原則（雖然他沒有叫這個名稱）因為要解釋在可能世界的無限中為神聖意志所做成的選擇，在創造的神祕能允許的範圍以內他進而解釋自然秩序與恩惠秩序間的關係。他告訴上帝怎樣自一切的不朽預知人的墮落能被贖罪，怎樣超自然的與奇怪的秩序不能擾亂自然的秩序，但只能完成自然的秩序。自玄學過渡到基督教的神學不容易看出，而這就是麥氏系統的特點，現在我們不能詳細說明這種系統，當這種過渡發生的時候。

四

在宇宙中只有一個原因，這個原因就是上帝。因為一個原因即產生出一個結果，再使此結果又產生別的。所謂一個原因即是創造東西，這種創造的力量只屬於上帝。所以一個東西可以為任何東西的原因，不論是成為神聖的與參與在古代哲學之最危險的錯誤中。這就是說墮入於驕傲的罪惡中，並不知道承認一切的造物都依賴於上帝。如我們考慮上帝的本質，造物的本質與原因的觀念，即知道這是很明白了；憑笛卡兒所立的原則亦可以知道。

我們知道的宇宙是由精神與身體合組成的；這就是說由思想的靈魂與有積的性質的物體合組成的。麥氏主張精神絕不能影響於身體，身體也絕不能影響於精神，身體也不能影響於身體，精神能彼此互通，但要經過上帝；因爲上帝圍繞着一切的精神，正如空間圍繞着一切的身體。

說精神絕不能影響於身體，似乎與經驗相反。假使我願意移動我的手臂，我就移動牠；我的意志不是我的手臂移動的原因嗎？麥氏回答說，不是，除非你把『原因』指作在前的事體，這是很規則地在一定的現象以前。但是，假使『原因』這個字是指『什麼產生』的現象，那當你說你的意志是你的手臂移動的原因的時候，你已經是超過了你所知道以外的了。你所覺得的只是你的意志混合着一種混雜不清的感力，而後是你手臂的移動。但是意志怎樣產生運動，你差不多一點不能知道。因爲你能移動你的手臂，你一定有動物的精神，並將這種精神送過一定的神經到一定的筋肉裏面伸伸縮縮，因爲這就是手臂怎樣附着精神去動，此外我們就不知道手臂是怎樣動的了，像許多別的人思想的一樣。有許多人甚至於不知道他有精神，神經與筋肉，但是他們移動他們的手臂比深研究過解剖學的人還巧，還熟悉。所以要說意志是手臂移動的原因，那這種解釋事實上我不僅不能了解，並且也是一個錯誤的解釋。但是要說上帝願意我時時有這個或那個意志，那這種手臂發生的運動就成一個可以了解與滿意的解釋，因爲這當然上帝當然就成爲一個充足的原因。麥氏說，眞的原因是在這個原因與結果之間，心靈能知覺到一種必然的關係。在意志與手臂移動之間，我們不能知道這種必然的關係。只有經驗能使我們知道這種必然的關係。

五

有一個同樣的證明關於身體影響於心靈的。一根針刺了手指；這種刺不是我立卽感覺痛的原因嗎？麥氏回答說不是的。一切的經驗告訴我說當一根針刺我的時候，我覺得痛；但是經驗沒有告訴我針能影響於心靈，或者有任何力量。這兒又是一個前後常相連結的關係誤認爲因果的變化。關於身體影響靈魂的解釋，笛卡兒認爲是他們連合結果的一種力量。麥氏就用笛氏本人的話來反對笛氏。這個力量就不是一個淸楚的觀念；我們是否再回到經院哲學家的『隱微的性質』裏面去？實際上我們不能了解一個完全性質是積的（身體）實體怎樣能產生另一個無積的（靈魂）實體。依照笛卡兒的根本原則，沒有東西是眞的，除非我們能淸楚明白地知道，而身體影響於靈魂不是一個淸楚的觀念所以我們不能承認。麥氏說，使我相信我的靈魂與我的身體相連結，或者說我的身體是我的存在的一部份，這只是一個直覺的情感；我是沒有證據。假使哲學家要用證據與理性來判斷，他們可以立卽知道心靈與身體是兩個極相反的東西；心靈不能經過其本身與身體相連結，只能經過我們自己中間的連結，又當身體受打擊的時候，上帝是受傷的靈魂。

最後，身體不能影響於身體。因爲如身體本質是積，當然身體是被動的，不能自己動自己。力的觀念與身體的定義無論如何是沒有關係。所以我們絕不能看見一個身體能改變別一個身體的狀況。這種改變只是在兩個身體的聚集以後。正確地說，這種聚集是前後常常繼續的現象，但是這兒我們無權可說誰是誰的原因因爲我們不能明白身體怎樣產生身體。

這是一切原則最大的，最有效果的與最必需的。在宇宙中我們只找到偶然的原因，這是上帝自己產生的。當上帝不藉特別的意志動作時，他就在這種方法中規定物理與物理的無限結合，物理與道德的無限結合，即現象在我們看來是受必然公律的支配，並且相同的原因常常產生相同的結果。實際上我們可以用普通流行的話，即是說靈魂動身體；靈魂是爲身體所收的印像所影響，在動作中的身體和他們動量的別的部分是互相溝通。假使我們眞知道一切的原因是純粹偶然的，那唯一實在的原因就是上帝。

這種學說在哲學史表示一個結束的階段。對於過去說，這種學說完成了笛卡兒的革命，補足了經院派物理學的缺點。在笛氏自然的概念中，已經分散有『滋育的靈魂』與『感覺的靈魂』，但是解釋一切的現象仍藉運動的公律。這種『自然』的觀念就是麥氏所要攻擊的。古代的宗教已使自然成爲神聖的。亞理斯多德的哲學在自然中已看出內部的力量，這種力量給一切存在事物以形式與發展，並建築了類與種的均衡。麥氏說，自然只是一個字，一個空的名詞，清楚觀念的哲學應當驅逐之。『我對於自然一無所得，對於哲學家想像的自然也是一樣。我自上帝和他的命令中獲得一切』。自然的因果是『偶然的性質』，像別的一樣一定是要消滅的。上帝把他所造的東西都連結起來，但在這些東西之間沒有創造任何連結的實體。總之，麥氏究竟是笛卡兒可貴的繼承者，他用了公律的清楚科學觀念代替了因果的經院派混雜的觀念。

關於這種觀念他已預料到將來。在來布尼茲，休謨，或康德以前，他已告訴在玄學中因果觀念的重要。他對於普通因果觀念的批評可以說是權威的批評。卽休謨說，當吾人以爲已獲得因果的時候，在因果之間的關係已逃開我們，所以這不是經驗中的一個觀念，實際上仍不能超過麥氏。

麥爾伯蘭基說的是玄學的與神學的話。除去他這種形式的思想，保留實體並給以一個確定的表現，再沒有因果的學說能比他的學說與近代科學的實用與精神相合。培根與在他以後的笛卡兒已經承認自然科學與最後的因無關，麥氏更進一步。他不僅放棄去尋找有效果的原因，並且任何原因都不去尋找。所以科學只能決定常常的連續，交互的形式，並當別的現象發生一定變化時，說出這種現象是怎樣變化的。這就是近代物理學的觀點。這種科學很聰明地不追問爲什麼鴉片煙使我們睡覺，限制其注意於現象與現象的公律。麥氏說的身體與靈魂的關係，身體對於另一個身體的影響，對於我們的科學家都有不少的興趣。這個大玄學家在這一點上能澄清通俗玄學的積極科學（這種通俗的玄學誤解其定義，阻礙其進步時候已經很久了）貢獻實在是很大。在這種意義中，偶然因果的學說可以說是笛卡兒科學學說一個很有價值的結果。

六

雖然在上帝中我們可以看見一切的東西，這並不是說我們眞的看見東西。在上帝中我們看見的東西只能有一個觀念；而我們看見的東西沒有任何觀念。在觀念當中麥氏認爲是靈魂。靈魂由情感（或稱爲意識）認識其本身。我們認識我們的靈魂只是在我們覺得在本身以內的時候。這兒麥氏與笛卡兒不同的地方，即麥氏以為認識靈魂的理性是有興趣的。

笛卡兒曾說靈魂比較身體容易知道。在某種意義下麥氏亦承認這句話，但是他想有一種區別。實在，靈魂的存在比較身體的存在是容易知道，在這一點上，笛卡兒是對的。因為靈魂只要思想就可以知道牠的存在，而靈魂對於身體即可以有一個清楚的觀念，不證明後者的存在。但是在另一方面，我們知道靈魂的性質也不會比知道身體的存在容易。因為除去感覺與印像，再讓我們考慮身體的本質，換言之，即考慮他們的觀念——積的觀念；除此以外，再不能有更清楚與更完全的知識。這個觀念允許我們在空間中構造一切的形體，並發展這些形體的實質；一種科學除了我們智識的弱點以外，別無任何限制。這個觀念是一個『十分光明的觀念』對於形體與運動的積的知識的缺乏並不是代表他們的觀念的缺點，而是我們研究他們的心靈的缺點。

關於靈魂的知識我能說是相同嗎？我能構造一種先天的科學，像我在幾何學中所構造的一樣嗎？關於這個觀念我能形成一個『十分光明』的觀念嗎？絕不能。經驗只能告訴我在我的靈魂以內發生什麼，經驗未顯示給我的我就無法辨認。我的內部意識告訴我是我，我想我願，我受苦；但是牠不能告訴我我是什麼，我的思想的性質是什麼，我的意志情感與痛苦的性質是什麼。甚至於事實上意識忠告我，意識不能清楚明白地顯示我們一切。例如在靈魂的一個狀態與繼續的下面一個狀態之間的關係，在一個一定的觀念與繼續這個觀念而來的痛苦之間的關係，我們不能了解。我們不能分析一種靈魂的狀態，並不能縮減之成為原質，好像在空間中縮減形體成為原質一樣，並決定其性質。當我覺得痛苦時，我只是覺得，不能知道。上帝有我的靈魂的觀念，所以知道痛苦，不感覺痛苦。

假使我有這個觀念（在上帝的智慧中曾否認之，）假使靈魂的本質對我是很『光明，』那我只要考察這種觀念就可以知道（獨立於經驗以外與在經驗以前）在一定的事態中我感覺的是什麼。無須聽音樂來知道甜蜜的諧和是怎樣，或者嘗水菓來知其味道。靈魂有多少變化我們能知道？比較那些可能的變化當然是很少的數目。一塊蠟可以有無窮的變化，因為牠能假定一切幾何的形式，還有另外許多別的無限的形式。比較身體高貴的靈魂是否也相同有無窮的變化？但是我對此不能知道，因為靈魂的本體我不能知道。

所以靈魂能有的一切變化我們都不知道。或者可以說我們知道一小部分，但是很小的一部分。我們知道的這一小部分對於靈魂的性質仍不能有明顯的指示，因為照麥氏的說話，觀念是『光明』的，而我們的變化是『黑暗』的。但是不要怨恨這種黑暗，這也許是對於我們很有益。假使我們對於靈魂有一個很清楚的觀念，像我們對於身體一樣，那靈魂對於身體的區別，是如何就可以很清楚的知道為上帝所計劃之靈魂與身體的連結也將減少力量。空間觀念的默想，在幾何學家以為是光明的來源；為什麼不能供給人以相同靈魂觀念的默想！在一種狂喜中他忘記了『領導他的身體出了草地。』所以上帝很聰敏對於靈魂只給我們一個不完全的觀念，雖然在這種生活中是很夠了。我們很知道靈魂被靈魂的不朽，靈魂的自由，以及我們不知道的別種性質的精神性所辨服。我們知道的雖少，但是我們知道的不是假的。由此我們逃去了另一種大的危險。假使我們由觀念知道靈魂，假使靈魂的本體爲我們認識，那我們可以相信我們是『我們自己的光明，』但能墮入於最壞的錯誤中——即相信我們能做我們自己有權力的事，供給我們一種無信仰的獨立，違犯上帝的特權，上帝就是唯一的原因。這種思想對於麥氏是極爲可怕。當我們身體被包圍於不朽中，當我們脫離了罪惡的時候，上帝就在精神的本質中賜給我們以精神的默想。

現在讓我們將以上說的這些話都放在旁邊，這都屬於神學。麥氏靈魂自知的學說孕育着哲學的結果。這使他的繼承者思想自然限制意識的範圍；並且預說了這種區別，即使康德後來所建立的『經驗意識』（此僅告訴我們以靈魂的現象）與嚴格知識了解的功用（即思想意識本身）之間的區別。最後，在表示我們心靈事實之知識的零碎性質方面，麥氏開了靈魂無意識生活學說的先鋒，這種學說曾受過很多的注意。

七

麥氏的倫理學和他其餘的系統是相連的，也是一方面是理性的，一方面是基督教的。沉靜你的感覺，想像與感情，你可以聽到內部眞理的純粹聲音，我們公共主宰的清楚與明白的回答。他（指主宰）不僅告訴我們什麼我們要信仰，並告訴我們什麼我們要做。他顯示我們什麼是眞，什麼是美與善，因爲他告訴我們在事物中之完全的關係與秩序（在秩序中我們一一貢獻他們。）總之，他告訴我們以秩序的原則——即最聰敏與最和善的事物給我們以存在思想與意志。除有明白的命令以外，我們不當妄用上帝的愛於有限的事物。總之，當我們不服從他（上帝）我們就錯了，就有罪。我們能否說上帝——宇宙中唯一的原因——影響於我們，我們對於罪過就不負責任；假使公平地判斷他們，他就允許？麥氏回答這種可怕的反對說，不錯，除了上帝的意志我們沒有存在或活動。誠然，他的意志使我們尋找快樂，但他不要我們在感覺的滿足中尋找快樂，而是要服從他——上帝。假使犯罪是一種權力，這種權力我們有，我們有很多的自由，不能將犯罪的責任拋在完全的存在上面。上帝是公平的，我們是生來有罪。

我們不必再追隨麥氏之神學的解釋。讓我們再回到純粹人類道德的境界，並且他說及這種境界極為銳利而且深入。這個富於「沉思」的人觀察人類的性質極為深刻。他的眞理的尋求討論為想像嗜好或情感所引起的錯誤極為著名。此書對於工作的成功上說可謂有很大的貢獻。引起很多讀者的注意，他們雖不能完全注意玄學，但深為作者道德思想的活潑與創造所迷惑。

麥氏常使他的倫理學與斯多噶派的倫理學相反。後者在他的眼睛裏面覺得是代表異教的驕傲，他們的道德在一個基督教的靈魂看來是罪惡，基督教的思想以為自然無上帝就沒有力量。他攻擊斯多噶派似是實非之論，他主張痛苦是罪惡，人必須尋求快樂。他也不以為在現在的狀態人與身體有密切關係能抑制其感情；這固然不是義務，因為感情不是特別的罪惡。只是我們沒有能善用感情。也有很好的感情，例如想發現眞理，想獲得充足的光明來規定我們的行為，想為別人謀利益等等；也有錯誤的與危險的感情，如想獲得名譽，想獲得地位，好在人上等等。常有這樣的事體，即我們最無理性的感情鼓動我們發現眞理，安慰我們在痛苦中，比較最有理性的感情多得多。麥氏最能發現人類行動的隱微動機；指出我們必須攻擊他們的方法，盡我們所能將他們變爲好的。他有一個最好的心理感覺並且他的淸楚的見解有時甚至於缺乏仁慈有許多文章麥氏揭穿蒙旦(Montaigne)的誇大都是不朽的傑作。

八

麥爾伯蘭基著作的總觀點表示出他已經實行他已定的程序。他建立了理性與基督教信條相符合的學說，不使基督教信條改變也不使理性一定要放棄其權利。這種符合並不是由辨論的詭計而成，也不是由屈服的行爲而成，使讀者心靈上留下一個不快之感。我們對於麥氏不必驚異像對於來布尼茲不必驚異一樣，不論作者是完全誠懇的不是，彼不尋求和解是否僅爲和平的緣故。麥氏產生另一種印像是一個完全天才的印像。我們覺得他傾其全靈魂於他的信仰與他的哲學。他在他的最好的一本著作論玄學上說：『啊！狄奥多，你的原則是怎樣地淸楚，堅固，怎樣的有價値地一個基督徒！並且他們是怎樣地可愛與感動！』麥氏的哲學思想是完全誠懇的。不爲利誘，不爲威逼。他也絕不爲演繹出來的結果所畏縮。他怕什麼，因爲理性與神聖合而爲一！所以假使理性的方法是健全，那理性絕不會有任何結論與基督教的良心相反。

一種驚人的玄學系統是這種公平的勇敢與信仰的冒險的結果。麥氏可以說是斯賓挪莎所說的一個自由思想家。同時他也可以說是理想主義者，此在笛卡兒還不十分淸楚；他是這種理想主義者有一個很好的邏輯的的感情。他爲柏克立（Berkeley）休謨與康德開闢了道路。當他活着的時候是很榮耀，而他的影響在十八世紀的法國與英國仍然很大。在現在他的學說似乎沉在背景下面，在他以前的笛卡兒與在他以後的理想主義的哲學家之間。除了這些哲學家由他獲得許多主要的觀念以外，麥氏仍有一種貢獻，不僅在法國是唯一的，卽在一切的國家也很少，卽是建築起一種宗教的哲學，這種哲學不僅是爲宗教所鼓勵的一種哲學。

第三章　巴斯噶(Pascal)

一

要想決定巴斯噶（Pascal）能否包括在法國的哲學家中這是同樣的困難。他一生主要著作的目的是藉尋求與證明來使已失的靈魂復返到基督教的信仰。哲學的玄想對他並沒有多大的興趣，因爲這種玄想不能引導信仰上去。所以他培植玄想只是想藉此達到他的目的；這種玄想對於他是一種手段，並不是目的。

巴斯噶曾被稱爲懷疑論者。但是他的名著思想（pensées）一書要是這樣解釋，在今日恐怕已不的確。如使人類的理性自覺其弱點與限制，並明白人類理性的知識僅爲相對的，絕對似乎是已超出知識範圍以外，如此即是懷疑論，那就有不少的哲學家值得這個名稱。巴斯噶絕未追問過人類理性的確實性，在理性自己的正當境界以內。他甚至於相信當理性遇到人類命運的問題與特別默示的必需的時候，理性能知道牠自己的不適宜。巴氏要我們信仰，但是他也想有理性承認信仰是必需的。這種態度就不是懷疑的態度。

又有別人稱他爲神祕論者。誠然，他的狂熱的信仰有時表現在神祕的長流中。但是巴氏思想的習慣一點也不神祕。神祕的哲學家多半是熱狂，晦塞，充滿了比喻與寓意。他們很缺乏邏輯的精神；他們說的話多半是感情熱烈的，他們的影響多半是有極高程度的同情。巴斯噶是又淸楚又精細。他對於文體的留心絕無妨礙於他的思想的正確。『幾何的精神』與『精確的精神』他分析之至爲詳盡，這也就是他的精神。雖當他極力辨論的時候，他的觀念仍然是極有論理的連結，他的結論也都是自有證明的前提中抽出來的。一個人很容易想像巴氏雖曾極力鼓吹基督教的神祕爲他的信仰，但是不是他們的神祕論。他說：『上帝顯現於我們的心上，不是顯現在我們的理智，』或者說，『心有牠自己的理智，這個理智不爲理智（普通理智）所知』——這不是神祕哲學的公理，卽使悟解附屬於情感。正當說，他們是基督教的公理，與任何哲學的學說不相關連。那些在虔敬的狀態中人立卽知覺（無任何論證）別人所不能知覺的，不管他們理性的勢力是如何。所以『心』在此處是指人的性質，是指心在自墮落的罪惡中贖回來，或爲耶穌基督所救。再沒有東西能如此地不適合，卽是使巴斯噶的普遍計劃附屬於一個哲學系統，或是一個神祕的哲學。

然而要將巴斯噶的名稱在法國哲學史一字不提也是不應當的。雖然他不能歸入於任何哲學家的一類，但因爲他有力的心靈，與無可比喻的體裁，所以他影響於法國的思想至深且鉅。他是法國道德學家中最偉大的，他們（法國道德學家）著作『公理，』『思想，』『品質，』主要目的是分析人類心靈與人類情感的活動。在完全的智慧方面他實在超過他們，卽在科學與哲學中最困難的問題也是如此；假使他沒有徹底研究這些問題，假使他對於這些問題僅是粗粗地看過，這是因爲他相信他有一個不可少的義務來用他的天才在別的方向中。

二

在這方面他的心靈的歷史是一個啓迪的歷史。在思想(Pensées)中他說：『我費了許多時間研究抽象的科學，所獲得的知識是很少使我討厭了。』但是這不是他的選擇的唯一理由。假使他放棄他的幾何與物理的研究來研究宗教，這不僅是因為我們知道的這些科學與我們永久不能知道的比較起來是沒有東西，並且也因為他認為這種研究（科學的研究）對於一個基督教徒是極不相宜。麥爾伯蘭基常嘲笑科學家，說他們的生活就消磨在看星辰的望遠鏡裏面，或沉沒在傳說的深淵裏面，因為要解釋古代歷史中的一點，但是他們忘記了研究他們自己，甚至於忘記了研究怎樣生活。巴斯噶也以為這種科學的研究是無用，是多事。他並且說這種研究有時還危險，並且能有罪惡。好奇心與知識的欲望像貪得心與享受的欲望一樣，都是罪惡的結果。也許由前者產生的罪惡比較由後者所產的少一點卑鄙，但是引誘的慾望因十分可怕而知識的慾望更可以領導靈魂入於永久滅亡之中。

在痛苦的時候，我們要是不知道德，外面事物的科學不能安慰我們；但是要不知客觀的科學，道德的科學就能安慰我們。所謂『道德的科學』，巴斯噶當然不是指哲學家的道德科學，哲學的道德科學只能發現眞理之部分的與不完全的方面；他誤解此為完全的眞理，所以常由此演繹出錯誤的結論。巴氏以為這種知識人可以由思想他自己的性質中得來，可以由他在宇宙中的地位得來，與由他所希望的目的得來；因為這種思想要是好好地尋繹，可以領導他達到眞正宗教的境界。這對於人爲實在重要的科學，並且爲人不能不知道的科學。我們去尋找別的東西，只是因爲我們不知道怎樣去研究牠。那些有信仰的是最快樂的人；因爲他們不僅不需要人的科學，但當人將心靈應用在這種科學的時候，他們討論牠像牠應當被討論的一樣，不僅沒有危險，他們並使牠對於宗教有益。那些無信仰的人，雖不沉入於愚笨的冷淡中，總想了解他們自己，如不能達到目的，他們就發現爲什麼這對他們是不可能。這是人類唯一的方法使他們接近於救濟。

所以在巴斯噶的一生，我們區別出兩個時期：在第一期他極注意於玄學與物理的科學；在第二期完全不相信這些科學，他使他自己只限於道德的科學。

巴氏是一個自然的哲學家，他極力宣揚經驗與理智的權利，反抗威權的方法。虛空論（Traité du Vide）在一種極驚人流暢的體裁中表現爲培根，笛卡兒及許多別人已說過的觀念。巴氏證明他們的方法可以說是最後的；他對於古代與科學觀念的分析，決定了在什麼情形中與在什麼界限中應當尊重古代的意見。

此處巴斯噶注意到一點爲培根已注意到，但爲笛卡兒所忽略。依據他的方法的第一個原則『不能視任何東西爲眞，除非一個人很清楚地知道是如此，』笛卡兒使他的理性完全根據於科學的抽象觀念與數學的形式。在他以爲很有充足的理視一切在他以前的東西爲虛空，可以絕對地不必知道傳統的意見。他提議建立一個哲學的系統，在以前絕未存在過。他視人類全體爲一個永久活着並不斷學習的人。笛卡兒未能完全棄去中古經院的哲學，他也注意於科學知識向前的進步，這是進步最好的例子。巴氏的觀念是一個最明顯的觀念，含有進步的續性。在十八世紀這種觀念在各種形式中又復活，直到自然科學（特別是生物學）才用更複雜的進化與適應的觀念來代替這種不斷進步的初步觀念。

巴斯噶科學方法的觀點幾乎每一點都受有笛卡兒的影響。像笛氏一樣，他也看不起形式的論理；他以爲眞正的論理應在數學中尋找免除錯誤的方法爲人人所尋求。論理學家自以爲知道達到方法的途徑，但是只有幾何學家才能眞正的達到，實在的證明不存在於科學以外。幾何學是唯一眞實的科學，這種淸楚明白幾何學是得力於『秩序』（笛卡兒也同樣說，『方法是完全包括在被遵守的秩序中』等等。）最後因爲數學供給笛卡兒以哲學方法的觀念，所以幾何學也暗示巴斯噶以『更高的與更完全的』方法。但是巴氏此處不像笛卡兒，即笛氏以爲他已找到眞正哲學的證明，而巴氏相信一個完全的方法爲人所不能達到。幾何學預先假定了定義，而後由此推演假定了公理，以此爲根據而一個完全的方法能解釋並證明一切。幾何學家是十分對的，即不證明兩個相等的性質等於第三個而彼此互相等，不給空間時間與數目以定義，因爲這種解釋只能創造晦塞，不能給與光明。假使他們的定義與公理是如此淸楚明白，絕對不能否認，也就很夠了。但是在他們的科學中仍有不完全，所以有些事體仍不能不預先假定。

如幾何學雖爲人類科學比較最完全的，但除了承認非證明的原則以外，就無東西可以證明，除用了未經確定的名辭以外，就沒有確定任何東西。這些原則與意見是自什麼地方來的問題，是哲學家中討論的嚴重題目。有人說他們的來源是由經驗來的，又有人說是由心靈的獨立活動來的。依照巴斯噶說，他們是由『心』裏流出來的。換言之，卽我們本能上相信他們，這種信仰的堅固，如推理能生長在我們的心裏一樣。「心」告訴我們在空間中有三個坐標（dimensions），並且數目的繼續是無限的。我們感覺的原則，我們推知的命題，都是確定的，雖然意思不同。理智在心未承受第一原則以前，卽向心要求他們的證明，正如心在承認命題的正確以前卽向理智要求感覺，牠證明的一切命題，是同樣的可笑。

所以幾何學沒有什麼失算的事。牠只要假定我們知道什麼是「運動，」「數目」與「空間」這些字的意義。不要因爲無用的界說而停止，幾何學鑽進到本質裏面去，並發現這三種東西的驚奇性質，巴斯噶說（好像一個眞的笛卡兒信徒；）「這三種東西就包含了全宇宙。」但是假使我們要使我們的思想達於較高的地位，並使之應用到這些原則的本身，那我們第一步應當停止，並且必須明白承認我的無知。「我們的靈魂是放在我們的身體當中，這兒牠尋到數目，時間與坐標；牠要求這種性質或必然，否則不能思想；」巴氏很少說過如此精細入微的話。這兒他劃出知識相對觀念的大綱。他暗示自然律的必然可以成爲我思想律的必然，又這些基本的定律（思想與自然）在我們不知之中也可以由我們人類的制度前進。所以「超出幾何學以外，也就是超出我們所能達到的以外。」

當然，不僅身體的感覺性質與心靈是相對的（笛卡兒已告訴我們感覺與悟性知識的對比，後者能看見事物的實在，）但是這種悟性知識不能視爲絕對的；這也與主觀的智慧是相對的。因爲最重要的理由來承認原則的眞理就是我們無他們不能思想。後來康德說因爲我們理性的性質物本身是在我們能達到以外，並且我們一切的知識都只限於現象界。巴斯噶固然未來及參『純理的批評』他是無疑覺得不需要了解這樣巨大的著作，但是他此處實在已接觸到這種最重要的問題之一。

人類了解能力的批評，雖不是巴氏的計劃，但是一部分因爲無限的研究遂表現在他的思想(Pensée)中，這個無限的觀念在他的哲學中是很重要。依他說我們知道無限存在，但不知道牠的性質。我們知無限數目與無限空間的存在，但是我們不能形成他們的概念。至少我們知道有限與無限是不相等的。所以有限的人對於無限的觀念沒有標準；是爲無限觀念所吞沒。在這個無限的範圍內，處處是中心，無一處是圓周——我們站在何處？這個問題當然是無可回答。『人在自然中是爲什麼？無東西與無限相比，一切東西能與東西相比——在一切東西與無東西的當中。所以了解極端是十分的不可能，在他以爲事物的目的與原理永遠包在不可知的神祕中。他既不能了解他所從出的無限，也不能了解吞沒他的無限。

因此可知自然像創造自然之上帝一樣的不能了解。所以將自然科學縮成幾何學的基礎，如笛卡兒所主張的，實在是無用；建造一個幾何學的『秩序，』爲人所達到最完全的也是無用。一定要承認在無限的空間與我們所了解的空間之間有一個很大的鴻溝，我們一切最淸楚的科學都根據於我們不能了解的原理。假使不思想科學的目的，來思想創造科學的心靈，無限的觀念就會使我們有相同的懺悔；因爲我們覺得我們的了解在智慧的秩序中，與我們的身體在自然的秩序中佔有相同的地位。

這種身心平行論（眞正的笛卡兒派）包括的結論，巴斯噶立即引出之。因爲我們的身體與無限的空間相比只是一個渺小不可知的斑點，所以我們的了解離開事物之完全理解甚遠。不論自上或自下來默想他們，這離開目的仍然是極遠。我們被關閉在一個宇宙的不知的境界中，十分想逃脫這個境界。我們也限於智慧的一定程度中，超過了這個程度人類的功能就不能達到。在思想的範圍內和在空間的範圍內一樣，我們是在無與有的中間，離開無生命的無思想的物質與絕對的思想極遠，此能理解在當創造存在的時候。我們的智識是屈伏在一定的條件下。人要求絕對的知識只是一個可笑的妄想。

所以說到科學，巴斯噶有時是同情，有時是嘲笑，他的語言的不同，是很容易解釋，無須假定巴氏在早年承認理性的確實，到了後來又看輕理性，並墮入在懷疑論中。巴氏在他的著作中有時自有限的觀點來觀察科學，有時自無限的觀點來觀察科學，就這種情形就可以明白了。在他的著作最初幾頁純粹自人的觀點看科學，覺得在邏輯上無可攻擊，他將這種稱讚擴張到科學的模仿，並且暗示出笛卡兒哲學的性質，即與數學相競爭。但自無限的觀點來觀察哲學與科學，他們的虛浮，微弱與無用，直接表現出來，因為在人的心靈（有限）與無限事物（科學所關的）之中沒有比例。因此巴斯噶可以說：『哲學（自然的科學）不值得一點鐘的痛苦……去反對研究科學的人……去嘲笑哲學，尤其是變成一個眞正的哲學家。』

因為相同的理由，並不是自相矛盾，巴斯噶表示他自己一方面表同情於笛卡兒主義，一方面仇視笛卡兒主義。然而並不能因此就推知道他已經改變了他的意見。假使一定要有物理的科學，他仍然傾向於笛卡兒的物理學，不傾向於亞理斯多德的物理學。他以為要希望自然能達到一個完全的與確定的解釋，這實在是可笑。所以他

巴　斯　噶(1623-1662)

毫不遲疑的稱讚笛卡兒的哲學，當說到他是一個幾何學家或自然哲學家的時候；他尤其稱讚「我思」的學說，以及由此學說所演的結論。但是他將這種學說與自然的無限相比較，此爲自然研究的目的，他以爲自然並不比別的缺少勇敢。他研究自然愈深，他對於幾何學與自然科學興趣愈少；並不是幾何學與自然科學比以前缺少眞實，是因爲他看見他們的虛僞更淸楚。另一種科學使他注意——人的科學。

三

我們知道古代的哲學家沒有達到眞正人的科學或道德學。然而巴斯噶以爲他們對於這個問題的討論並不是完全無價值。有兩派他以爲有特別注意的必要，因爲他們每一派都陳述了一部分的眞理：一派是斯多噶派，爲挨披克提忒（Epictetus）所代表；一派是伊壁鳩魯派，爲蒙旦（Montaigne）所代表。

挨披克提忒知道人的義務十分淸楚。他再三說人的唯人研究與欲望應當是承認與服從上帝的意志。他希望人相信上帝能很公平的管理一切，自願屈伏於他，死的思想與不可忍受之不幸的思想常在他的眼前，所以時時戰勝卑劣思想與無節制的慾望。但在說及人的義務以後，他不承認人的無力。他爲驕傲所引誘。他假定人有很強的力量，這是大錯。他不知道人的性質（孤獨無援）不能對於上帝實行其義務。他誇言人的自由，實在人是罪惡的奴隸；他力說人的權力，並與上帝的權力相關連，其實人原來就是腐敗的與愁苦的，所以這種倫理的系統雖有可取處，但極易引起「惡魔式之驕傲」的學說。

蒙旦墮入於另一錯誤中。這位哲學家有一個非常的能力能使人明白他們自己的弱點。他搖動了人視爲最確定的東西並非要建立相反的事因爲確定爲他所特別厭惡的，只是表示我們不能知道在何處能建立我們的信仰。他表示理性如何憑藉眞理呼喚原則，雖被視爲最確定與最自然的東西，人因爲想像的誘惑，風俗習慣的專制，與可笑的自欺，均不免墮入於錯誤中。理性爲其自己的武器所戰敗，是歸於寂靜，所以不能決定還是高於動物的本能或是與動物的本能相等。

但是蒙旦思想也像一個異教徒。他極端表示人的天然的要幫助，對此挨披克提式不知道；但是他忽略了人的義務，在一個基督教徒說來眞可恥，挨氏就很知道這種義務。他跟着習慣與本能走，所以好像斯多噶派爲他的驕傲誤引入歧途，伊璧鳩魯派爲他的懶惰所誤引一樣。

承受挨披克提式與蒙旦二人之結論卽能使之相連接嗎？如挨披克提式看人的義務，如蒙旦以爲人是無幫助，就能獲得眞正道德的科學嗎？不能，蒙旦沒有完成挨披克提式；他並且直與他相反。把他兩人放在一塊，結果除鬥爭與互相毀滅外無他事。因爲一個人是要建立確定，另一個人是要建立懷疑，一個人是誇耀人之偉大，一個人是道破人之缺點，他們兩個人的錯誤與眞理都是互相衝突。要達到一個可以承受的解決，我們必須發現一個較高的觀點，由此來調和衝突的要素。

不論這個問題的複雜，巴斯噶所用的方法與後來康德在克制純粹理性矛盾中所用的方法是十分相同。在第三個矛盾中，康德表示理性不能在兩個衝突的命題中有所決定。理性不能放棄在宇宙中有自由原因的觀念，例如人的意志;但也不能說理性能放棄因果必須相連的觀念。道德的傾向是禁止自由被犧牲,科學的傾向是要求決定論。康德怎樣能戰勝這種矛盾?這兩句話並不是絕對的矛盾,只是在一定意義下是矛盾,並且自一個不同的觀點看來,他們兩者都是眞實。在時間內每一個現象固然需要以前現象的結果。但是在時間外因果律不是必然的,我們在現象方面知道是眞的,在『物本身』方面就無所確定。所以決定論在經驗世界中是實在的,而自由在絕對實在世界中也是可能。矛盾是被克服。

同樣,巴斯噶以為哲學家的道德科學也是陷於不可解決的矛盾中。蒙旦說,人不能無幫助,同時挨披克提武說,人須負有義務;這兩個人所說的都是對的。吾人如何能達於較高之觀點,由此消滅矛盾?理性的本身不能如此。理性之堅強勢力可以使之達於挨氏與蒙氏所說,但不能超過他們所說的。這種矛盾的消滅只有訴之於『天國』。在天國中用純潔神聖的藝術調和這些矛盾;凡是眞的都連接,凡是假的都排斥,使之成為一個眞正屬於宗教智慧的結果。在這種結果中凡與人類學說不能調和的矛盾都獲得解決。這種成功的理性是世界的哲學家常常將矛盾的事物放在一個與相同的範疇中,一方面使人之偉大屬於自然,另一方面他的弱點也屬於相同的來源——形式的矛盾。至於信仰常使吾人將事物放在不同的範疇中使一切缺點屬於自然,使一切完全屬於上帝的恩惠。蒙旦以為人在無助的狀態中,是說人被罪惡所染。挨披克提武以為人能實行其義務,是說另一種人即為基督所再生與贖罪之人,為上帝恩惠所幫助的人。所以這兒矛盾也被克服。

然而,在康德與巴斯噶之間有一重要的不同。康德絕未一刻放棄了哲學的領土,他的解決的要素是被他自己的『純粹理性批判』所供給。但是巴斯噶以爲上帝要不下降來照耀我們，道德科學的矛盾將永久不能解決。巴氏放棄了理智的領域而訴諸信仰。因爲要證實這種嚴重的步驟，他不表明其絕對的必然；換言之，他不得不證明矛盾能在別的狀態中獲得解決。人的科學自巴氏之基督的觀點看來很明白很容易捉住，因爲自另一觀點看，不僅不能明白，並且很可笑。

在這種意義中巴斯噶之『與狄賽（M. De Saci）對於挨披克提忒及蒙旦之談話』可視爲大綱，後來在思想中變成完全的描寫。在思想中，巴氏曾暢論人的偉大與困苦，這種刺激在他似乎從來沒有受過，此讀者不難知之。『人是如何的地一個妄想，一個奇異的怪物，一個混亂，一束矛盾，一個奇特的東西！一切東西的判斷與一個愁苦的爬蟲；一個眞理的儲藏所，一個錯誤的蓄水池；宇宙的榮耀與廢物！……假使他抬高他自己，我就使他屈服；假使他貶抑他自己，我就使他抬高；我常常與他相反，直到他明白他是一個不完全的怪物，』所以巴斯噶以爲唯一的解決只有在這個黑暗中求光明：『靜聽上帝。』

所以在巴斯噶的眼中神學變成一切眞理的中心。爲使人知道他們的性質與命運而求救於超自然的光明，在這件事的本身看來沒有什麽特別。只要常常有與教會的牧師，與奧古斯丁在一塊的習慣。由哲學過渡到神學，麥爾伯蘭基也是如此，不過是另一種意義，在德國的宗教哲學中常發現這種相同的情形。但是奧古斯丁說話像一個主教，並且藉着相仰的名義；麥爾伯蘭基是由理性的眞理達到宗教的眞理；而在德國玄學與新教的神學常常互相維持，互相交換，不論他們有什麽光明。巴斯噶進行的方法完全不同。他說人的性質是一個不可解的謎，開這個謎的唯一鑰匙是『默示，』經過『犯罪』與『贖罪』的教條。但是這個鑰匙仍然是一個謎，比較第一個謎不見得容易懂。使原來就有罪惡的人應當包含似乎不能參與罪惡的人，這在理性上實在沒有別的話再比這衝突的了。『責備一個無意志的兒童，說他犯了罪，這在純粹的正義上說，是不是沒有比這再矛盾的觀念？因爲在兒童降生六千年前已經是犯了罪了。』再沒有東西比這種學說震驚我們還厲害的；但是因爲這種神祕，所以最不能了解的就是我們對於我們自己。『無這種神祕人將更不能了解，比較人不能了解這種神祕。』

這是很容易明白爲什麼在巴斯噶以後，基督教信仰的維護者不敢順從他的證明步驟。他們寧願採取較謹愼的路。巴斯噶遺留給我們的選擇，是在與理性相矛盾的神祕及良心的憎惡，與無神祕的幫助不能了解人的性質之間。這是使懦怯的靈魂置於恐怖不安的狀態中；並且這是很可怕的，即他們多半達到與巴斯噶所假定之最理性的相反的決定。

四

由巴斯噶努力證明吾人必須承認一超自然之默示，又因耶穌基督主張人既爲無助的又爲不可了解的，人可以想像他對於『自然宗教』的意見了。他以爲將此名詞連結在一塊實爲極大罪惡。人與其說自然宗教，還不如直接了當否認宗教。無神論與自然神教同爲基督教所排斥。假使你主張只藉理性的權力，無任何默想，就能知道並聽從上帝，那贖罪就變成多事了。那你就不能相信基督降臨替我們從亞當的罪惡中贖出來；你就墮入異端，已不是一個基督教徒了。

所以巴斯噶看理性與信仰間的連結與來布尼茲（Leibniz）完全不同。他不承認在理性與信仰之間有任何相同性，他們每一個能順着不同的道路達到相同的中心——眞理獲得與上帝崇拜。果如此二者缺一當無關係；如平常人只有信仰而無理性，哲學家只有理性而無信仰。這或者爲來布尼茲的意見在十八世紀確實有許多人具此意見。巴斯噶認爲這種思想既無充足理由並且近於褻瀆。這種學說不知道理性的缺點，人可以用懷疑者的論證來反對之。比羅主義（pyrrhonism）就很可以糾正這種過度的武斷，並告訴我們『理性淆惑了武斷的哲學家』實在說來，信仰與理性不能集合到一個相同的中心。理性只能達到一定的定點；信仰能使我們超過這一點。『當懷疑的時候就懷疑，當證明的時候就證明，當服從的時候就服從。』再明白地說：『一個人應當有下面三種性質：即一個人應當是比羅的信徒，是幾何學家，是服從的基督教徒。』一個信仰自然神教的人當然也可以變成一個幾何學家，但是他不能成爲一個比羅的信徒，並且對於默示的宗教也不能尊敬，他更不能成爲一個服從的基督教徒。

所以爲哲學家所給與之上帝存在的證據本身上並不夠。巴斯噶說：『我很驚奇當這些人說着褻瀆的話的時候，他們還有勇敢說及上帝。』藉自然的工作來證明上帝爲什麽這種證明（雖然爲多數人所承認並在靈魂上產生深刻印象）沒有確實性，除非那些人用信仰的眼光來看自然。在別人看來宗教的證明是極不牢固，並加以譏笑，至於玄學的論證如笛卡兒所給與的，是極爲複雜，並且很少有効力。假定這些論證對於有些人是有効力，但是這種効力也只限於在他們前面的證明時候稍過，這些相同的人就充滿了懷疑，否則他們就是錯誤。總之，無耶穌基督，這些證明都無用。

所以自然的光明顯示於我們的既不是上帝的存在，又不是上帝的性質。假使巴斯噶信以爲眞，他將破壞他自己的學說。所以那些主張理性能達到眞正上帝的知識，開闢了無信仰的道路，這些人無論是有意或無意，其爲害宗教並不比公開之敵人爲少。這也就是巴斯噶不相信笛卡兒的哲學一個理由。他批評笛氏哲學爲妄自假定，只用自然律爲宇宙一切事物的完全解釋。『上帝旋轉世界成爲運動，此外我們與上帝就毫無關係』巴斯噶反對證明上帝之存在與靈魂之精神像證明幾何一樣也很激烈。但是他不願意批評這些證明，以爲這是白費了他的時間。假使眞要批評，那只要請笛卡兒參看蒙旦與比羅的哲學家就夠了。

在明白理性驕傲是愚妄與承認無墮落信條人將不能完全了解的人的眼中，實在是在三個不同的『次序』的形式中表現其本身。這三層次序一層高一層，但並不互相連結。在較低的『次序』或範圍中是身體的世界；在中間一層是精神的世界，在最高一層是基督教愛的世界。將一切身體連合在一塊仍不能產生最小的思想；這是不可能，因爲思想屬於另一範圍。將一切身體與精神連合在一塊不能抽出眞正愛的一點表現；這是不可能，因爲愛屬於另一次序——超自然的次序。這種『愛的次序』是否與上帝的境界相等？此即來布尼茲稱爲『莊嚴境界，』康德稱爲『目的境界。』但來布尼茲與康德達到之結果，係因純粹理性之努力，而巴斯噶達到之結果係因自己排斥理性，理性之主要動作是承認許多事物超過了理性達到的地步。理性是微弱，除非理性能達到這個結論。假使自然事物超過了理性所及的範圍以外，那超自然的事物又將如何？所以沒有上帝的恩惠眞正的愛不能存在。爲上帝選擇來接受恩惠的人是如何快樂！人唯有盡力使他自己不辜負所得的恩惠。雖然如此，除非得上帝的歡心外，他縱努力也是枉然。愛上帝，服從上帝，向上帝祈禱，俾能獲得信仰。只有上帝能使他的神聖眞理入人的靈魂中而使他快樂。

五

巴斯噶之方法爲使人不能不相信的方法，此種方法之證明他採取之於成熟的默想以後，並且他絕不使這種方法中途改變。武斷的與比羅的學說之批評人的不能了解他的偉大與愁苦的敍述，社會倫理的考察，基督教證明的分析，這些都是趨向於一個目的——即顯示信仰是理性的，如此種理性信仰自知其本質，那最後必屈服於默示。但是思想所留給我們的僅爲殘缺不完之形式。雖然人能復活其主要意義，並能復活著作者所計劃之主要篇章，人並可以視此書爲反省與公理之簡單聚集，關於他隱藏的連接則不管；所以這只可以說着重於某一部分而忽略別一部分。有些人以爲巴斯噶說過人類理性的弱點，所以認他爲懷疑論者，此未免大錯。所以思想一書有時人讀之並未顧到巴斯噶想要此書所欲達之目的。所以有人以爲此書雖曾有偉大影響，但並未能實行著作者之意義，此正如基督教之恕罪者供給其敵人以全副之武器，爲相同之命運。

他的理性的學說對於他所維持的原因在理性的本身是很危險。這與蒙旦的懷疑論完全不同。蒙旦用懷疑為一種手段來打倒熱狂主義以及由此種主義所生的罪惡；但此僅為一手段，不能阻止蒙旦仍保有其道德的信仰；懷疑論所依據的論證並無什麼特創的。巴氏之較深的天才提出理性正當用處的問題，並且想確定其限制。在一方面他承認實證科學的價值，在這方面他不像哲學家所發明之傳統的懷疑論者。但是在另一方面他又承認「超過了幾何學以外就超過了我們所能達到的目的以外，」並且我們知道科學的原則是來自一個較高的領域，接近這種領域是否認我們。我們知道無限的存在，但是不知道牠的性質，並且我們一定永遠不會知道，因為在我們與無限之間沒有相同的均衡。巴氏因此為存疑主義做了一個先鋒，此種主義在我們國中曾有過各種不同的形式。存疑主義可以是並且常常是與宗教的傾向相連；但這種主義也可以反對宗教。無論如何，這種主義不能與基督教的信仰或天主教的信條相連接。歷史告訴我們，理性玄學的拋棄對於默示的宗教並無利益。

關於引起巴斯噶興趣最深之理性與信仰間的關係，他的努力的結果適與其目的相反。當他說基督教的信條在世界的眼光中是無用；生來罪惡判定無數無罪的人有永久的罪過，與我們的公道意義適相反，十八世紀的哲學家是十分熱烈地贊成這些話。當巴氏說上帝存在之哲學的證明對於硬心腸的無神論者很難說服，這在十八世紀也有許多人贊成。他們以為理性是一事，信仰又是一事，在他們二者之間沒有天然的關連。但當他推論到一個人必定要成一個基督徒時，下面他就沒有繼續下去了。對於無信仰及自然宗教的利益（這二者都是他極厭惡的，）他的前題既然保留住，他的結論當然更難得到。

在巴斯噶證明方法的另一個秩序中，與蒙旦相同，證明人的理性無力量管理他的行為，而習慣與偏見能規定道德。他對於這個證明用全副精神，並十分坦白便是他的朋友，亦驚異不止，要不將他思想的勇敢與用字的刻薄加以限制，他的朋友都不敢將思想的這一部分印出來。然而在此書（指思想）中仍有關於正義，法律，財產，社會地位與特權，以及管理權的思想，這些思想的勇敢即在十八世紀都不能超過。巴氏的結論說一切的社會制度都僅是習俗，不能用理性來解釋的。人不能使公道有力，只能使有力的公道。這些習俗的本身雖然無足輕重，但在基督教徒的生命中仍極重要；所以社會秩序間接對於基督教眞理的證明是很有用，社會秩序的確實性即依賴於此種眞理。但是十八世紀的哲學家既不是也不願爲基督教徒；他們僅將巴斯噶的論證聚集起來說社會的制度是一堆的廢物，既無意義且不公道。

最後，巴氏對於超自然的宗教與超自然的事實之直接證明均不承認，他將他的信仰根據於預言與奇蹟。他說：『假使不是因爲奇蹟，我將不爲基督教徒。』一個不定的話因爲能解釋與巴氏十分不同的意義。巴氏的意思不是說假使奇蹟不能使人相信，他就不能做一個基督教徒。剛剛相反，他的意思是說無論什麼人有信仰，就能在奇蹟中找到解釋，至少對於他自己。他的意思是說，預言與奇蹟證明基督教的眞理，假使證據在心靈上不能發生影響，這是因爲上帝仍要使他盲目。這不是因爲證據不充足；這是因爲他們不能在一個適合的狀態中接受這種證據。

這兒巴斯噶又開闢了一個危險的途徑。以前討論基督教之證明很少超過神學家的世界以外。巴斯噶首先將這種證明轉入到哲學家與學者的公共領域以內。他對於這種討論供給頗少，雖然在他的時候已有很少的人有充足的預備。聖書上假定之神聖的性質阻止了對於他們的批評思想。但是反對基督教的人，雖然對於這種批評尚無經驗，但是對於巴斯噶所立的例子已佔有利益了。對於預言與奇蹟之討論的反對論調是極爲著名。對於神聖歷史服爾德(Voltaire)極有研究。我們現在要問後來科學的，不夾情感的與公平的聖經註釋是否比較這些譏笑巴斯噶所維護的信仰，豈不是來得更有力量？

六

有時在無意間巴斯噶在他的一切著作中，尤其是他的思想中播散了許多種子，在將來竟結了果實。不知不覺間使他自己在法國的哲學史中佔了一個地位。這不可與別的基督教的思想家並論，他們在教會中雖有地位。但與傳統的思想仍極接近。如波緒亞 (Bossuet) 或芬乃龍 (Fénelon) 都從沒有脫離過傳統的思想。芬乃龍固然因爲維護某種神秘參加過著名的論戰，但是這種辨論與哲學相離甚遠，仍完全是神學的辨論。假使承認芬氏是十八世紀的先鋒，那只是因爲他的政治的計劃，與社會改造的傾向，這完全是政治家的觀察點來看他。當他想變成一個哲學家，那他是笛卡兒的信徒，假使他不跟隨着笛氏，他就要走入歧途。所以當他駁斥斯賓挪莎的時候他是藉一個與實在的斯氏極相近的學說來反對斯氏，他所反對的學說，是理想的斯氏學說。

至於波緒亞他對於獲得眞理是十分明白。所以他不追求他自一個神聖來源所已接到的東西。他的哲學著作之重要，卽因爲他的著作能表現出笛卡兒哲學與教會所教授的學說相調和。他的普遍歷史論一方面表示他心靈的範圍，一方面表示他活動的限制；例如在猶太民族的歷史中我們能看出人類命運的線索。但是同時別的風波又起。在封特涅爾（Fontenelle）與貝爾（Bayle）中，我們已感覺到一個新世紀的降臨，以前認爲一切是神聖的，現在不能不受批評了，大胆的哲學要把已往所留下之道德，社會與宗教的遺產從新估價了。

第四章 貝爾(Bayle)與封特湼爾(Fontenelle)

一

在法國十八世紀的哲學，就全體看來，與十七世紀之哲學有顯然之區別，此中過渡很難有極清楚之界限，不過在十七世紀之末，即是第二流的思想家，他們都是很勇敢，有創造性，並且他們爲將來變化的先鋒。在十七世紀，思想的理智已經擺脫了經院哲學的本身與古代哲學的權威，表示其絕對的獨立並充分應用這種理智。又欲使宇宙獲得理性的解釋，並使玄學與物理學有親密的結合，並努力實現直覺的與演繹的科學的理想，此即爲自然現象之總體，亦即數學所計算的東西。在宗教中事實上是獨立，但形式上是尊敬。笛卡兒與伽桑狄(Gassendi)不願談到神聖的題目，麥爾伯蘭基與萊布尼茲自以爲已經建立了理性與信仰的諧和。政治與社會問題，至少在法國很少討論到，——這固然是因爲謹慎的關係，但也因爲那時候缺少實際的方法。

十八世紀所表現的就完全不同。這兒很難發現什麼是實在流行的哲學，因爲處處都是哲學——在悲劇中，小說中，歷史中，政治經濟中。每人多少都是哲學家。但是沒有一個人對於現象世界全體的了解能有創造的力量。玄學問題無人談及，最多把這個問題分開來討論，對於他們相互的關係沒有想到，對於他們的結合也無一點觀念，也未能使他們的結果諧和。這些問題的本身已不能再引起人的興趣了；有興趣的人使之藏之外物的後面。同時哲學家對於宗教的態度亦完全改變。大多數的人對於默示的宗教已不尋求和平的調和，並且公開地攻擊了，有許多人對於自然的宗教也加以攻擊。承認道德與宗教的信條無關係。政治，社會與教育的問題變成哲學家研究的主要題目。這些問題在以前教會都認爲是已經解決並不成爲問題了，現在又成爲新的問題了。人民急想佔有此廣大的區域，這是剛公開出來的，並想衝向前完全佔有此區域。同時自然科學的影響，進步雖慢但很確實漸漸地增加，當新的發現起來的時候，並且漸漸爲哲學思想之新形式預備了道路。

笛卡兒的原則對於形成一種與他自己哲學極不相同的哲學負有很大的責任。笛卡兒本人不談政治的與社會的問題；但是他的繼承者就不免要應用這『淸楚觀念的哲學』。相同他很小心將信仰的眞理分開也是因爲要與神學成立一種和平的條約。不過這只是暫時的和平，不久就要分裂。就是神學家完全與笛卡兒的哲學調和，這種衝突仍然是免不了，不久爭端就起來了，在哲學思想的自然發展中。假使笛卡兒的哲學是像被巴斯噶一樣的懷疑，那也就不能驚異了他的波特曇阿爾（Port-Royal）的朋友們阿努（Arnauld）與泥科爾（Nicole）在他們的論理學中表示他們堅信笛卡兒的哲學。又如『法國羅馬天主教會』之最著名的領袖波緒亞與芬乃龍對於笛卡兒也表示同情，他們極希望笛卡兒的哲學能與正宗的教義相合，不願意藉正宗教義的名稱來打倒笛卡兒的哲學。自哲學家本身的方面看來，嚴重的反對開始了。這些反對者不是純粹的笛卡兒的信徒；他們是跟着笛氏所開的道路，並且比較笛氏更爲勇敢。他們與笛氏不同的，卽應用了笛氏的方法與原則，這是笛氏不願如此應用的。

另一方面，在十七世紀已暗伏了一種反對精神哲學的潛流，特別是反對基督教的哲學。在精神上，嗜好上，與道德是傾向伊壁鳩魯派，對於宗教不信仰，一般『自由人』自然引用與他們傾向相合的學說。他們歡迎伽桑狄的經驗主義；他們將擁護物質主義，假使後者公然宣佈其自己在『自由人』中之最聰敏的人已經預看見到這種利益，即無信仰的原因將由笛卡兒之方法與物理學引出之利益。所有這一切但均未能實現，並未能公開地使公衆明白。要尋找十八世紀哲學的眞正先驅，我們必須回到十七世紀的最後一段。在一切事物中（除去一件事）在這時候都表現出兩種不同的心靈；他們這兩種心靈播散了許多種子，這些種子不久就結果了。這些人就是貝爾與封特涅爾。

二

假使『哲學家』這個字用來是說一個人的觀念從一定的系統中研究關於大的玄學問題，貝爾不能當得這個名稱，因爲他辨論的是人類心靈的自然弱點。他是隱匿在一種懷疑論中。他或者稱爲一個學者，一個對於古代的評論家，一個神學辨論的歷史家，總之，是一個對於流行事體的批評家。他生來是新教徒，後來改爲羅馬天主教徒，不久又回到新教。因此他不能住在法國，最後他在鹿特丹（Rotterdam）住下，在十八世紀由這個城市中發生出許多勇敢的書與小册子。他不是一個大胆的人，至少他沒有這種表現。他的態度好像是一個十六世紀的人，不像是一個十八世紀的人。他出版了許多大部的書，裏面充滿了學術的討論，並且歡喜指出與糾正別的學者的錯誤，這些學者的著作都是無人讀的。他不僅歡喜歷史，並且歡喜歷史的零碎東西，這些東西都葬在字典的塵土中。這種普遍的與極端的好奇心似乎不是無害的；假使一個勇敢的表現處處引起讀者的注意，他立即就再相信不疑了。這需要一個極敏銳的眼光來發現，在這種無窮的與極小的傳說中，常常爲許多已被忘記的東西所先佔有，十七世紀認爲確定與神聖的都被這戰爭的機器毀壞了。服爾德是很對他讚頌不朽的貝爾說：『人類的驕子。』

著作者本身明白不承認他的觀念有一個系統，所以人固然不能也不應當有一個系統的解釋。但是貝爾的觀念雖然不互相連結，但也前後一貫。這些觀念集中於幾個重要點上，貝爾卽常往復於此種重要點。這些重要點的本身又有一個共同的中心點，在默示與理性中的關係，包括解決問題的一切結果。

貝爾很勇敢地確定要想避免理性的淸楚結論這是不可能。他說因爲有一個淸楚的光明照耀着一切人；這是上帝的本身（重要的眞理）他直接照耀着他們。有許多公理我們不能問的，無論我怎樣地努力。一個人要想否認這種光明是徒然無益。我們不能相信全體不是比較部分爲大。雖然相反的論調在經典中有百次的引用，無論如何人總不能相信，所以無人說神學是皇后，哲學是女僕；因爲神學家由他們自己的行爲承認哲學是皇后，神學是僕人。所以他們對於心靈之影響免除與眞正哲學之衝突。假使他們不承認任何信條的權威，不能在理性會商中加以證實，研究與記錄，並且自然的光明『像鏡子一樣地閃耀與易碎，』那他們對於他們自己當然不會有很多的影響。

假使貝爾是如此說的，那他眞是十八世紀的預言者。但是他實在震動了他同時的大多數人。因爲判定他是反宗教的人，所以他的著作是很少有人讀，並且他的影響也極有限制。他說話極爲小心。他不僅是一個信仰者，他並且是極端屏斥異端的邪說。他反對與索息尼人在一邊，因爲他們不相信三位一體說與耶穌降世成人說，他們以爲這與自然的光明相反。

他並且更進一步。如在默示與理性之間有衝突，那理性一定會屈服。因爲理性如能引吾人達於眞理的智識，證據一定能做我們的引導。有許多事能完全明白，一個基督徒不承認是假的。因此貝爾說在承受三位一體中，你可以不承認相等的公理。有許多很明白的命題爲生在「福音」以前的人承認爲眞理。但是我們神學的神祕表示這些命題是假的，不論他們有怎樣的明白。讓我們領受這種教訓，不要墮入於錯誤中像異教徒一樣，我們不要承認任何事物爲眞的，除非聖經上教導我們的。

但是貝爾對於這種態度的特別動機我們很可以注意。讓我們聽他對於哲學家與神學家所說的話。他對哲學家說：「不要去求了解神祕，假使你想去求了解他們，他們已不是神祕了。你不要去求減少他們可笑的地方。你的理智在這兒是極無力量。誰知道這種的地方不就是神祕的重要部分？信仰做一個基督教徒則可，但是信仰做一個哲學家則不可。」他又轉過來對神學家說：「你要求我們應當信仰這是對的；但你只能藉權威的名義來要求，你千萬不可藉理性的眼光來判斷信仰的眞實。上帝願意如此，上帝卽如此做。所以就要是善與眞，就應當如此去做。再不要去冒險。假使你想藉瑣碎的理性來對付這一切，你將絕不能看見這最後的結果，在無數的辨論以後，你仍將不能不回到你原始的理性——權威。在這種事實中，理性最好的用處仍非爲理性。並且如你願意討論此點，你將不能獲優勝。你願意這種眞理（即默示）常常有好的理由。你如此願意，你如此想像，這是如何地大錯誤！關於超理智以上的神祕，神學家對此的回答如何能有哲學家的反對那樣淸楚？由此可知神祕的信條能使人類的理智變弱，所以我們的理智要想了解這種神祕的信條，必須有極強的論證，而這除了上帝的權威外沒有別的滿意解決。

『這神學家多半不承認。因爲我以爲他們給與信條的理由是很弱，他們結論說我不相信信條。假使上帝不命令我如此做，我固然不能相信；但是『他』要命令我，我當服從。但是『他』不命令我視證據爲有力量。神學家一定選擇；或者他們因超自然的光明承認他們的信條，不需要討論；或者如他們討論這些信條，他們不能假定他們獨有眞理。但是他們似乎是採取一個第三種方法；他們選擇討論，又要求事前是對的。假使任何人要坦白無私指出反對意見的力量，他們將恨他並懷疑他。實在，雖神學家自己很難說出有力的論證來反對他們，否則他們對於讀者將產生很強烈的印像。他們因爲眞理的熱誠把這些論證都隱藏起來。柏勒民(Cardinal Bellarmin)之被譴責，豈不是因他坦白陳述反對者所持的論證嗎？理由是這對於宗教的原因爲偏見。』

所以一個神學家要希望謹愼從事，並保留誠懇，最好是不要參加他一定不能戰勝的討論。神祕是如何他就當如何表現，卽是不可了解與可笑也無關。無論如何，基督教徒當相信他們（神祕）因爲他們是爲上帝所啓示。

贝　　尔(1647–1706)

這就是唯一的理由來相信他們;但是這種理由是不可辨駁的。因爲人不能反對上帝。

三

然而貝爾曾有反對他對於『神聖』的批評多半是由於來布尼茲(Leibniz)的神義論裏面抽出來的。依照貝爾說假使我們藉人的方法來看一切事——即僅從理智的觀點來看神學家(神聖的宣傳者)很難證明宇宙中的一切事物都是由於『神聖』的工作,並且同樣困難爲辯護自己來反對馬尼茲(Manicheaus)他主張善的原理與惡的原理不斷在宇宙中爭鬥,你也不能戰勝我,我也不能戰勝你。當然,上帝是全能與全善,他的工作固然有最好的可能,因此吾人可以推知『神聖』的存在。但是經驗能證實這種推理嗎?不能證實;所以人是凶惡與愁苦的。『造物者』不能並且不願改變他們嗎?在這兩方面都很難爲『神聖』辯護。貝爾說假使有馬細安人善於辨論,或如『耶穌會派』(Jesuits),或如『乾生派』(gansenists),他們仍不能達到三段論證的推理,在他們強迫他們的敵人承認他未了解其自己的確定以前,並且承認我們來到『造物主』的不可了解之深淵以前,在這種深淵裏面我們的理智是失去所能支持我們的只有信仰。一個異教的哲學家比一個基督教徒在這兒當更有利益。

在可能範圍內惡應當被阻止,這固然很明顯。但是上帝並沒有阻止世界上一切的擾亂,雖然這在『他』是很容易做到。一個非存在的東西在惡的行爲中不能爲同謀,所以他在公道上不能被懲罰,這也是很明顯的。但是上帝豈不是允許一切人因爲生來的罪惡而受痛苦嗎？這種罪惡能說世界上一切的痛苦都是應當的嗎？結論是：「信仰默示」『默示是反對這些人民的論證的總來源；只有藉默示我們才能駁斥這種惡的原則的永久性。」

來布尼茲極端排斥貝爾之反對。他告訴我們馬尼玆的假設是淺薄，假定一個特別的原則來解釋使我們疑難的事實，那是沒有東西較此再容易與淺薄的了。但是貝爾完全想使他如此承認。來布尼茲證明人的自由，證明『神聖』的存在眞是成功了嗎？很難，來氏賜給人的自由僅是一種決定論的形式；他對於在宇宙中惡的存在的解釋有一個很大的錯誤，這個錯誤是很嚴重的。這不能不使讀者墮入於悲觀論。假使這個世界是一切可能世界的最好的世界，那以爲這個世界是壞的並不錯。所以我們不能不同意貝爾說默示是我們唯一的方法，簡單與純粹的理智不能獲得同樣的結果。

但是人可以反對說惡的來源，罪的原因，與上帝對於世界的關係是純粹思想的問題，只爲玄學家所引起；又如理智覺得不容易在這些點上與默示相合，那理智覺得與其本身相合也十分困難，當用其自己方法的時候。貝爾說人的理智是破壞的，不是建設的，只適合於引起懷疑。所以超出理智範圍以外的問題，理智就不能涉及了，就不得不求救於默示。至少我們看見很清楚在與實際生活有關的問題，理智與默示是一致的，信仰產生美德，宗教允許行爲最高的規則。這兒沒有困難或反對。

貝爾說，誠然，但是在一個條件之上：宗教教訓我們的必不能與道德相反。固然宗教似乎不如此，但有時亦如此。我們不是聽到教堂的牧師說，應當用強制來使那些頑梗不化的人民達於正宗的信仰嗎？所以對於異教徒的殺害由此而來；所以新教徒被驅逐，被殺害，被監禁，被遣送到戰艦上；他們子孫被引誘，他們的教士吊死。不僅這些方法對於他們自己的目的是可笑而且偏見，不僅這些傷害是殘忍而且可鄙，即他們認爲正當的公理也根據在一個很錯誤的原則上面。上帝不能說『強迫內心。』這正如沒有正義來反對正義，沒有『默示』來反對『默示。』在道德上第一個默示是良心的默示，這是『眞正的光明照耀一切來在世界的人。』

貝爾這兒比普通說的當然更爲確定，因爲他感覺到傷害的情形顯明是發氣了。『假使任何人假定上帝顯示我們一種道德的公理，與一切道德的最初原則相反，我們一定不承認這種假定，並且以爲這種人誤解了聖經，人應當不僅排斥一個人的理性，並且要排斥他的批評。』上帝不能與他自己矛盾。假使聖經不能與我們的良心相合，這是因爲我們誤解了聖經。無論有什麼辨論，良心終有最後的話。例如良心告訴我們說，誠實的無知不是罪惡，一個人不能對他所犯的罪過負責任，在不知道他犯罪過的時候。所以我們不能相信一個異教徒（假使他是誠懇）是能爲上帝所懲罰的，但能爲惡的行爲（他作此行爲時不知道他們爲惡）所懲罰的。他做的行爲有一個極清楚的良心，那我們不能相信他是有罪。

相同，聖經裏面的故事也不常是有益的教訓。假使這些故事搖動了我的良心，我能不判定他們是有罪嗎？例如因爲大衞分有上帝的靈感，我就不視他爲一個殺人者與忘恩負義之徒嗎？假使聖經責罰或稱讚一個行爲，再沒有人能自由判斷了；所以我們一定要使我們的賞與罰與聖經完全相合。但是如聖靈不以爲然的事，我們毫不遲疑地就責罰我們所想的是罪惡。總之，沒有一條中道；或者這些動作是壞的，或者是不錯。在這兩條道路中，我們的良心只能承受第一個。

現在到問題的中心點，即宗教的信仰似乎不能影響人的行爲。假使我們一研究基督教的道德，他們淫蕩的行爲，他們的謠言，他們的奸計，以及他們所做的都只是在獲得金錢與地位，或者是排斥競爭者，雖是不相信靈魂不朽的人也不敢這樣放肆。只有對於名譽有極大損失，或者做了要犯死罪的行爲他們不敢做，不相信上帝的人也能被這兩件事所阻止。許多浪人與流氓也相信靈魂的不朽，而許多正直的好人反不相信。兵士在信仰上或者無可責難，但行爲上可以任意放肆。有許多婦人也是如此。無事不可以如此解釋。這不是決定我們行爲心靈的普通意見，這是心的情感；如十九世紀英國心理學家所說『知不能產生行，』這句話的確是對的。所以一個人在宗教中的信仰不能保證他的行爲。並且相反，有與自己意見不同的，在靈魂中很容易發怒，希望這些外面的動作與眞正信仰的公共宣傳可以掃除他的無秩序的生活與在將來獲得免罪。

貝爾這種主張將發生很重大的結果。假使在教義中的信仰對於人的行爲無必然的影響，那我們可以說道德與信仰無關。假使『在信仰上無可責難的』基督教徒渡着罪惡的生活，那我們也可以推知正義的行爲也不是與正宗的教義有什麼關係。所以我們可以相信，有既不相信上帝的存在，又不相信死後的靈魂的人也能組成國家。假使他們是熱心於公共福利，約束犯罪，阻止爭端，維護孤兒寡婦之權利，鼓勵在職業中的公平，誰還能懷疑這不是一個最高文明的國家嗎？爲貝爾提倡這個『無神論社會』的假設，爲全十八世紀所討論的題目。雖然有些人例如服爾德對於這個題目好像是不耐煩，但是仍然有許多別人還認這是一個理想的題目。

再簡略述及貝爾之宗教與超自然信仰之神祕的觀點，似乎自知識上看來這些神祕是冒犯理性並且可笑；要自道德上看來也不能使人行爲上有任何進步，至少可以說是無用。我們究竟如何？是否拋棄超自然的信仰與神祕，只憑藉理性去尋求善與眞？不是，貝爾的結論適與此相反。我們應當知道人類理性的微弱與無力！假使上帝不能示我們以眞理，我們的理性能使我們獲得眞理嗎？理性不能，並且也不能指導我們去獲得眞理的道路。我們獲得神聖的恩惠實多，特別是由神聖經啓示我們的神聖！此種神聖爲我們自己絕不能發現，並且在我們看來是可笑，與不能承受，假使不在這種方法中被證實。

到此爲止，人再不能跟着貝爾前進。當一個人理性沉靜與默示說話的時候，如何被疑爲不信上帝？並且我們要問這種謙卑是否無須再爲保存，這種敬仰是來自心還是來自口。假使他是誠懇，爲什麼貝爾不學麥爾伯蘭基使內心的默示（良心）與外面的默示（聖經）相合？爲什麼他堅持宗教命令我們的信仰不能與理性相合？假使要是不誠懇，他的話就變爲可怕的滑稽。在這種情形中貝爾對於宗教的辯護好像是一種精密的攻擊；當他說及『理性的微弱與無力』的時候，他實際上是說默示的可笑與不能了解。總之，因爲深厚尊敬的表現，他很小心地毀滅一切相信宗教教義的理性。當他完結的時候，默示的宗教也就不能自持了，已入於凋零的境界。

所以貝爾的著作，特別是他的哲學與批評字典（Dictionnaire Philosophique et Critique）一書簡直成了十八世紀無信仰者之無窮的寶藏。現在姑舉一個例，這是他預言有些人在聖經中已假定有缺點。他說：『假使在修昔的底斯（Thucydides 按爲希臘史家）的著作裏面遇到這種敍述，一切的批評家結論一定說是抄錄者顛倒了頁數在此處省略，在彼處重複，或在著者的著作中加添了假造的頁數。但是當聖經有問題的時候，我們也必須保此相同的疑難。有許多很勇敢的人主張在撒母耳記（Samuel 按爲聖經中之一章）中第一編的各章不是佔他們原有的地位。』這一段話近代許多的聖經註釋家都附和之。

我們不能以系統的思想來責貝爾因爲他根本上就不知道什麼是系統的思想，他時而是笛卡兒的信徒，時而是比羅的信徒；時而證據驅逐懷疑，時而懷疑反攻證據，因爲他根本就不以這些矛盾爲意。但是在狂流的旋水中我們可以辨明水流的方向。貝爾是傾向掃除爲他的前人與他的同時的人所承受之原則與信仰，即『基督教理性主義』的系統。貝爾以爲在這二者中只能選擇其一；或者成一個理性主義者，就不能成一個基督教徒；或者成一個基督教徒，就完全放棄理性。聖經可以依賴；貝爾要我們明白這些經典並不是證明反對批評宗教曾被視爲道德的基礎；貝爾證明道德僅依靠良心，而宗教對於人的行爲無任何影響。至少在法國以爲忠於皇室是神聖的權利；但是貝爾說『假使我們不常見驅逐皇帝的事，這是因爲國家仍未照一個很聰敏的計劃去實行。』貝爾所追問的成見與特權誠不勝枚舉，再沒有比這種理性主義的勇敢更進一步的了。即在我們今日說道德與宗教及玄學無關，在許多人看來仍不免危險。

四

在貝爾與封特湼爾之間有一個很大的區別，這種區別顯然是在他們生活的方法與幸運中。貝爾只注意他的著作，不注意其他一切。他在鹿特丹（Rotterdam）地方不僅忍受窮的痛苦，並且受了攻擊他的許多敵人的侮辱。封特涅爾因在巴黎文學界中已有聲譽，故當時地位頗高。凡在過去的書本上能學到的，貝爾差不多全都知道，他在這種廣大的材料上很用過一番苦功。封特涅爾對於這種淹博的學問好像是很鄙棄不足道，但是在另一方面他也是一個數學家。他很歡喜確定的科學，對牠們用過一番思想，並且能預知牠們將來的變化。所以他們兩個人的著作互有補助。

封特涅爾是一個笛卡兒的信徒，但是他自己並不完全承受笛氏的學說。他一方面排斥笛氏以動物爲機械的主張，另一方面他也非難笛氏玄學的系統。但是他很崇拜笛氏方法與科學的觀念，這是需要淸楚明白。『所謂眞實即是淸楚明白；當我們達到眞理的方法是含混與難解的時候，我們說這就是達到眞理的方法，但是這究竟不是眞實的方法。』眞正的方法是要我們由原則開始能自然得到結論。封特涅爾所以視數學爲『普遍的工具』，這個工具不能視之太過或不及，力學，光學，聲學，總之凡能表示可以測量精確關係的科學，總是很有進步並且很確定，因此發現關係的藝術，普通也日趨於完全。

這就是笛卡兒方法的眞精神，所以封特涅爾所宣傳的宇宙觀即爲笛卡兒信徒所崇奉的，這並不奇怪。封氏說我們並非忽略了宇宙，當我們把宇宙縮小了來觀察，並且相反，我們要使自然的秩序依據於這種簡單的原則，不僅在我們默想中覺其美，並且覺其驚奇。在宇宙中發生的一切事物都是依據於幾何學及力學的原則；至於在物理中的物質有時不能達到這種淸楚的程度，例如流質的發酵，動物的疾病等等，這並不是幾何學不能統制他們，這是因爲他們本身仍不淸楚，因爲形式太複雜的原因。

封特涅爾終身都崇奉這『形』與『動』的淸楚概念的哲學。假使我們排斥這種哲學，我們的思想或者能爲人稱讚，能變成高尙與光明，但是不能夠淸楚。由此可知牛頓的系統只是一種不淸楚的幻想。牛頓的系統是根據於『吸力』，這是『一個很含混與可疑的原則；』至於笛卡兒的系統是根據於純粹數學的原則，這是人人都承認的。封氏雖始終相信牛頓的數學的天才，但是他仍主張笛卡兒『旋轉』的假設，反對牛頓『吸力』的假設。封氏青年的成功得力於這種假設很大。他的世界之衆多一書即使這種假設的意義很容易使男女承受。這是一本很出名的著作，封氏在這本著作裏面功過皆有。

在另一方面，封氏並不知道笛卡兒的玄學，他縱或稍有知道，但也不能有很好的了解。他也並不是歡喜任何別的玄學系統；玄學的本身根本在他就以爲不重要。他對於玄學的態度也像後來許多的哲學家一樣，一半是冷淡，一半是輕視。玄學家雖是天才的藝術家，歡喜構造令人稱讚的系統，但是不能說他們是誠懇的求眞理者。在封氏以爲玄學家可與歷史學家相比，但不能與數學家或物理學家，換言之眞正的科學家相比。他說：『塔西陀（Tacitus）與笛卡兒，他們兩人是兩種不同系統的大發明家，同樣的勇敢，同樣的高尙，並且有同樣的天才，但是因此也就很容易有錯誤。』不久，我們知道服爾德（Voltaire）就稱笛卡兒的哲學爲『故事，』並且批評他的想像太過。並且封氏像後來的服爾德一樣，說笛卡兒本人已經證明玄學的研究是無用。『假使笛卡兒與來布尼茲的系統都受了極端的反對，那哲學家對於靈魂與身體相連結的難題必須停止了。笛氏與來氏的例子確可以使他

封特涅爾(1657 1757)

們不再尋求祕密。」

但是封特涅爾只對於這一個玄學問題有興趣，卽上帝的存在。這兒他不是笛卡兒的信徒，卻是服爾德的先鋒。他反對玄學的證明；他提議一種新的證明方法這種證明就是來自物種由來。普通說來，他是努力用自然的研究來證明神的存在。他說『眞正的物理學可以變爲神學』這句話是不是僅爲一句形式的話，僅爲收藏他的貨物的遮蓋，或者是爲當時一種流行的意見？這很難決定。在這一點上無法證明封氏是不誠實。他既願意拿錶來比宇宙，所以拿最高的製錶者來比較上帝，這是很自然的事。他說：『這種偉大的工作在漸漸被知道以後就很覺得驚奇，使我們對於做這種工作的人更有高尙的觀念。』物理宇宙之完全淸楚的表現使封氏對於上帝與世界的關係也有一個完全淸楚的表現，不過比較幼稚與膚淺。但是在十八世紀封特涅爾的繼承者沒有覺得這種缺點，所以只領略封氏之較深奧的神的觀念，這可以在笛卡兒與斯賓挪莎中找到。

在封特涅爾中和在他的繼承者中是一樣仍有一件可注意的事，卽對於教士暗暗地反對，因爲人自然的微弱所以藉愚蠢無知錯誤與幼稚來解釋積極的宗教，所以很容易爲那些狡詐的信徒所利用。『完美的哲學』佈散光明，躲避這些聰明的人，並且要消滅迷信。其實封氏並未公然攻擊基督教。在他的神諭的歷史中他只攻擊世俗的教士。在這本著作中他是將一本拉丁書作一個提要，這本拉丁書據說爲一個荷蘭人所作，他想證明聖諭絕沒有被魔鬼所蠱惑，並且聖諭之消滅亦只是因爲自然原因的結果。

聖諭的消滅已經沉寂了有十五個世紀，封特涅爾和他的讀者對此感覺興趣，究竟是什麽動機？對於『聖諭』

與『奇蹟，』封氏的著作有一個近代的意義，並且同時似乎是攻擊。當他解釋『聖論』的信仰一定屬於超自然的人的時候，屬於未被理性規定的想像的時候，或者當他說超自然的現象不能產生在批評心靈出現的時候，我們就可以明白他是什麼意思了。『當聖諭開始出現於世界的時候，哲學仍未出現。』封特涅爾對於教士的僞詐，攻擊不遺餘力。一切東西都集中於他們假使任何人敢說一個字反對他們，他們將被他們咀咒爲無神論者與異教徒。『在寺院中的教士排斥街上的流氓，因爲他們自己就是一個較高尙的與較嚴重的流氓——這使與那種交易有一個極大的區別。』在這些字中注意厭惡與譏笑的論調；此在十八世紀又復聽到。誠然，封特涅爾在這兒所說的教士是指崇拜異教的教士。但是在他的相同的著作中他說過『因爲顧慮到通俗的意見』一個人主張一件事，只得暗暗指其相反的方面，這兒不能誤解了他的意思。

五

封特涅爾固然沒有歷史的心靈。但是他不像純粹的笛卡兒派，完全忽視歷史，他並且很注意歷史。在他的思想中對於這個題目有兩個相反的傾向互相平衡。有時他認爲人無論何時何地都與他的本質相等，並且當這個人類抽象的觀念是最高的時候，歷史的興趣在他是差一等，並只能用以證實自他的普通概念所推得的事實。又在別的時候，因物理學與生理學解釋實在事物的複雜，又注意反對系統，他證明初民與野蠻人類的好奇心，並預知比較人種學與科學的人類學之可能，最後並預知自然科學方法能擴展應用到社會學的可能。這兩種傾向在他的心靈中並沒有明白表示是互相反對的，或者還是互相合作的。他們是混合在一塊，他們表示出他們自己，雖不十分確定，但是不得不在將來發展。

在封特涅爾構造先天歷史的觀念中，這第一個傾向在一個很奇怪的方法中表現其自己。他說，『一個很聰敏的人只是一研究人的本性就可以猜到一切過去與將來的歷史，用不着聽到一點什麼事。這種人將說：「人的本性是爲無知輕信與虛榮合組成的，……容或有一點和善等等。」在他的心靈前，他將喚起許多詳細的事實，這些事實或者已經發現或者是與已經發現的事實是十分相同。這種學習歷史的方法，當然不是一種壞的方法；一個人可以爲萬事的根源，並且能看到預料的結果。』

像這種題目的討論是不能實際應用，封特涅爾也很知道。然而他說這個題目是很嚴重，與其說是一種遊戲，還不及說是一種理想。他似乎不留意十分不同的情形，各種國家的發展實在發生於此種情形中；地球的表面可以藉抽象的方法了解，爲所謂人類者居住。爲什麼有這種似是實非之論？因爲只有在這種方法中，歷史能與科學的形式接近，如已爲笛卡兒所知道，就變成後來的所謂社會學。一切實在的科學根據現在實在的分析，包含有將來的預言。如社會學能變爲科學，那就能使我們多少能預知將來，並且能爲將來的預備。封氏對於社會學有一個很清楚的觀察，並且他知道社會學是依據於管理人類心靈進步之公律的知識。他主張我們應當研究在人的心靈中繼續不斷之意見習慣與嗜好的歷程，總之研究管理歷程的公律，因爲在多半的情形中，這一個嗜好繼續着別一個嗜好不是一個偶然的機會，普通總有一個必然的連結，雖然不十分顯明。『所以人類心靈的歷史可以視爲思想的連續，此自各國家中一個一個地流出，由這種連續中可以獲得某種的預言。」

此在封特涅爾的時候實在是一個很新的觀念，並且視爲極有效果的一個觀念。這使封特涅爾達到神話的正確觀點，這種觀點的深奧曾爲浪格（Lang）所注意，在他的近著神話，禮教與宗教中就可以看出。封特涅爾觀察希臘神話之幼稚與殘暴的性質，覺得與其他國家之幼稚期是沒有區別。他結論說他們是一個無知與想像的自然產品，只要藉人類本性的簡單要素就能解釋他們，無須再藉別的任何事物。『我們很難明白初民時期的野蠻情形與無知狀態。讓我們描寫卡斐人（Kaffirs），拉伯蘭人（Laplanders）與易洛魁人，讓我們同時記着這些種族雖是很古的種族，但已達到相當知識與文化的程度，這種知識與文化在最古代的人中是缺乏」。所以當我們爲這些故事的不道德所震驚的時候，要想對於他們尋出道德的解釋實在是大愚，或者爲他們的幼稚性質所驚異的時候，就對於自然的現象假定初民象徵的解釋，也是極爲荒謬。我們不能用我們自己思想的習慣來附加到這些故事的作者身上；適相反，我們應當回返到最初的智識狀態，人類的這種智識狀態經過一種必然進化。由此我們可以解釋『在希臘的故事與美國初民的故事之間有極相同的地方。』任何國家的人，他們都是以他們已知的來描寫他們『未知』的，表現這些東西比他們自己更有力量，但像他們自己。當人變成更文明的時候，神也比較不殘暴與不驚人了。這種最古時代的哲學，其基礎也就在人的本性中。封氏結論說：『使我們頭腦中充滿了腓尼基人與希臘人之過度的信仰，這不是科學；知道如何使腓尼基人與希臘人達到這種過度的信仰，這才是科學』。誠然，但是要建立比較神話學，我們對於各種不同的神話，必須有確切的知識。十八世紀的法國哲學都已知道如何做，但是他們未能做，是因爲他們在沒有獲得確切的解釋知識以前，他們就急於解釋的原因。

封特涅爾因此預備用他自己思想的習慣來調停在古代與近代之間的爭端，這種爭端是自十七世紀之末破裂的。比較荷馬，品得（Pindar），索福克（Sophocles），柯奈耶（Corneille）拉辛（Racine），摩利爾（Molière）等等，都是自純粹文學的觀點來討論。封氏是以哲學家與社會學家來討論這個問題。他第一問自古代以來有無進步，這種進步如何能明白。他像巴斯噶一樣，把一切時代繼續的人與一個永久活着與繼續學習的人互相比較。人在兒童時所從事者爲生活的必需；在幼年時所從事者爲想像的構造；達到成人的時期他就富於推理的能力。比較到此卽終止，因爲這種象徵的人沒有老年。進步將無止限。

封氏用兩個原則來解決古代與近代的問題。

第一，他建立了心靈原來相等的學說。依照封氏說，人類在其本質上永遠是一致的。時代不能使他們有區別。希臘或意大利與法國的氣候太相同了，所以不能使希臘人，拉丁人與法國人有任何的區別。假使他們要有區別，也很容易抹去，並且對於他們與對於我們一樣沒有什麼益處。所以我們是完全的相等，無論是古代人或近代人，是希臘人或法國人。但是自然是是否偏向於某一個時代，在他們當中產生許多很優秀的人？似乎不如此。最多也只有不能覺得的不平等；但是自然的普通秩序是常常不變的。橡樹與白楊樹在我們今日的田野間和在古代的是同相。人類亦何獨不如此。

所以區別只是因爲必然的繼續發現。古代人限於時候不能多有所爲。如我們在他們的地位也只能像他們所做的一樣，如他們在我們的地位，他們或者也與我們有相同的見解；因爲有一個必然的秩序規定我們的進步。知識的發展是有一定的階段，在這一階段的知識達到以後，另一階段的知識方能發展。幸而這種公律到現在人還不知道；人才能懷着很大的希望鼓勵他向前工作。無點金術不能有化學，所以我們對於點金術家的發現不能忽視。假使他們不思想，現在也許還是點金的時代。『人應當有一個想像的目的來引誘他。但是現在科學是有很好的成績，當我們看到在上一世紀由科學而得來的進步，不管偏見與阻礙，使我們對將來有一個更高的希望。我們將看見新的科學由無中產生出來，當我們仍在搖籃中的時候。』封氏冷的心靈對於科學的將來到是極有熱望。他在稱頌數學家中說：『只要有論理學與醫學，人就不必再需要別的了。』

所以孔德 (Comte) 在他的系統中採取了這種觀念，稱封特涅爾爲近代的先鋒，誠然不錯。固然他的心靈在擴展與有力方面很缺乏。他也無綜合的力量。除零簡小册以外，他不能產生任何東西。他的觀點固然瑣碎，但是這些觀點很有力，很勇敢，並且很深奧。對於科學的進步，人類在一定的公律下之智識的發展，有一個極清楚的觀念，封特涅爾要算是第一個人，這是不能否認的。

第五章 孟德斯鳩 (Montesquieu)

一

在法國十八世紀，至少在哲學方面，可以剛剛分成兩部分。盧梭，狄德羅，畢豐與康的亞克出版他們的重要著作，多半在一千七百五十年。達蘭貝耳（D'alembert）出版他的百科全書序言在一千七百五十一年。服爾德幾乎佔了一個全十八世紀但是孟德斯鳩是屬於十八世紀的前半期。他生於一千六百八十九年，看到魯易十四的晚年。波斯文錄（Lettres Persanes）出版於魯易十五的攝政時代，在這本書裏面暗刺魯易十四的地方很多。孟德斯鳩最重要的著作是法意（L' Esprit des Lois），出版於一千七百四十八年。他死於一千七百五十五年。

當然，孟德斯鳩對於他的時代之別的哲學家有一種影響，雖然他沒有受到別人的影響，特別他在晚年多住在家鄉布來德（La Brède）。在他的青年時代雖也愛過巴黎，現在不能使他有興趣了，所以他去巴黎時候都是很短。因此他不能與許多著作家發生直接關係，這在他也不以爲遺憾。實在說來，孟氏與文學世界是不僅無關係，並且很隔膜。在那時候學者多半是窮鬼，著書多半是爲的衣食，他們的著作有時反映着他們的窮苦，他們的希望與他們的失望。服爾德他很早明白必須要獨立，所以他能獲得許多財富；但是這種財富獲得較晚，在財富未來以前，他不是沒有受痛苦。孟德斯鳩剛相反，既不需求衣食，又不需求地位。他是屬於一個貴族的家庭。他是承受他的一個叔叔的官職在波爾多（Bordeau）。他的財產是葡萄園，他遺留很多的財產給他的子孫。

孟德斯鳩個人的環境對於他很重要。許多勇敢的說話在未受很高教育的人說來，一定覺得很討厭，在他說來卻能使人忍受。他用很平靜的聲調說出這些話，莊嚴而有節制。雖然他已經賣去他的官職，官吏的事實仍留給他不少的權威。當他說刑法與犯罪學應當改革的時候，一種『無資格的個人』所要求的一種改革又是一件事，這種人因冒險被送到巴斯的獄裏面去，假使他的觀念得罪了國家的官吏。孟氏有『階級偏見』，這是很顯然的。他維護貴族的特權，並且努力為賣官鬻爵辯護。但是他的心靈仍是自由的，仍為公共的福利努力，並且想使他同時的人日進於正義與人道。

波斯文錄所以有很美滿的成功，頗得力於活潑的體裁與鋒利的譏刺，以及回教閨閣中生活的描寫；但是同時也就預言了法意的創作。思想及於政府的性質與原則，社會的基礎與自然的公道，國際的法律，羅馬的政策，英國的憲法與刑法，在波斯文錄一書中都已有介紹了。假使我們讀過法意，我們或者比較能多明白一點孟德斯鳩的複雜性質，他本人絕沒有十分表明過他自己。服爾德對他雖無同情，但很注意他，形容他是一個政治家，哲學家，才子與公民。哲學家，政治家，公民在波斯文錄中已明白表示出來了；才子在法意中也表明了，雖然這在法意中僅佔一個附屬的地位。

孟德斯鳩對於他的著作費了二十年的功夫來計劃與搜集材料。為預備這種著作他讀的書很多，當他愈確定他要做的，他讀的書愈有效果了。他遊歷過大部分的歐洲，在意大利住的很久，在英國住的也很久。他在這些旅行中並未得到什麼利益。他到奧國與意大利的遊記最近爲巴昂孟德斯鳩（Baron de Montesquieu）所出版，是很令人失望。我們雖沒有看見他在英國的遊記，但他已明白說過，即他最有興趣的事，他仍不能用一個科學家的精細來獲得知識。但是在那時候的著作家比我們今日在這方面較少特別。在英國孟德斯鳩所看到的社會，在道德上是放縱的，在宗教上是不忠實，在哲學上是懷疑，但是有極端的智慧。他能夠明白他所見的。在詳細處不眞確不足以阻他的觀察能獲得一忠實的印像，這種印像在他同時的人都無所駁難。人人知道孟德斯鳩最能領略的就是英國。

二

法意是一個很大的與很不清楚的題目。下面的這一句話至少能解釋一部分，即『各種政府組織的法典多半與習慣，氣候，宗教，商業等等有關係』雖然孟氏未能盡舉以告吾人，不免使我們心靈上留有遺憾。孟氏此種新的創作實在是政治與社會哲學，孟氏自稱其書爲『空作著作』，或亦未必過當。

在他的序言裏面他說到他以前的人都沒有與他有相同的觀點。有些人（如 Grotius 與 Pufendorf）特別討論過國際法的學說。別人（如Hobbes）以哲學家的眼光討論過社會的起源與國家的性質。還有許多十六世紀夢想的烏託邦者構造一種理想的國家，與他們眼前的實際的國家相對比。又有許多人（如 Harrington，

Algernon Sidney, Locke）完全自英國的觀點來論法律與政府，洛克的政府論回到最初的原則，只有在能證實一千八百六十六年的革命，與置於鄂蘭吉（Orange）的皇子（即以後的威廉第三）的情形。

孟德斯鳩的著作完全不同。孟氏所討者爲政治的實體，並且他的材料多半是由歷史與由所觀察的事實而來。孟氏一方面固然與夢想的烏託邦者不相同，但是他也與洛克不同，不想把他的學說立即致於實用。他的目的在研究像一個哲學家用嚴格的方法研究實體，此在後來即變爲社會科學或社會學。所以嚴格地說來，法意既不是政治哲學，也不是歷史哲學，既不是法律哲學，也不是政治經濟哲學；因爲這些科學均不能在這兒爲他們自己所研究，但是他們的自然關係可以被研究，並能由此演繹出他們共同的原則。孟德斯鳩的天才在他能完全明白在各種社會現象中的一致性，這些現象的協助，每一種一方面藉一致性來限制別的現象，一方面又爲別的現象所限制。例如，假使一國的政府是專制，關於教育，奢侈，商業，婦女情形，公民自由等等的法律，一定要適合於這種政治的形式；在民主國家，這些法律就完全不同。所以社會現象一定要服從一定的情境，並且能形成確定的系統。

總之，有所謂法律的法律：任何社會之政治的法律，民法與刑法，在他們的性質中發展中與形式中，都爲自然律所規定——依照孟德斯鳩著名的定義，即爲來自事物性質中之必然關係所規定。一個深奧的思想要受科學的形式與方法所管理，這是以前被人忽略，或者以爲不能達到。一個深奧的思想也要在各種社會現象的互助中尋找法律的法律之表現。孟氏所以假定一個超於法律家，歷史家與政治家之上的觀點，他並由此來考查他們。他藉歷史來表示法律如何因爲政治的形式而改變——不僅因爲政治的形式，此外如氣候，土壤，商業亦均有關係。

這已經是很顯然想趨於社會學的綜合。孟氏已說他的題目是極其尊嚴。這種思想是很好，在那時候已產生出一個很深的印像。

不幸，實行不能與思想相等。無疑，這種思想是有很大的功勞。不論這種題目對於大多數的讀者是如何地無趣味與如何地不熟悉，孟氏同時的人並不因此不注意他。他既不想自成一個學派，也不想造成一個黨派。他用哲學家的眼光實際觀察政治與社會的材料。因爲這種著作是一種非常的著作，包含有新的與驚人的事物，很足以引起注意，並使人覺得思想很有力量的印像。這一切都是實在，但是這不能使法意依照在序言裏與第一章所述之美麗計劃實行。這種不完滿的原由也有幾種理由。有的是因爲這個題目的性質，還有別的是因爲孟德斯鳩自己的精神與品格。

孔德 (August Comte) 曾很清楚地說過孟德斯鳩的企圖所以未能成功，是因爲早熟的原因。因爲科學的社會學之成立，必須要生物學進步。因爲社會現象雖不能縮成生理的現象，但與後者卻頗有關係。因爲要研究社會現象，對於人種發展的定律，與其有機的，智識的與道德的作用的定律不能不先認識，——這些定律只有生物學能發現。當孟德斯鳩著法意的時候，生物學還不能成爲一種科學，與生物學有密切關係的化學也還未能成爲一種科學。所以孟氏當然還不知道一種方法能適合於他所主張的科學；他只能在他那時候已存在的科學中找方法，卽在數學與物理學中，而這種方法完全不適合於社會學定律的研究，所以孟氏研究的題目是對的，他所用的方法卻錯了，有一種永遠的矛盾存在於這二者之間。

孟氏知道並盛稱笛卡兒的方法，這是無疑。我們只要記得他在波爾多學院關於物理學與生理學的講演，更足以證明了。在波斯文錄中許多地方都顯示着笛卡兒的影響；例如說「自然的製造者給物質以運動；無需產生我們在宇宙中所見之結果的驚奇變化。」最後在他法意的序言中，孟氏明白說他想用演繹法。「我先建立普遍的原則，我再看見與這些原則相適合的特殊的例子，看見各國的歷史只是這些原則的結果，每一個特殊的定律與別的定律相連，或者依賴於較普遍的定律。……在我尋到我的原則以後，一切的我都尋到了。」孟德斯鳩的確像笛卡兒，使他方法的重要部分都置於由普遍推演出個體，由簡單推演出複雜，由原則推演出結果的歷程上，總之，就是演繹法。

實在說法意一書眞爲演繹的。讀者或以爲此書之組織深欠完善，並且不免次序零亂。如吾人再作進一步的觀察，這種印像或者比較少一點，但仍不能完全消滅。如我們再將孟氏與他的先輩蒙旦相比較，就可知道這兩位在文體的藝術上雖有極深厚的天才，但是對文章組織的藝術仍未能深知。此對於孟氏似乎說得太遠了；但是使蒙旦與一個自負是引用笛卡兒方法的著作家比較，這也是一個很重要的事實。我們能說孟氏將他的著作的各卷各章有一個奇怪的排列，爲的是想免除單調，喚醒讀者興趣，與迷亂讀者嗎？這或者是的，但是有一個較深的理由可以解釋孟氏著作的情形。假使孟氏著作缺少連貫，這是因爲演繹的理性與不相連的事實。演繹法是純粹抽象的，至於孟德斯鳩所搜集的事實一點也不能證明。孟氏只是自一定的原則推知一個結果。例如他自一個專制或民主政府的觀念就能推知婦人的情形是如何。他爲維持他的結論，他就引用在中國的法律，或在古代希臘中

孟德斯鸠(1689-1755)

的法律，或引用由遊記當中所得的故事。他不知道一種事實要是離開其環境就沒有科學的或社會學的價值。孟德斯鳩所以討論社會學的事實缺乏正當的方法。這我們又何足驚奇，我們今日的社會學家對於他們的方法仍不能有相同的意見。即今日社會學家所見在生物學中所用之比較方法，在孟德斯鳩時仍未被知道。因為他不知道比較方法，所以他用物理現象的性質來看社會事實，此種現象在任何時候與任何地方都是相同。在相同的情形下行物理的試驗，無論是在巴黎，在倫敦或在北京，將得相同的結果。因此孟氏以為他自己不論用塔西陀（Tacitus）或孔子的例子都是對的。在這種情形中他達到人類的抽象觀念，當十八世紀在法國仍然流行的一種觀念，雖然這種觀念為氣候影響的著名學說所反對，孟氏本人即為這種學說的創作者。

假使孟氏常常缺乏系統，並不是缺少獲得系統的努力。如他不是過於歡喜事實，或者我們還要責備他太系統了，例如在他的憲法學說中就是很好的例子。歷史家與政治事務之敏銳的觀察者成功了哲學家，但是不足建築社會學的系統。完全原來的概念是屬於社會學家；但是著法意的人是哲學家。

三

孟德斯鳩說，毋須去求社會的起源。人只有能在社會中生活；這是初民的事實，吾人必須由此開始，這種事實的理由即在人的本性中。霍布士（Hobbes）假定自然的狀態是戰爭，公道與法律是純粹的契約，這是錯了。假使真是如此，我們應當在繼續的恐怖狀態中。依孟氏說適相反，他以為沒有人無故是壞的，在每一個的靈魂中都有自然公道的原則，所謂天理自在人心，此種天理雖有時隱藏，但並非抹去。此種原則潛存於人道中，也潛存於社會本能中；此種原則能使國家成立與維持。我們爲此我們强壯者所包圍；他們能有種種方法傷害我們。在他們心上都有一個內部原則，這就是我們的友誼，就是保護我們不受他人的攻擊，這眞是我們的救星！

在波斯文錄中，孟氏用喩言開始敍述穴居野處之野蠻民族，此種民族極爲凶暴，對於一切公道的原則毫無所知。當彼此有所需要時他們絕不互相幫助，他們消滅了，他們成了他們自己不公道的犧牲者。只有二個家族存在，因爲『在這野蠻國中有兩個很强的人。他們是仁慈的，有公道的觀念並愛道德。此種道德包含在仁慈與幫助中。一個新種族卽由此發出，變成很興盛，很繁榮，因此此種族能有公道與德性也。』像這種喩言敍述很多，不僅這一個。我們在一千七百二十一年卽看見這種字如『德性』『仁慈』等等的濫用。時代愈進，這種濫用愈增多，溫文人道的畫圖是在自然的狀態中。孟氏又將他的人類社會根據於所謂公道，這以後被稱爲利他主義。後來在法意中他固然承認有一個公道與不公道理性基礎，在經驗以前『正如圓之中心與圓之每點均相等，雖在圓未畫以前。』孟氏在此二種學說中並無選擇，或者彼仍未區別之。彼以爲這兩種學說均與霍布士相反，霍氏爲彼所急欲打倒。此外，他就不能討論這種假設，不得不急於另尋堅固基礎。

在他的純粹政治哲學中，孟氏開始區別每種政府的原則與性質。『牠的性質是使牠所以爲此牠的原則，是使牠依此活動。一種是牠的個體的構造，另一種是激動牠的人類情感。』這種區別，汎言之，是與解剖的與生理的觀點相應。由此可知如在孟德斯鳩時，生物學已有很好的進步，那他將能獲得很多的幫助。不幸，他不能將此觀念引伸很遠達到一個科學的結論。他的政府的分類已經表示在他以前已經有了。假使他未能研究柏拉圖與亞理斯多德的分類，與在民主，君主及專制之間的區別，那他還不至於因攻擊當時制度而被責難。所以他說了許多暴君專政的事他以爲可以應用到法國的專制；此讀者不難獲得其要點雖批評者往往閉目不見。他深知他的分類是靠不住的，所以他急想將其共和政府附屬分在民主政治與寡頭政治之中以爲補救。此外，孟氏常有許多具體的例子在他的心中，雖然他沒有引出來。暴君專制是波斯與土耳其，在路易十六下之法國亦是。他的共和國是在古代，如斯巴達，雅典或羅馬。他的專制政體普通是指法國的專制，有時也指英國，最後，他的寡頭政體是幾乎指威尼斯。

由歷史種類的精確觀察，孟氏曾以此代表其各種不同形式的政府與支配各種政府的主要狀態，人就可以知道他所謂的原則。因此德性顯然爲古代城市的主要淵源，如我們能像古代人一樣了解德性這個字的意思，卽對於公共爲無限的努力。恐懼爲絕對專制政府的原則，如蘇丹與波斯均是，在這種國家之君主意志絕對被服從，無任何討論與反對的餘地。榮寵爲君主政府的主要淵源，如在法國各人對於保守特權與官職均不免互相嫉妒。

雖然孟氏用嚴重的口調說出這些政府的原則與形式，但他仍不禁偶然發現出暗嘲與熱諷，因爲他不肯將這些原則放在相同的重量上。在他的天秤上暴君專制是最低。孟氏有意形容過甚；人有時想像他所說的達荷美(Dahomey)與亞山提(Ashantee)比較土耳其與波斯那是厲害得多了。共和是站在最高級。在形式上由共和到專制——卽在原則上由德性到榮寵——是退化的。這種觀念在野蠻種族的寓言中已有了。後者是想有一個王。他們推德高年長者充之他回答說：『我知道這是什麼一回事啊，野蠻人種你們道德現在是開始對於你們是很重。在你們現在的情形中，沒有首領，你們一定需要道德的，否則你們不能存在，你們將復返到你們祖先的不幸中。但是你們覺得這個牛軛太重，你們願意服從一個王。你們知道你們將滿足了你們的野心，……假使你們想避免墮入於最大的罪惡，你們將無需乎德性。』

以上引的這一段使我們回想到法意中許多別的地方。如專制政府只藉法律的效果來維持其本身，德性是不需要的，每人為公共服務是為他私人的利益；對於共和國家有損害的野心，在專制國家能有好的結果。專制主義與共和主義是相反，好像一個較低的形式與一個較高的形式反相一樣；因為後者承認人是正義的，即公道，仁慈與眞誠，至於專制主義假定人是自私的，其管理彼此之關係，則『總衆私以為公。』在共和國家唯一之目的在公共之福利。所謂『祖國』這個字可以用之於此。對於祖國的愛情不能與道德與無私分開。每人所尋者為公共之福利。既無野心，又不貪財；人人均誠實不欺，儉樸非常。

這種良善的國家，自古以來還沒有看見過，古代人雖有實現過的，但是很少，並且時期也很短。這似乎變成荒談無稽的寓言。孟氏本人所見到的是專制政體，貴族的承襲，階級的精神，享受的特權。在這兒野心代替了愛國心。此種國家之存在，唯一之情感在獲得眞正榮耀，排斥自私與犧牲自己。法律在這兒代替了一切的道德。這兒我們可以知道不僅太過視法律的組織（這是孟氏錯誤之一）並且也抬高了古代所謂公民的道德，道在後來變為極普通了。人人知道在法國革命中佔重要地位的是浪漫的情感，不是歷史理想的性質。盧梭因為抬高這種虛偽的性質曾受極嚴重的批評，其實這種批評第一個加到孟德斯鳩才眞是確當。

無論如何，這種共和（正義者的家庭）對於孟德斯鳩是一個很遠的理想。專制似乎只限於熱帶的國家，在無精神的人民中，爲一個很長久的暴君專制時代所壓迫。這兒仍然還有一種政府的形式，卽所謂賢政政府。現在再研究這種政府與君主專制的區別。但是賢政政府如不假定『道德』在人民中，則假定之於少數貴族中。此種理想的政府之難實現正如共和一樣。其實，孟氏判斷他所看見的賢政政制極爲嚴厲。他在遊記上曾說，意大利的共和只是微弱的賢政，其存在頗感受痛苦，在此政府中，貴族缺乏一切莊嚴與榮耀的情感，所有的野心只在保存他們的懶惰與特權。所以他的政治思想的主要題目是專制，此在英法二國曾在不同的法律之下，使他們達於興盛與有力的地位。

君主專制在一種國家中是『一個人在一定的法律之下來管理。』這些法律就是國家的憲法，國家能否存在與興盛，就看這種法律能否被尊重。在這種國家中有許多階級，每一個階級有牠的權利與義務。當君主與各階級在各種不同的目的上能有團結的精神與動作的時候，這種政府就達到完全的狀態。如君主欲使其權力變爲絕對的，那他就改變了君主專制的性質。如君主的權力被貴族所奪，那君主專制就變爲賢政了。君主專制之重要特質爲『立憲的不平等。』在暴君專制的國家中，一切人都是平等，因爲人人只有服從，發號施令者只有皇帝一人。在共和國中人人也都平等，因爲他們所求者爲公共福利，絕無私人的野心或特權。但在君主專制中，人一定是不平等的，上自君主下至最低之公民，均因其門第與所屬之階級而不同。君主的權力在每一個階級的黨派精神中遇到阻礙，而貴族極願對於君主犧牲其性命，不願犧牲其榮耀。

在一切政府中孟德斯鳩最歡喜的理想政府，即在法國當「嘎特族政府」達到最完全的時候——即聖路易時代。此可以解釋他在波斯文錄中對於黎塞留（Richelieu）及路易十四的憎恨；此在法意中又明白表示。黎塞留的目的是要削減貴族的權力，剝奪他們在國家所享受的特權，並且使君主的權力成為絕對的，路易十四繼續完成黎塞留的工作，用其全力消滅國會，將「固定的法律」縮減為純粹行政與司法的職權。他們兩個人都是想努力毀滅「中間的附屬的與依賴的權力。」但是假使這種權力消滅，那憲法，「基本法律，」「權力應用之直接淵源」亦將同歸於盡。自此以後，無任何障礙能阻止一個人的野心，結果我們將有一個暴君專制。在孟氏以為「無貴族即無賢政府。」所以廢除地主的權利，掃滅封建制度的最後遺跡，剷除貴族，教士與國會的特權，即是「使賢政與立憲改變為暴君專制。」孟氏問這是不是一件聰明的事。

這種危險是很大，因為這種變化可以無需忽然的革命，且在不知不覺之中，依孟氏自己的話，在這兩種政府中「權力是相同的。」但是在君主立憲中，君主的威信愈大，他愈不敢亂用他的權力，並愈尊重根據於基本法律之階級的利益。因為君主之存在即有賴於此種階級之存在，此種階級之存在亦有賴於君主之存在，二者互相依賴。孟氏所描寫之暴君專制為一種猛獸，是法國人民與法國君主最高與最嚴重的警告。「留心！這就是你們所要注意的！你們不要妄假你們自己的手毀滅了在法國君主立憲存在的條件！」孟氏所以是很保守的，因為怕暴君專制來到，並且因為憎恨已存在的暴君專制，所以孟氏極力為政治的不平等辯護，因為他覺得真正自由的保障卽在這種政治的不平等中，這種自由已爲法國人所習慣。

當然還有別種自由的形式，例如斯巴達與羅馬，不過這種自由只適宜於古代城市；還有英國，不過這與英國種族的性質與精神不能分開。孟氏並不想將外國的制度變成法國本國的制度，這是一個極複雜與極不能的工作。這種政府的形式在法國已經有過，並且現在形式上仍然還在；他以爲這種政府的精神以前已有過很好的了解，現在只要努力恢復就是了。在他的心中以爲法國君主立憲的改造只要使之回返其純潔的形式，事實上並無須對於現存的制度有一個極激烈的改造。假使社會學在孟德斯鳩時已存在，那他將知道法國在十六世紀的君主立憲是道德信仰，遺訓的有機結合——總之，是外部與內部情形的結合，這種情形曾已改變與此種情形相合的君主立憲現在已屬於過去了。

法意的第十一卷第七章曾討論英國的憲法，這一章讀的人最多，影響亦最久。他主張這種憲法的目的是自由。所有的法律，與最著名之三權的劃分，卽行政，立法與司法，都是爲保護公民的自由。孟氏對於在他那時候的英國憲法是否有精確的描寫，並對於憲法的構造與作用是否有詳細的觀察，他爲斯密思（Algernon Smith）與洛克影響到什麽程度，我們這兒不必研究。此外他還想極力模仿他所最稱道的塔西陀（Tacitus）。他對於英國憲法有一個忠實的描寫，他並不是要獻勸於讀者，也不是要使人知道在政治中有一種高尙的教訓，更不是要使人知道在一個君主立憲之下有一種自由人民的榜樣，這只是描寫暴君專制的反應。因爲要達到著作所預定的目的起見，他描寫這兩種情形都不免稍過；所以暴君專制變成了猛獸，英國的立憲變成了理想的制度，這或者不完全是他的錯處，他的著作也許爲人所誤解。在他的英國遊記中，他很嚴重地批評過他那時候的英國社會，並覺得英國社會是每況愈下，日就衰微。不過他仍能領略英國的特點。不過孟氏所描寫的我們究竟不能承認爲最好的，或者比較滕納所描寫的要精確些。

四

在『英國的事物』中，孟德斯鳩想置於大陸上的，第一我們應當承認是司法的組織，特別是刑法。孟氏說，在英國司法的權力是在無影無形中，絕不能在立法權者的手中成爲壓迫人的工具。每人之犯罪是爲司法者所審判，如審判不公，並有權利可以反駁。如無犯罪之證據，無論任何人不能被拘捕，在方便情形下可以交保釋放。酷刑曾未用過。總而言之一句話，人是自由的。在法國的情形完全不相同，在比較文明的狀態與野蠻犯罪的程序之間，仍存在有可羞的矛盾。如學者阿革索（Aguesseau）仍以爲酷刑是不可免的。人人知道孟德斯鳩會發怒說道：『我聽到自然的聲音高叫着反對我。』用審判員代替任意的審判，沒有人再比孟氏主張最力了。

刑法之需要改良，正如法律的手續之需要改良者相同，因爲『殘酷的刑法不能使人更服從法律。在懲罰很有節制的國家，人民畏懼法律並不在濫用懲罰的國家之下。想像能使其本身適合於國家的習慣。一禮拜的監禁或者一個小小的罰金，或因侮辱而來之失望，在一個歐洲人受之不比一個亞洲人所受之殘酷的刑罰爲輕。』殘酷的刑罰有時並違背其自己目的。假使你懲罰一個小賊像懲罰一個殺人犯一樣的嚴厲，那殺人的事一定更加多；還有相同的危險，卽小賊將設法消滅了證據。所以公共的利益，公民的自由要能獲得，必須「暴虐的專制不能存在，刑法不能任立法者的意思來規定，但是要按照事例的性質；總之，犯罪的法律要使每一刑罰都起源於犯罪者的特別性質。」欲使刑法有良好結果，我們不僅當研究犯法的特別性質，並且要研究犯法者的特別性質。

但是刑法能否應用於反對宗教者？當然可以。在這些犯罪者當中，擾亂公共信仰的人也卽是擾亂公民的公共秩序與安寧的人，所以也應當被懲罰。實在反對宗教的人是對於宗教有直接的攻擊。適合於這種事例性質的懲罰（依照以上所說的原則）是剝奪他宗教的特別權利，或者是逐出教會以外。這種犯罪既無證據，又無手續，這只是個人與上帝間的事。這種罪惡是由我們必須報復神聖的觀念而來。我們應當尊敬神聖，不應當報復神聖，否則酷刑將無已時。孟氏卽在這種精神中寫他的「對於西班牙與葡萄牙審問官的規勸」

孟德斯鳩對於容忍的辯護，這兒不說他的論證的有力與著作的流暢，也頗引起許多人的注意，絕不至於被人懷疑他有任何反對宗教的情感。在波斯文錄中他固然對於僧侶有極厲害的譏刺；但是在法意中他對於一切宗教的題目都以嚴重與節制的態度來討論。孟氏之說話像一個哲學家與政治家，在人類進化中爲宗教所影響的是歷史哲學，孟氏卽曾學習過。他對於事物的觀察多半是由於政治家的觀點，這不能與神學家的觀點相合，並且他以爲公共的政策應使容忍成爲國家的興趣。不論他的內部的情感特別是指基督教，但是他的公共的態度是很可尊敬。在這一點上與在許多別的點上一樣，他的謹愼是很完全。他的勇敢與在十八世紀許多的「哲學家」是相同，他也討論許多在禁止之列的問題，並仍然保存有智慧與節制的榮譽。人常常稱孟氏與盧梭爲保守主義者，然而近代的社會主義者也常稱孟氏爲他們的先鋒之一。他豈不是也說過『國家應當供給每一個公民以衣食住，以及與康健不相衝突的生活方法？』

孟德斯鳩的歷史政治與法律的意見我們不能在此詳爲討論；至於他對於國際公法的意見，在他那時候爲新而且重要的意見我們不能輕輕放過去不談。他在波斯文錄中曾說這一部分法律像現在一樣是告訴君主怎樣違背公道而不損害自己利益的一種科學。這是成爲一種系統的不公道。但是有兩種公道，凡在原則上能規定私人間關係的法律，也能規定國際間的關係。『國際公法就是世界的民法。』康德也說過這種相同的原則，他並以爲國際政治應當置於道德律之下，但不能使道德受政治的規定。這種學說與當時流行之思想系統頗有關係，在當時思想視各國爲一個大家族的分子。孟氏說『假使我知道有些事對於我的國家是有用，但對於人類是不以爲然，我將明白視之爲罪惡。』

在這種視世界爲一家的哲學基礎上，如我們再放入以情感的與樂觀的分子，那我們在十八世紀中又可以分辨出兩種重要的觀念。一種卽所謂人道的觀念，無論在何時何地均屬相同，故結果能使人人有相同的關係。另一種觀念是使眞理的性質普遍。數學眞理的確實在人人心靈中都是很明白的；相同，凡在政治上是公平的，一定也能滿足人的良心，不顧一切的利害，卽使是國家的利害。法國的哲學與文學卽是使這種觀念流行於世界的總軸；不論什麼地方，法國的著作家與哲學家的權威衰落了，這種以世界爲一家的觀念也就隨之衰落。

五

不到兩年，法意印行了二十二版。立即被翻譯成主要歐洲的語言。孟德斯鳩死於一千七百五十五年，他的死實在是公共的一個大損失，不僅是法國的損失，並且也是世界思想家的損失。但是法意一書雖極爲人所稱道，而在法國究竟未能得着通俗的流行。這種不幸並不是因爲波斯文錄中有許多譏刺的描寫，這本書在我們現在仍然還能引起人的興趣，也不是因爲對於偉大原因與羅馬滅亡的研究，這在法國古典文學中佔有一個地位。所以這種不幸一定是因爲在法意中有許多地方違反了讀者的意思，或者至少不能引起讀者的注意。法意實在不能用作題目，因爲法國人普通歡喜政治與社會的題目。並且方法也搖動不定，既不是坦白的抽象方法，又不是積極的歷史方法。法國人的心靈歡喜「鋒利的體裁」。書中各章如零散無系統也不能使他們歡喜他們看慣了組織簡單流暢的書籍。

不過這一類著作的影響我們不能用讀者的數目來決定，應當用讀者的性質來決定。其實法意的影響實在是很大。政治哲學家向來爲實際的政治家所不注意，他們視這些人爲空想的人，既無常識，並不知實際的政治；孟氏在他們眼中竟成了權威，並常常爲他們所引述，這眞是很少有的運氣。他對於政治自由的意見，對於立憲君主的意見，對於權利分配的意見，對於刑法的意見，對於宗教容忍的意見等等，在歐洲許多國家的法律中都可以尋到。他的聲譽不像十八世紀別的哲學家受有很多的反感。許多強健的心靈與思想都在他裏面尋到快樂的中庸性質，此種中庸的性質，卽是許多人求之於革命與反革命之間。他（孟氏）成爲自由學說的守護神。

自科學的觀點說，他實在介紹了政府的哲學，此在法國有很大的發展。誠然，他的地位離『哲學家』頗遠。他沒有輕視在羅馬時代與十六世紀之間的一切東西，像一切的哲學家一樣。他也未視中世紀爲人道的不幸。相反，他用十分的熱忱稱讚封建時代的法律。他並且歡喜研究這種赫赫有名的題目，『嘎特的』這個字不久變成與野蠻無禮相同的意義，而孟氏用以指他最稱讚的政府。他的法律的教育與他的歷史的知識使他反對孟浪與不公平的確定。別人勇敢的地方，他卻謹愼；別人太過的地方，他卻適中。別人想介紹古代共和的道德與原則到法國來；別人不僅攻擊不容忍，並且攻擊宗教的本身。總之，他們所做的一切，孟氏卻不肯做，並且他們所做的還加以最嚴厲的批評。

然而，孟氏究竟不失爲十八世紀的一個開路的先鋒。在他以後，他們別人能在政治領域與社會科學中有所建樹並無十分困難，這不能不歸功於孟氏。『哲學家』明白這一點，所以不管觀念與聲調有怎樣的不同，他們終承認他爲他們之中的一個。

第六章　服爾德 (Voltaire)

一

我們一定不能視服爾德有一個創造的宇宙觀，卽使實在的全體與第一原理相連結的宇宙觀也不能視服爾德常常與玄學的問題有關係科學與行爲卽依賴於這種玄學的問題服爾德不與這些人相同，如柏拉圖笛卡兒以及斯賓挪莎這是很顯然的。這些人只是爲眞理而求眞理。假使這些人對於世界有影響，那他們的影響是深而且遠由於他們原理的散播，故其來也漸，其影響於人心也愈久。服爾德所想的是目前的結果。服氏不是在世界的上面，換言之，不是超乎世界的；他正相反正如德國人所謂俗人（Weltkind）。他愛錢財，愛名譽，愛榮耀，他尤其極想得文學的名譽。他生在辯論的環境中，永遠不厭倦辯論。他爲人極機警，他對於瑣細事的好奇與重要的事是一樣。

不論這些，他的同時人，例如最偉大的康德都以爲不應當否認服爾德是一個哲學家。所以我們也應當承認服爾德的哲學雖未能成一個嚴格的系統，但是滿佈於他的著作中，並且也卽爲他的著作的靈魂。在他的小說中，在他的歷史著作中，甚至於在他的悲劇中，與在他的論文中，在他的哲學字典中，莫不表現有哲學思想。固然這種哲學的性質未免博而不精。他常對普通的民衆講演。他常不辭勞苦地講演，譏刺；所以有人說他的講演就是嘲笑，他的嘲笑也就是講演。他所用的方法是千變萬化，一切大的新聞記者都深知這種方法——即重述法。他所以極力使他的哲學簡單明白使人容易了解。但是正因爲我們要努力明白許多深奧的玄學家的意義，不論他有如何的艱深，所以我們也應當表明服氏哲學的思想，不論他有如何的明白；況且他有時因爲過於求明白反而弄巧成拙。

這種哲學是否反對教會與羅馬的天主教？當然是的，但是不僅只是反對。這種哲學的目的不僅在破壞，並且也想建設。因爲服氏適宜於前者的工作，不適宜於後者的工作，所以他在破壞方面更覺得成功。但是他求建設的誠心是不能有懷疑的，並且他努力的結果至今仍未消滅。例如服氏的宗教哲學到現在還有許多人不承認，甚至懷疑是如此。

服爾德的哲學時有變動，但是以他那種活動的性質，以他那樣對於時代精神每一個新暗示都有敏銳的感覺，在他很長的一生中這種變動還不算大。所以在他的玄學論（Troité de Metaphysique 一七三四年出版）中，他承認自由意志後來在他的無知的哲學家(Philosophe ignorant 一七六六年出版）中，他自悔克林（collins）已使他改變爲定命論者。對於世界永久的問題他也改變了他的意見。當他到晚年的時候，他的半悲觀主義變爲更厲害。但是他學說的主要點如關於上帝，靈魂，道德，宗教重要原理，服氏仍始終維持一貫。他看見很多的百科全書派跟着狄德羅（Diderat）走，並且比較狄氏走的更遠；不管他們如何懇求他雖有被視爲保守派與反動派的危險，但他仍不肯改變他的學說跟着他們走。對於他的名譽有這樣留心的人如服氏，這就是他堅持他的哲學觀念的一個最靠得住的證據。

二

當幼年時因介紹入於教會中，所以服爾德對於『自由者』的哲學有初步的認識，因此與十七世紀的反宗教運動也發生了關係。他對於封特涅爾與貝爾有很好的認識，對於麥爾伯蘭基的認識不多，對於笛卡兒知道也很少，雖然服氏常提到他。他所知道笛氏的似乎只在旋轉與充滿的假設；他是否讀過笛氏的方法論與靜思論實在是一個疑問。縱讀過也不會深入的。服氏在英國時變成歡喜哲學。在他的思想方法上洛克與牛頓成了他的權威。他回法國後，就開始介紹牛頓的物理學與洛克的經驗論。因爲有這樣一個熱心而有才能的介紹者，所以牛頓與洛克在法國被許多人知道與稱讚。固然他未能將洛克或牛頓的全部著作都介紹過來；他是按照自己與一般讀者的嗜好來『採取』牠們。

這種成功實在驚人。英國文錄（Lettres Anglaises）一書，不僅使洛克與牛頓在歐洲獲得更高的聲譽，並且使宣揚他們學說的人也博得聲譽。

三

服爾德對於洛克幾乎每一點都稱讚。他說洛克的書是耐心與智慧的產品。但是他最歡喜的是洛克的哲學概念。洛克是一個『闕疑』的智者，絕不強不知以爲知他能力達不到的問題也不強去解決。這種哲學的謹慎，服爾德以爲是人類思想中一個轉機點。他將一切的哲學分成兩部分，一部分是在玄學上有發明，但是我們不能覺得這種發明能表現實在；另一部分是像洛克一樣的『智者』由經驗的引導很小心地向前。等到他的引導離開了他，他卽立卽停止了。服氏說『自柏拉圖直到洛克，什麼東西都沒有。』讀者不要以爲這是說得太過。文字的過火我們當然有相當承認，這也是因爲要引起讀者的注意並使人明白『自柏拉圖以來的一切哲學家，只是寫了靈魂的故事，到了洛克才第一個寫了靈魂的歷史，』總之，洛克眞正發現了哲學的方法。服氏甚至於說從來沒有一個精確的論理學家，而洛克『有一個幾何學家的心靈』——這眞是一種驚人的說法。

洛克既有了眞的方法，他就用以解決他所能夠解決的問題。哲學到他的手裏已不是任意的幻想，變成積極的與確定的。他以解剖靈魂的活動爲滿足，卽在這些活動中尋出他們的秩序與進步。『所以他的書所包含的只有眞理，他的書所以能完全也就是因爲這些眞理很清楚。』

所有的稱讚到此爲止了，但是很奇怪，在這本書中富有如此的眞理，服氏所見到的似乎只有很少的幾點，這幾點就是他常常提到的。在洛克的『論文』中有豐富而多變化的內容，服氏認爲無問題的只有很少的詞句。服氏自己曾再三總結他所獲得於洛克的，此只限於經驗論與天賦觀念的駁斥。但是如洛氏對於複雜觀念的分析，語言的學說，能力與觀念的研究，觀念的普通定義，以及其他許多重要點，我們在服爾德中不能找出有什麼痕迹。

還有在洛克的『論文』中佔不重要地位的假設，在服氏眼中反認爲很重要。洛克說：『我們絕不能知道一個純粹物質的東西是否思想。』依服氏說關於靈魂的性質，以前固然沒有人能說得這樣確當，將來怕也沒有人能說得這樣切當。即使在洛克表現的思想之模糊形式中也是最確當的一種形式。在這種玄學問題上，一個聰明的人往往保持着『或者』的態度。許多未成功的企圖使哲學家不能不有這種謙遜！自柏拉圖直到笛卡兒與來布尼茲，人人都想知道什麽是靈魂的本質，而他們都墜入於不可免的困難中。例如笛卡兒的哲學以爲靈魂的完全性質是思想，但是他們對於動物靈魂的解釋就發生很大的困難。說動物完全是機械的無任何知識或感情，這是一個如何可憐的思想！假使他們只是機械，那你對於他們，好像一個時辰表對於廚房的鐘一樣。反過來說假使你能有一個精神的靈魂，動物也應當有一個。或者是一個機械的人，或者是蚊蟲也有不朽的靈魂，你如有勇氣當在這二者中間選擇。笛卡兒的信徒始終跳不出這個困難的圈子，如貝爾就是已限在這圈子裏面了。

讓我們相信經驗，這是唯一靠得住的引導；經驗停止了，我們也就停止了，經驗告訴說我們存在，我們感覺，我們思想，但是假使我們多走一步，那我們就要墜入黑暗的深淵。我們沒有官覺能知道什麽是靈魂。服爾德像厚謨一樣欣然謂我們對於任何事物如沒有印像，就不能有觀念。現在沒有印像能告訴我們什麽是靈魂，這種靈魂的觀念在我們的經驗中完全沒有。我們不能不以爲這是不確定的。那我們究竟如何？洛克與牛頓又究竟如何？我們必須學習懷疑，然而服氏不以這種謹愼的保留爲滿足。不能假定說我們知道『靈魂的本體因爲我們無方法能獲得這種知識，我們只可以猜想，假使我們假定的幾種事實沒有錯誤。現在有一種假設爲洛克不敢假定的，而對於服爾德極有興趣。在上帝的無限中，上帝如何能賦與物質以思想的能力？我們沒有權主張上帝能賦與，但是也沒有任何人能有權主張上帝不能賦與。一方面我們知道上帝是全能，另一方面我們不知道物質的本身是什麽。我們知道物質的幾種性質，但不是物質的本體。所以我們能有什麽權力主張上帝不能賦與有組織的本體以感覺或思想的能力？難得就限於不知嗎？武斷論者稱這種假設爲可笑並且矛盾；此不僅限制了神聖的權力，並且假定了知道物質與靈魂的本體，這種本體以前沒有人，卽將來也沒有人能知道的。

假使服爾德一生都保守着洛克這種假定，絕不至於傾向於唯物主義。其實相反，因爲這正使他排斥這種假定，同樣排斥所謂唯物主義與精神主義。唯物主義是強不知以爲知；因爲對於物質的本質尙且不知，我們如何能說一切東西是物質？但是普通的精神主義也不見得很穩固。因爲要解釋在物質世界中沒有相等的現象，如思想，感情，記憶等等，所以就想像一個特別的原則——精神，使之與身體不同，並在身體以內，卽稱之爲靈魂。說『靈魂』是一個抽象的字，正如『運動』一樣，這是不淸楚嗎？所謂思想，感情與意志就是靈魂的具體。說本體是抽象，說靈魂就是思想，感情，意志等等，這實在是一個很大的進步！

所以服爾德不視思想能爲上帝自由給與物質或自物質取去，如我們對於一根鐵條能任意使之有磁力與無磁力者相同。除去此幼稚的形式，服氏對於靈魂的思想到很值得注意。事物的究竟我們不能知道，故靈魂與物質的二元論實在是未經證明的假定；『假定有一個特別不同的靈魂不是一種解決，只是一個問題的其他一種說法；』最後，承認這種假定不過僅爲文字上的滿足。他說，『一個蘿蔔與一棵玫瑰是爲一種不可了解的機械論

服　爾　德(1694-1778)

所產生，但是我們假定在牠們當中沒有靈魂。爬蟲有生死，但我們也無須假定有任何靈魂。在動物中我們承認有本能，但是本能是什麽我們仍不能知道。當我們假定一個靈魂在人當中的時候，我們能更了解我們自己嗎？」用近代的話說，我們不能解釋靈魂的作用，除非我們能見到與有機體作用相連結的關係。服氏在這兒有兩重的功勞：一方面他很清楚地看見靈魂之形而上的研究實在是多事而且無用；另一方面他似乎見到靈魂的積極科學，在將來或者可能當生物學有進步的時候。

四

當服爾德想印行他的牛頓哲學要義一書時，被拒絕出版，因爲他反對笛卡兒。笛卡兒哲學雖曾被壓迫過，現在已成爲驕子了。在法國一種新的學說要想進科學研究院實在是很難。在摩柏屠伊 (Maupertuis) 以後，服爾德是第一個介紹牛頓的學說到法國來的。他對於牛頓系統的解釋極爲清楚，極爲確當。他不僅介紹了牛頓的萬有引力，並且介紹了牛氏在光學中主要的發現。他同時併加入一部分稱爲『玄學』的，這被放在先，以統制其餘的一切，不過這與其說是牛頓的玄學，還不如說是服氏自己的玄學。

服爾德介紹牛頓的學說，誠如俗語說的一箭射雙鵰：他一方面介紹了牛氏的學說，而同時他用牛氏爲他自己學說的解釋。他極力稱讚發現萬有引力與光之分析的天才；他並且也在牛氏中尋出自然宗教之有價值的辯護，這種宗教即爲服氏所宣傳。他藉牛頓的名字駁服了一切的反對者，不論是無神論者或天主教徒。他回答他們說：『我們是一個宗教者，如牛頓一樣。』他在英國文錄中說他在倫敦聽到牛頓的虔敬，實在感動他至深。他十分明白培根的這句話，卽『淺嘗科學容易使人的心靈傾向於無神論；但是深入哲學能使人的心靈傾向於宗教。』牛頓是以『物理學家而爲上帝的宣道者：以問答傳教之教師是對兒童說上帝，而牛頓是對智者證明上帝。』宇宙的工作就能證明做此工作者的存在，所以有許多不變的法律就能證明立法者。所以『有益的哲學』要毀滅無神論，『黑暗的神學』是供給這種無神論以武器。

服爾德歡喜使牛頓的意見與自然宗教發生密切的關係。他說依牛頓的意見有一種東西爲空，所以物質不必需存在。物質之存在必有一個自由的原因。所以有一個上帝。所以前後一貫的牛頓不能不是一個有神論者，實際上也是如此。關於笛卡兒的哲學就不能如此說。笛卡兒哲學的系統產生了斯賓挪莎的系統；而許多別的笛卡兒的信徒承認除衆多之事物外，無其他上帝。這他們是前後一貫的，因爲笛卡兒假定一個充滿，並以爲宇宙是無限的，或者也是永久的。這不能阻止法國的權威者藉笛卡兒哲學的名義來排斥新的物理學，這在另一方面也使人達到眞正上帝的知識！

笛卡兒派對於牛頓最強烈的反對常常發現於封特涅爾中。這種反對的論調是說吸力是一種玄祕的性質，物理學承受這種吸力，不免要退化到中古的經院主義。服氏對此回答說，一個玄祕的性質你們如何能了解？你們意思是不是說表現於吸力現象中之力的本質我們不能知道？我承認是的。其實不僅吸力，又如生命，思想，熱，細微，以及一切東西都是玄祕的性質；我們不能知道任何東西的本質。你的意思是不是說牛頓復活了一個毫無解釋的字？你忘記了他給他的定律以美麗的證明。吸力只是一個名字；證明是他的學說的重要部分。

五

在服氏將牛頓的學說盡力介紹到法國以後，關於天文學與物理學他就不再去研究了。但是藉牛頓物理學的幫助來證明上帝的存在，服氏永遠在那兒尋求。

在服氏哲學中實體的論證是消滅不見，因爲他否認有天賦觀念。但仍存在有宇宙的論證，與最後因的論證。宇宙論的論證服氏完全依據於牛頓的物理學。牛頓說：『有一個東西在一切的不朽上是必須自己存在，並且創造一切別的東西。這個東西在時間的延長上，空間的廣大上與權力上是無限的；什麼能限制他？』但是物質世界就是他嗎？服氏回答說，你可以如此想，假使你像笛卡兒派一樣承認宇宙的充滿，無限與永久。由此達於唯物論不見得如此容易，換言之，卽達於使物質爲永久本體並不知有任何上帝的學說（『唯物論者』與『無神論者』在服氏用來是有相同的意義。）但是自牛頓的觀點說，因爲承認一個空，所以不能不承認物質是有開始，不能不承認運動必須第一個原因，總之，不能不承認有一個創造的上帝。當後來服氏以爲宇宙是永久的，以爲是上帝的思想——使之存在的上帝，這種論證不免失其勢力或者至少應當在一個不同的形式中來說。假使服氏沒有留心於此，這或者是因爲他是以別的證明爲滿足，關於這種證明他從來沒有改變過他的心靈——卽根據於最後因的證明。

無疑他是第一個誹笑濫用預定目的的論證。『鼻子生成是帶眼鏡的；所以眼鏡是存在。腿生來是穿衣服的，所以我們有脚腿袴石頭生來是被破裂的；豬生來是被吃的等等。』但是自然的全體足證明有自然的創造者，此在服氏從未加以否認。『當我看見管理此全宇宙之序秩，偉大之巧計，機械與幾何之定律，一切事物之無數的手段與目的，我眞是不勝驚異之至。沒有東西能搖動我的信仰在這種公理中：即每一工作必含有一個工作的人。』這種工作的人就是封特湼爾所說的『鐘錶的創造者。』服爾德所用的表現與封特湼爾是相同。服氏說：『當吾人看見一良好機器時，我們說是因爲有一個良好的機器匠，說這個機器匠是有極好的了解。宇宙即爲一個很奇異的機器；所以在宇宙中一定有一個很奇異的智慧，不論這個智慧是什麼。這個論證是很老的，並且對於宇宙的解釋也沒有什麼不好。』

服爾德以爲要給這種論證以較深的基礎，應當說『自然是藝術，』這就是說沒有自然，因爲一切存在的東西是此無名偉大者的工作，這種偉大者既有很大的權力，並且也很勤敏。他欲使這最後的淸楚觀念達於最高的境界，所以借宇宙的序秩與人類藝術的產品做比喻。但是這種比喻有什麼價值？德國的哲學適相反，常以爲最後目的的觀念是一個不淸楚的觀念，因爲自然所孳生之事物與人工所產生者絕不相同。人是利用物質與原動力的，使各種不同的來源聚集在一起，故人是工作於外，而自然是工作於內。我們不能用藝術來解釋自然，應當用自然來解釋藝術。因爲假使我們不能了解自然的組織力，我們也就不能解釋詩人與藝術家的天才；自然的最後目的是不淸楚的，正如服氏所思想，這是神祕的。我們固然不能不假定其存在，康德說；但是我們不能了解這種最後的目的是什麼。

服爾德並不知道這些困難。他的論證在他看來是完全無缺點，他始終主張上帝的存在，雖反對他的朋友均在所不惜。此不僅因爲上帝是爲社會倫理所必需，後面吾人卽將論及。並且因爲服氏自純粹理論的觀點看，覺得贊成有神論比較贊成無神論好得多。『假定有一個上帝固然免不了許多困難，但是假定沒有上帝其可笑之處恐亦不少。』例如再回到牛頓（他在服氏自然神學中有一大部分影響，）無神論者就是唯物論者。無神論者承認無限物質與充滿的存在，所以他與牛頓立在相反的地位。牛頓說的當然是眞理，所以無神論是不可靠。服氏的推理或者過於簡單，這是因爲他想使一般讀者都能明瞭的緣故。但是主要的觀念仍是甚重要，認爲我們玄學的觀念不能與根據於科學的眞理相合，故當排斥之。這正是我們今日所要努力的。

上帝存在的問題上面已決定了，假使我們再要決定上帝的性質，那就有許多的困難，服氏所承認的這些困難，後來達米亞（Demea）在厚謨論自然宗教的對話中很替服氏辯護，換言之，卽是有神論者的困難。服氏說：『上帝的存在對我已證明了，但是上帝的性質與本質在我是很難了解。』哲學固然能告訴我們有一個上帝，但是無權力告訴我們什麼是上帝，上帝做什麼，他爲什麼要如此做；只有上帝本人能知道。所以我們不必任意加上帝以種種性質，任意用我們自己的想像來想上帝。上帝人類的公道和善與智慧均不足以形容上帝；再數至無窮也是無用，因爲這些都是人類的性質。所以葛拉克（Clark）以智慧來形容上帝實在是錯了，因爲上帝是創造智慧的。上帝可以創造精神與物質，但他自己既不是精神也不是物質。

此處我們有一個應用謹慎方法的好例子，此種方法為服爾德極力向哲學家推薦的；但是服氏本人並不常常遵守這種方法。事實上他在別處很同情於牛頓所說的我們所知道的只是上帝對於世界的關係，至於上帝的本身我們知道很少；服氏本人在告無神論者（Homélie sur l'Athéisme）一文中說：『我曾知上帝的公平與我們的公平不同。正如說二加二等於四對於我們與對於上帝亦不相同』上帝既是不公正，我們要上帝還有何用。

但是上帝要是公平的，為什麼世界上還有許多罪惡，這是無神論者之很可怕與有力的反對，並且使服氏感覺很大的困苦。在貝爾與來布尼茲之間服氏顯然傾向於貝氏，他的名著贛第德(Candide)就是反對對於在宇宙中充滿了罪惡與痛苦故裝作不聞不見的樂觀主義。但是在另一方面服氏感覺到信仰上帝是公平的需要。看他再三研究來布尼茲對於貝爾的回答，這我們也不必驚異。他主張主宰的上帝，其活動不依私人的志願而依普遍的公律。他極力證明罪惡為必不可免，並且現在所有的罪惡已是極小的限度。『有許多事為最高的智慧（按即指上帝）所不能阻止。罪惡即其中之一。我甯可以崇拜一個有限制的上帝，不願意崇拜一個凶惡的上帝。』當我說下面這句話的時候，我並沒有得罪他，你所做的實在是一個有能力和善與聰明的人所做的。假使你的工作不能像你一樣的好而完全，這不是你的過錯。總之，來布尼茲是為上帝辯護而服爾德是原諒上帝。來氏說世界有最好的可能，服氏說世界只有最少的罪惡。他們當中的區別實在是很少，無論這個世界是最好的世界，或是罪惡最少的世界，總之這個世界總含有罪惡。但是來氏的學說是他深奧玄學的一部分，而服氏毫無此種觀念。服氏沒有超出普通的經驗以外；他所主張的我們稱之為半悲觀主義。他的消極或是積極，只看他是注視世界或是仰看上帝。

經過了這種困難，服爾德就達到自然的宗教，這是他哲學的中心。因為自然的宗教不能超過這種假定，即有一個公正的上帝，並且人的理性能達到他。自然宗教即是有神論；有神論是要崇拜上帝，人類的主宰，並且要實行道德，換言之，即是一切人的公平。這兩個要素就夠了，但是二者都是必需的。只有道德，或只相信上帝的存在，這不能構成有神論，道德如無公平的上帝不足以保護；社會相信上帝存在而無道德，不是為一種宗教，並且毫無效果。什麼是一個眞正的有神論者？一個人對上帝說『我崇拜你並為你服役；』一個人對土耳其人，中國人，印度人與俄國人說：『我愛你們。』一方面視一切人皆如手足，所謂『四海之內皆兄弟也；』一方面崇拜上帝為人類公共主宰。

這是一個理想的宗教嗎？果如此，服氏不會反對當時的宗教了；關於此點服氏亦深知。所以他說有神論不是哲學家的工作，而是實在的宗教，並且是最古的也是最普及的宗教。這似乎是似非實是之論，很難用事實調和。依服氏說，就要有宗教，就有有神論，雖然混雜有各種的信仰以及野蠻可笑的迷信。人類的進步即在此，自然宗教的純金是自被葬的粗石中解放出來的。時代產生了洛克與牛頓，這就是時代的光榮。時代沒有發明有神論，因為這種自然的宗教是與思想的人類一樣的久遠；但是現在又使之恢復光明。『有神論曾有驚人的進步。』沙甫慈伯利Shaftesbury）說一個人不能過於尊敬有神論的偉大名稱。許多著名的著作家都明白承認之；叟賽納派（Socinians）多數人至少取這種地位。」所以自然的宗教再度復興，「在摩西教導他們一種特別崇拜的形式以前，希伯來的民族的宗教就是這種宗教。」

這種有神論是不是爲現在需要而被復興的？服氏回答說是的。他用中國人爲例。中國爲一古國，其聰明而持久之制度極可驚嘆，其宗教則爲眞正的有神教。數千年來中國上流階級的宗教是什麽？「祭天與崇拜公道。」雖然在下流階級中仍不免有迷信，但是所有受教育的人自古以來都是有神論者。如我們將孔教與西方之宗教相比較，那我們承認孔教爲宗教就大錯了。孔子不言神祕。孔子是完全有神論的模範。

所以有神論不是一種想像的宗教。此不僅包括羅馬的天主教，不僅包括一切的基督教，並包括一切的人類，這種宗教連結一切的教會使成一眞正普遍的教會，這就是人道。有神論者的宗教是最古的與最普遍的宗教。因爲「崇拜一個上帝是在世界上一切系統之前。」

我們不能像中國人一樣，這眞是大不幸。在西方國家中保持淸潔之有神論何故退化？此因爲自然宗教，此種宗教包含有上帝的信仰與道德的實習，教義因以成立，而罪惡亦因以產生。自然宗教爲人類理性有益之產品；教義爲教士與神聖的譴責工作。他們的動機是很容易猜想。立法者以能建立有用之法律爲滿足。他們的弟子與批評者思改進他們，並且說：「假使我們的創立者不帶有超自然與神聖的性質，那我們勢難被人尊敬。我們的奴馬（Numa）一定要遇見海仙伊鳩里亞（Aigeria）。」這些不幸的弟子與可惡的批評者不知道他們已使全人類陷入迷途。

這種教條來源的假設被承認以後，服爾德就大利用了。教士因人民愚妄所施的奸詐，他們大胆的欺騙，他們壓制的精神，他們神學的爭鬥，對於異教人的殺害，『千萬的基督教徒』都消滅在戰爭與酷刑中——所有這些事汚辱了自然宗教的純潔，這都在教條中可以看出。宗教的歷史，特別是基督教的歷史，在服氏視之是痛苦與可怕的歷史，好像一個夢中的惡魔。神學的爭鬥是世界上最可笑的笑劇，也是最可怕的災難。服氏奇怪沒有一種宗教，其教條不是智者的工作，其教義不是狂人的發明。

又普遍是眞理的一個標徵。一切的教義均彼此不同，而道德在人人中都是相同的。道德的普遍性質對於服爾德是一個含蓄的道理。他藉理性與經驗的幫助來證明之。假使人不能明白聯絡每一個社會的公道觀念，社會究竟能存在否？『假使上帝不在每一個時代給埃及人與西徐亞人以理性（此種理性即使他們意見成爲相同的原理，）他們如何對於公道與不公道有一個相同的基礎觀念？』服氏自己不知道這種理性與他所譏笑的天賦觀念頗有關係。笛卡兒與來布尼茲對於服氏所說的十分以爲然；他們所說的與服氏所說的完全相同。服氏至少知道他與洛克在此處是不同。他很驚異這個有神論者說的人對於公道有不同的觀念。『只有一種道德的科學，正如只有一種幾何學是一樣的。』

對於一個回答我們能證之於事實嗎？在暹羅，中國與印度，在古代，在野蠻人中，人被教導說他們應當有公道。有許多行爲全世界都以爲美。圓眼睛，短而大的鼻子的黑人對於宮中的美婦也能同樣地領略。在氣候，風俗，言語，法律，信仰與智慧中我愈看見人的不同，我愈覺得他們有相同的基本道德。每一個民族都有他們特別的宗教儀式，在玄學與神學中並常有最可笑的意見；但是要一問到我們是否要公道，全宇宙是一個心靈。

如我們想是靈感的仁愛的，與眞正宗教的，我們必須是一個有神論者。但是同時我們能是一個基督徒嗎？這沒有理由說我們不應當是的。據服氏意思，耶穌本人就是一個有神論者。但是這不是純粹的基督教，『盡心愛上帝，愛你的鄰居像你自己一樣，』服氏覺得這與他相反；這是羅馬教，與其教義，神祕，格言，聖書，教會的決議，教皇的諭旨。有神教能不能與這種自然宗教離開極遠的系統平安相處？無疑，這當然能夠，因爲有神教本來就平和的與容忍的。這種宗教是唯一的一派，在一個國家中不會發生任何的亂事。服氏說，『有神論對於基督教是一個平和的敵人，固然反對基督教，但並不想毀滅基督教。』但是服氏深知，用巴斯噶自己的話，即基督教視無神論與自然宗教爲同樣的可恨，並且極端壓迫有神論的發展。所以衝突是不可免的。因爲鬥爭的激烈，服氏也漸漸激烈了。不僅聖書是譏笑的題目，並且教義也受理性的無窮攻擊。但是服氏不久又承認有神論與基督教能平和地並存。二者必有一是歸於消滅，這將不是有神論。例如服氏說：『我敢說任何正直的人不厭惡基督教。有神論的偉大名稱是人應當取的唯一名稱。我們應當讀的唯一的福音書是自然這本大書，爲上帝所手著，印有他的痕跡。唯一的宗教是崇拜上帝與做一個正直的人。對於這種純潔與永久的宗教似乎不能產生罪惡，像基督教之不能產生罪惡一樣。』幸而我們開始就能反對迷信與教義『最近五十年來我們的理性似乎開始毀滅了爲害的萌芽，此爲患地球上已很久了。』服氏說基督教的教義，正如梅特涅 (Metternich) 以後說革命的精神一樣。

服氏對於積極宗教的這種批評，與自然宗教的學說，在我們今日看來不免有淺薄之譏。他實在對於宗教的歷史了解很少，並且他的無謂的笑罵極令人討厭。一個人要批評另一時代的信仰與觀念，應當以同情的態度出之，不應當以我們自己的理性嘲笑之，服氏對於此點似乎未能加以注意。然而他的過錯雖然顯而易見，但多少能為許多明白的原因所解釋。第一，他的普通傾向是構造宗教史，不是學習宗教史。在封特湼爾中也有此相同的傾向，而其最遠的來源是在笛卡兒的精神中。服爾德特別與這種觀念有關係，即『自然是藝術』視世界為一個大機器，為一個最高的製造者所製造，構造宗教的全體信仰視為為立法者與教士因一定的目的所做的工作。服爾德對於物質宇宙不以自然力之自動的演進與存在自然中之最後的目的來解釋；他也不以此來解釋道德世界。

但是他對於宗教要義的觀念與普通最明顯的觀察相反。服氏如何能主張教義與崇拜在宗教中不是重要的要素？並且宗教的全體是包括於與道德的實習有關係之理性的信仰中。誠然，這種困難在我們今日也許沒有興趣與價值。但是服氏始終與這種力說理性為不可理解之信條的宗教有激烈的辨論，所以自然要反對這種宗教；一個自然的宗教是來自理性，並且十分滿意理性。假使他認為這種自然的宗教比較歷史的宗教更久遠，這是因為永久的真理常常保持其生而即得的權利，雖然有時不免有錯誤。

判斷著作要自作者的觀點去看，不自我們自己的觀點去看，這是很公平的。因為歷史的研究遺留給我們的智識，習慣我們不能了解任何人如何願意找出什麼是宗教，能觀察宗教是如何生的，如何長成的與如何衰滅的。但是服氏以為他有一個權利去尋宗教『應當是』什麼。現在我們也知道人類的種族習慣與宗教的歷史變化。但是十八世紀的法國著作家，服氏也包括在內，都是十七世紀大哲學家的繼承者，主要地是討論人類性質的根本相同，並且經過不同的時間與空間來發現這種相同的性質。服氏的學說與這種主要的觀念是相合的。服氏所根據的原則也許是無用但是這不是不相合的。

六

這一點解決了，一個新的問題又來了。在服氏系統中宗教有什麽用？有神教只是道德的表現。依他說這種普遍的道德原則形成了人類性質的一部分。為什麽這與宗教的信仰有關係？服氏說他的宗教是『最簡單與最容易，』含有『很少的教義。』然而能允許為玄學所引起的一切懷疑。服氏自己明白承認相信上帝的存在有困難。假使『玄學是心靈的故事，』假使在上帝與我們之間有無限，我們有什麽權利來做道德世界上最清楚與最不免的事依賴於一個不易接近的上帝。

但是服氏回答說信仰一個上帝，世界的創造者，一切善的原則，不能與玄學家不可捉摸的觀念相混雜。這種信仰之普遍正與道德相同。當理性成熟時，此亦能產生相同的自動性。以後所起的困難不能搖動這種信仰。此存在於一切宗教的深處，並且是眞理的靈魂。所以服氏辯護這種普遍的信仰所具有的熱心（此為自然宗教的唯一要義，）並不下於服氏對於迷信不可解的教義與野蠻儀式的攻擊，此種迷信教義與儀式在特別宗教中極多。

並且這種信仰不僅是有益並且是必需。看見一個報復的上帝，這是不可免。除了監視我們並判斷我們內心思想的永久上帝的觀念以外，對於貪慾與隱祕的不法還有什麽別的約束？此處服氏又再提起貝爾著名的問題：

即一個無神論的社會能存在嗎？他回答說如這個社會是一個文雅與和平心靈的學校，可以存在；如這個社會是一個平常的政治社會，就不能存在。在一切國家中下等階級均需要強有力的約束，假使貝爾管理五六百個無知的愚民，他一定要對他們宣傳一個有果報的上帝。服氏所說的與他的朋友腓力第二相同。在百科全書派看來覺得他太胆小，並且過於謹慎，因爲他回答說神的信仰爲政治的必需。「你自己願意哲學化也好，自己歡喜好的音樂也好；但是你要留心不要在無知的野蠻人之前來演音樂，因爲他們能折斷你們的音樂器具。」總之：「讓一個哲學家做斯賓挪莎的信徒，假使他願意；但是讓一個政治家做一個有神論者。

所以宗教爲人民所必需的。服氏頗鄭重言之。他的有神論的誠懇不免令人懷疑。當服氏驚異政治能允許迷信消滅到什麼程度的時候，我們可以問「迷信」對於他是否即爲信仰上帝的意思，此即爲服氏所宣傳的這種宗教也像別的宗教是兩重的交易嗎？在什麼情形中有神論者能視其本身超過於教士？假使他也墮落在愚蠢的人世間。但是服氏表明他自己不是一個偽善的君子。他自己相信上帝，他想一切人無論是哲學家或是無知識者也都是相同。然而仍有一個區別，即哲學家如爲無神論者並沒有什麼嚴重的結果，但是「普通人」如不相信一個有報復的上帝，可怕的擾亂恐怕就要發生了。服氏因爲有這種思想在心中，所以他將無神論與狂妄的信仰加以比較。他說「無神論與狂妄的信仰是將社會撕毀成零碎的兩個大妖怪。」他表示此種思想未免太過，此例在服氏到常見。他注意在社會的危險，他欲以此使他的讀者有深的印像，他的目的在強烈的刺激，不在明白的刺激。下面這句話可以很確當地表明他的意義：「教導這種信仰（上帝的信仰；）無人有任何權利能反對你。你可以說有些事是或者的，並且對於人類是必需的。」

七

由上面所說的，可以知道一個有報應的上帝對於道德的原則是不可少，特別是為『無知識者與野蠻者』所尊重。玄學的討論對於人的行為並沒有什麼影響這些辨論實際上等於飯後的閒談。飯吃完了就忘記了所說的是什麼，只是跟着他的興趣與嗜好走。一個人不信仰上帝的存在或靈魂的不朽也可以有道德。『任何有感情的人，雖是一個無信仰者，也可以成為一個公正的人。……因此我們知道哲學家（有稱為無信仰者或自由者）在世界上在任何時候都是最公正的人。那些必須求助於宗教而使行為正當的人往往被人憐憫。』此處服氏幾與貝爾完全相同。

然而道德的基礎究竟不能存在於哲學的思想中，此種思想僅能與一小部分的思想家相接近。依服氏說這種道德基礎是存在於人性中。人人所具有之理性教導我們以公道與不公道之普遍的定律。『己所不欲，勿施於人。』這種定律在人心中不能毀滅，此為道德的基礎，亦為社會基礎。人無不樂羣居；故假定自然狀態是在社會狀態之前與超於社會狀態之上，這實在是一種妄想。此處服氏未受盧梭的影響。依照他自己的原則，『人常常是這樣的，』他結論說因為社會的基礎常存在，故常常也有一種社會。

人類樂羣居，此不僅理性如是，人之慾望亦如是。人不像他種動物只有自愛與配偶的本能。他對於他的同伴同時還有一種和愛的情感，此種情感與生俱來，並常常活動，除非爲吾人之自愛所壓倒。此爲服氏與愛爾法修氏(Helvétius)及其他哲學家不同之處，因爲他們不承認有原來的動機在我們行爲中，只承認有自己愛自己的自私心。服氏以爲利他主義與利己主義一樣都是生來就有的。他說：『我們有兩種情感，此爲社會之基礎：即憐憫與公道。小孩子看見同伴遭慘死，也會動惻隱之心。』這種利他主義也不能抵抗自私慾望的襲擊。幸而這種慾望對於社會的保持與進步都有幫助，情感爲秩序之主要原因，這我們在地球上可以看見。驕傲即是主要的工具，但是嫉妬與貪慾也有一部分的影響。情感是轉動一切機器的輪軸。我們可以知道服氏已讀過孟第維爾(Mandeville)。

他對於善與惡之定義亦自社會的觀點去解釋。在一切國家中所謂善與惡（道德的）即指對於社會是有益或有害而言。在任何地方與任何時候，對於公共有最大犧牲的即是最有道德的人。沒有絕對的善與惡。這都是相對的觀念，像甘與苦的觀念一樣。所以嚴格說來，個人的道德實在不是道德。你是否有節制，這對我有什麼關係？你遵守健康的規則，你覺得好些，我慶賀你。一個人潔身自愛可以成一個聖人，但是我們不能稱他有道德，除非他做了對於他人有益的道德行爲。

這種道德哲學即由個人一躍而至人類，結果必至於『四海皆兄弟』的境地；在服氏哲學字典國家一條中，他對於愛國論曾加以激烈的攻擊。他指出這種愛國論常常是一種自私與有害的情感。他拋開波盧塔克(Plutarch)（按爲希臘史家）所記載具有愛國思想的英雄，他想有一個理性的時代，聯合各個分立的國家，使成人想的一個大國家。康德歌德與赫得（Herder）都具有這種意見，沒有人因此就稱他們爲不愛國者。在大陸輿論頗趨向於爲哲學家所贊揚之仁愛的理想假使後來輿論與此種理想相敵視，那是因爲受國家爭生存的事所壓迫，使他們引起一種知道有自己的情感。

並且，人道的觀念是服爾德歷史哲學的基礎。在一千七百三十七年，服氏與一個新聞記者談話中，曾表示想有一個名副其實的世界歷史，在此歷史中研究人類的全體。東方人應當給我們東方書籍的大綱，大衆不應當忽略地球上大部分的歷史幾個埃及的寓言，像希臘這樣一個國家的革命——並不比香賓（Champagne）爲大的一個國家，像羅馬的國家雖曾征服過廣大的土地，但是從未管理像摩罕默德這樣的人民，並且也從沒有征服過世界上十分之一的地方，所以用這些地方的歷史來代世界歷史的名稱，實在是不配。後來在服氏論風俗一書中，他就公然批評波緒亞。他責備波氏在宇宙的歷史中忘記宇宙的本身；因爲波氏只敍述三四個國家，此種國家在現在世界上並已消滅，波氏使三四個強有力的國家附屬在不關重要之猶太民族之下，這佔了他的著作四分之三，最後他對於伊斯蘭，印度與中國竟一字未提。服氏想使宇宙的歷史普遍化，此種歷史在往日只附屬在神學的信條之下。

但是他自己宇宙歷史的概念仍未能完成，因爲他所知道之『新世界』的歷史等於無。他尤其缺乏一個使他能了解這種有系統之宇宙歷史的中心原則。他僅能再三述說『人常常是這樣的。』他極相信這種種類的同一，此使他難於了解他所知道的古代一點情形。巴比侖許多宗教的儀式在我們的道德的觀念看來是很討厭。服氏斷然假定這是歷史家記述的不忠實。他無論何處看見的人都是完全與在他周圍的人是相同的，如希臘人，如羅馬人，甚而至於如中國人，波斯人，土耳其人，或印度人都是相同的。他處處看見大衆容易被人迷惑而世界仍是像平常一樣，不久將成爲可笑與悲慘的世界。他的小說與他的論風俗一書恰恰相反；贛第德，薩地（Zadig），巴比侖的公主，完成在服氏歷史著作中的人道觀念。他未能使他的人類知識來自歷史，並且相反，他變化了他所已知道的同時者之人類的歷史。

然而他並沒有否認進步；但是他對於進步有一個最特別的觀念。漸漸進化的觀念，因爲達到一點而必須經過的階級，這在服氏著作中並未見到。在服氏以爲進步不包含在發展的定律中。進步開始於自然哲學覺醒以前，換言之，卽開始於理性的解放。古代固然已有大思想家，然而這是對於迷信的一種戰勝。『在古代無一個哲學家像在今日文明國家中教導青年的哲學家一樣。』至於中世紀，他草草了結他們。『想像撒慕耶人（Samoyeds）與奧斯替亞人（Ostiaks）讀亞理斯多德與亞微瑟那。』『無知』『愁苦』與『神學』，中世紀的全體卽墮入於這三種災難中。服氏不能說這三種那一種是最壞。在他的意思經院哲學，宗教戰爭，災難，這都是有相連的關係，我們是很難脫離他們。到後來十七世紀女巫在德國仍是受火刑的懲罰，在法國亦復如是。所以當服氏說到中世紀的時候，絕不是歷史的聲調，常夾入情感在裏面。他對於中世紀並沒有什麽研究；但是他所知道的很能使他輕視這個時期。

如以上所說，服氏誤解中世紀的藝術，不知道聖路易時代的偉大，並且不知道在百年戰爭以前之法國的興盛，這是不是驚奇？然而我們必須承認他的偏見並未能阻止他對於自查理大帝以來之歐洲的歷史有一個精確的敘述雖然他的論風俗不能適合於歷史哲學的觀念，但是他的工作的概念究竟是一種特創的，並且在這書中服氏所表現之許多觀點對於他以後的歷史家有很好的影響。

八

稱服爾德為一個經濟學家，犯罪學家，與柏卡里亞（Beccaria）的批評者，最後稱他為百科全書問題的著作者（此頗足以表示他對於各種問題的好奇心）均不適當。要在他的所謂哲學與他的其餘的著作之間劃一條界限雖然是很難，我們這兒所說他的系統的哲學觀念亦可以自己滿足了。由以上所說可知服氏的原則是為普遍的觀念所調和的經驗主義。服氏與洛克相同，以為沒有東西能超乎經驗範圍以外或與經驗無關。但是他同時或在不知不覺中很信仰笛卡兒遺留的意見，主張沒有東西在理論上是眞的，或在實際上是公平的，除非是為普遍的理性所承認。這兩種要素，即經驗與理性，互相連結於『人道』的觀念中，即此種觀念兼為經驗的與普遍的。由這一點看來，服氏的哲學實在貢獻了一種眞的連結，雖然有少數的缺點與不貫的地方。科學，道德，歷史，宗教，政治都受他的批評，這種批評有時不免過於偏狹，但是多半根據一個不變的原則：反對一個歷史進化的產品，此因時間與地方而不同，並且常常是無理而又可笑；視此為純粹人類的標準並且為理性所普遍承受，益為服氏所反對。

他藉自然的宗教來反對積極宗教，在自然宗教中所含有者僅爲人類道德的理想。服氏上帝的眞正名稱就是公道。這是一個很高尙的名稱。我們敢相信十八世紀之末德國的大哲學家像別人一樣都深受服氏的影響，服氏視公道爲上帝的思想他們都保留着。固然盧梭的影響對於他們比較更深；固然關於經驗，理性，公道與眞理的觀念，服氏未能分析的，他們分析比服氏更深但是服氏雖不是建立系統的哲學家，而他對於宣傳與批評人道的觀念於全歐洲總算是成功了，並且能獲得一時的權威。

第七章 百科全書派 (The Encyclopaedists)

一

服爾德在他的半明半暗的傾向中，在他的愛與憎中，在他的良善性質與不良善性質中，可以為十八世紀法國哲學的『代表者』。所以我們對於他的學說不能不有一個詳細的敍述；在他的學說中我們尋出為他同時的人所宣傳之哲學觀念的共同點。在他的周圍排列着一個『哲學家』的軍隊，雖有十分勇氣，但無訓練，最好的軍官是最獨立的人。不論在這些哲學家的性質中，態度中與才能中有怎樣的不同，但是大衆覺得他們是集合在一個名稱之下，這是不錯的，自拉美脫里 (La Mettrie) 到康多塞 (Condorcet)，自康的亞克到累那爾(Raynal)都是如此。他們在有意無意之間集合起來做了一個共同的工作。他們多半是集全力攻擊天主教，廣汎地說，即攻擊基督教本身。他們排斥基督教的宇宙觀與人生觀，此在他們看來是假的與迷信的；他們咀咒天主教會所主張的社會秩序，他們以為這是不公平的與壓迫的。反對這兩種壓迫一切的武器都是合法的。他們對於這種宗教除了保留其道德的教訓外，其他一概都不要；即是這種道德教訓，他們也只取其要義，使之成為人的道德，不是基督教的道德。

在他們著作的建設方面，小的差異固然不免，但是彼此究竟有密切的相同關係。他們因爲急於想補充他們所破壞的，所以他們的工作非常急促，並且表現出他們是常常缺乏經驗。往往藉助於相同的似是實非之論，未經討論即承受之，並藉助於視爲定理的曖昧公式。他們共同的討論限於一部分比較膚淺的學說，時或也論及於心理，道德，政治與歷史以及深奧而有效果的觀念，好像爲建築房屋來砌牆脚，雖然這個房屋他們還未開始建築。百科全書他們以爲就是這種建築，不過這只是代表他們作工的地方，不是代表一個已建築的房屋。除了在活動的精神中，除了在狄德羅的毅力中，並沒有同心合力的地方；而狄氏是不顧任何困難與犧牲，最後卒使之完成。

二

拉美脫里按他的著作日期說，似乎是在哲學軍隊的主要隊伍以前。他死於一千七百五十一年，比孟德斯鳩前死四年。當他死的時候，狄德羅，達蘭貝耳與盧梭的主要著作均尚未產生。他曾做過部耳哈味（Boerhave）的學生，部氏即欲以物理與化學現象的機械論來解釋生命現象；並且他對於笛卡兒與洛克的學說也有相當的認識；因此他想自各種不同的來源中組成一個他認爲科學上已經證明的系統。這種系統是唯物論，根據於當時流行的觀念。現象秩序的不同就是因爲物質複雜的組織。這種組織在動物與在植物中不相同，在動物與在人中有幾點也不相同；存在於植物，動物與人中的作用也各異。無需有特別的原則來解釋這些作用。因爲反對精神主義的二元論，此使靈魂的本質與身體的本質劃了一道鴻溝，拉氏在他的靈魂自然史中復活了古代亞理斯多德學派與經院學派的概念，這種概念是使靈魂成爲身體的形式。像文藝復興時的亞理斯多德學派，拉氏使唯物論潛入於這種學說中。他在機器人(Homme-Mechine) 中公然宣傳這種唯物論。當他稱揚笛卡兒說動物是一個機器的時候，他責備笛氏竟不敢說人也是一個機器。但拉氏並不否認在動物或在人中有情感或思想的存在。他以爲情感，思想意識均爲機器所產生；全靈魂都可以由機器解釋，都依賴於機器，所以機器不靈或損壞，靈魂亦將歸於消滅。醫學家解釋正確的事實必借助於心靈生理學與病理學，所以他說只願意承受科學家的判斷能爲他的判斷，對於解剖學與身體哲學均有十分的認識。

拉氏在十八世紀的聲譽是很壞。在我們今日有許多人很想再恢復他的思想。一個唯物論與無神論的哲學家固然可以爲物質的慾望辯護，可以因隨便亂吃東西而死，然而多少能爲一個誠實的人，能忠實地去求眞理。固然拉氏常常不免爲他人負過，如在他以後模仿他的哲學家。他們離他愈近，他們對於他的學說反對愈激烈，因爲他是已死了，對於警察或議會已無所懼怕。他的好名譽即爲這種不軌的圖謀所犧牲。然而我們如詳細考察他的著作，我們可以說他並無嚴重的錯誤。他未能十分區別何者爲證明的與何者僅爲假定的。他未能專心研究精密的推理與確切的表現，他的語言多半是冒失，正與他的不嚴密的證明成比例。他是介紹法國的唯物論於十八世紀中，同時也讓我們承認他常常在挑戰的形式下來表現這種唯物論。

達蘭貝爾(1717–1783)

三

在一千七百五十一年達蘭貝耳的百科全書序言出版。狄德羅十分聰明去請求達氏寫此序言，並且他自己很滿意擬定他的偉大著作的計劃。他已經是獨一無二的權威，因爲他的英國文錄一書他已在萬塞納(Vincennes)消磨好幾個月了。總之他已被視爲有可疑的性質。達蘭貝耳一個大的數學家，因爲他的動力論而出名，是科學研究院的一個研究員，是使百科全書表現於大衆的一個人，他的名字因反對哲學仇敵的惡意而被侮辱。

這個序言曾受過很大的稱贊，但在現在我們很難了解這種稱贊。雖然我們不能否認此書格調之尊嚴與思想之高超，但我們讀此書仍難不失望。這有幾個原因。在達氏時候的新觀念在現在已變成極普通的觀念了。在達氏哲學中幾個重要點在序言中並未表現出來，或者說只有暗示。其餘被發展的並不足以表現他的眞正思想。但是他相信這種容許爲使其餘的獲得承受起見是必不可少的。他對服爾德說，『在是非極多的國家中我們寫的這種句子像書記的體裁一樣，只能爲我們要想建立的眞理當作護照用。並且沒有人爲他們所欺騙。……時間教人區別什麼是我們所想的與什麼是要我們所說的。』達氏從來沒有離開這種謹愼的道路。在達氏貢獻於大衆的著作中，我們看見他的態度是無可責備，並且他的譏刺是藏在尊敬的形式中。但是在他給服爾德與腓力大帝的信中看來，他是一個完全不同的人，極想挑戰，並極端反對議會，反對耶穌會派乾生派，與一切的教士與宗教，好像是一個最決定的『哲學家』。

達氏極端稱贊培根，他的科學的分類卽是由培氏得來的，他自己對之略爲加以改變。實在說來，百科全書序言一書只含有人類知識的三種分類根據於三個不同的觀點。達氏先考察『我們的觀念與科學的起源與發展，根據於哲學的與玄學的（卽心理學的）觀點』他像是洛克與康的亞克的眞的弟子，將我們一切的知識分爲直接觀念與間接觀念（由思想而來之觀念）二種。我們直接的知識僅由感覺而來；換言之卽我們的觀念係由感覺而來。此處的分類卽由複雜觀念而回溯到簡單的觀念——卽由感覺而來的觀念。

科學的百科全書的次序，其次是論理的次序，此不能與此種次序相混，卽在科學產品中人類心靈實際所用的次序。人是多半相同，先爲身體的需要所刺激，故必須最初解決這種最緊急的需要，如再遇到困難，卽又另想他法，這樣一步一步地下去直至無窮。假使是如此，我們視爲含有其他一切原則的科學，在百科全書次序中佔第一的科學，不能視爲第一個要發展的。並且，在人類心靈進步的歷史次序中，各種科學順着次序一個一個地加觀察，而百科全書的次序是在一眼間看見了一切的科學，好像人在高處去看蜘蛛網似地的脚步一樣。並且，這種百科全書的次序可以與一個世界的地圖相比較，在一個世界的地圖上一眼可以看見全球的面積。正如我們要畫一幅地圖，必須選擇各種不同計劃的系統，所以我們也可以在各種不同的方法中來思想百科全書的次序。沒有要一定採取這一種方法而排斥其餘別的方法。假使達氏選擇了培根的方法，只是因爲這種方法缺點不比別的方法多，並且對於人類知識的來源能有精確的敍述。

最後，第三種次序達氏以爲是自文藝復興以來我們科學之歷史的發展。這種次序與人類心靈自己發展的次序不同。在這種次序中博大的科學是第一，因爲古代的權威，所以經過了一個很長的野蠻無知時代，才能在有知識者之前大放光明。

所以達氏很淸楚地知道我們知識的心理來源，科學的論理次序，與他們歷史的歷程。這三種次序能結合成一個較高的次序嗎？孔德後來就是想造成這種結合但是達氏就以每種科學的批評與偉大心靈（曾創造或發展他們的心靈）的贊揚爲滿足。

在吾人知識範圍內値得科學的名稱也就很少了！依達氏說歷史不能稱爲科學，這只是實際的興趣。我們爲什麼不能由歷史中選擇出道德的教訓，使實在可以記念的行爲與格言聚集在一本書內給兒童以模範？這特別對於哲學家與『不幸的』王子是有用，因爲這可以告訴他們已往人的生活是如何，並使他們知道與他們在一處生活的人。所謂玄學只限於討論洛克的人類的悟性論。玄學所要解決的其餘一切別的問題不是不能解決，即是無需解決。這是欠缺均衡的心靈——總之，是一種空泛的科學。達氏像服爾德一樣，不爲這種假設所引誘，即在一定的情形之下，使物質有思想的能力。在他以爲這是很危險的。假使這種假設趨向於唯物論，我們勢必仍墮入於一個難於證明的玄學學說中。我們簡直承認我們不知道什麼是本體，靈魂與物質豈不是更好嗎？關於上帝的存在與性質，懷疑論是心靈唯一有理的態度。關於外界世界的存在與人的自由的存在，我們也可以如此說，本能在這兒不能補充理性的缺點；外界的世界不論是否存在，我們有一個很強的傾向相信我們看見的一切東西都似乎存在；相同，我們看見的一切東西似乎知道我們是自由。

即在自然科學中，人的知識是如何有限！生理學剛有萌芽。達氏說到醫學好像是很有經驗的一個人，在他眼中以爲醫學是純粹經驗的科學。醫生最危險的是建造一個系統與堅持一種學說；看過許多病人，與知道精確的診斷，不亂開藥方，這個醫生是可靠的了。物理學比較是最進步的科學，並且物理學的征服是永久的。此處我們是站在堅固的基礎上，但是進步是很慢，並且人類的心靈有時還退步。達氏堅持培根所給的謹愼忠告：我們不能相信最可能的解釋，如不爲經驗所證明與計算。

達氏終身研究的科學，並且他由這種科學獲得最好的榮譽，這種科學在他的意思才値得眞正科學的名稱，這種科學就是數學的科學，他將這種科學分爲純粹的數學，混合的數學與物理數學的科學。所謂正確是根據於必須眞實與明白的原則，並不是相同地屬於這些數學的各類。根據於物理原則（即根據於試驗的眞理或物理的假設）的科學只有實驗的或假定正確。

由此可以推知達氏視與物理數學相反之純粹數學是先驗的，與經驗無關的。但是他如何能使這個槪念與由洛克而來的原則相調和，依照此原則，我們一切的知識或直接或間接都是來自經驗？達氏並未墮入於此矛盾中。他免除這種矛盾是藉一種與他的感覺論的原則相合的數學學說，並且比較厚謨與康的亞克所求的更爲淸楚。他以爲數學應當屬於自然哲學。『數量的科學普通是最遠的端，物質本質的默想可以領我們達到此端。』經驗告訴我們的是個體的東西與特別的現象，如日，月，風，雨等等。藉繼續不斷的抽象與漸漸普遍的槪括，使我們對於這些東西與現象分別出共同的性質，到最後我們達到一切物體的根本性質，即爲：不可入性，擴張與大小。我們不能再將我們知覺加以分類，在這一點我們尋到一個科學的題目，科學藉這種題目的簡單性可以做成演繹法。因此在幾何學中我們把物質的物質性幾乎完全剝奪了，我們所研究的只是其靈魂。達氏說：『只是因為抽象的歷程，所以幾何學家視線沒有寬度，視面沒有厚度。他對於一切本性證明的眞理是純粹假設的眞理。但是他們多少是有用的，研究由他們而來的結果。』這種數學的經驗論，是與柏拉圖與笛卡兒立在相反的地位，在我們這個時代又出現了，在今日仍難拋棄。即像赫爾姆霍斯 (Helmholtz) 雖陶冶在康德的影響下，仍承認幾何不能不含有由經驗而來的分子。

因為數學的確實是依據於明白的觀念，心靈可以一見而知其關係，所以道德的確實是依據於『心的證明』，可以絕對地管理我們。達氏的道德學說與服爾德的幾乎是完全相同。關於這種學說唯一的特點，即是達氏所給的他個人的特著之點，特別是在他的文錄中。在他以為對於不幸的同情，反對『機會不平等』的憤怒，這不僅是普通情感的表現，與對於管理者的尊敬。這是這種人的眞正哀鳴，即親眼看見貧苦的人和他們生活在一塊的人，親知他們痛苦的人，並且在這種人悲哀的命運是實在的，不是一個文學描寫的題目。達氏自問說，如一個人為失望所驅遣，並且非因自己的過錯而達於餓死的境地，在道德上是否還應當尊敬那些富有餘資的人？

在生活的高貴中，性格的獨立中與天才中，達氏是有哲學家的榮耀。他竟敢屢次反對服爾德。他與腓力的友誼絕沒有犧牲他的高傲，他謀推翻俄國的喀德隣女王，正因為她很驕傲地不接受他對於在波蘭被囚的幾個法國人之調和他的兩個大情感，一個是贊成數學，一個是反對『教士』；這也是他那個時代的特點，這二種情感使他能成一個「哲學家」。

四

狄德羅之冒險的，博大的，與情感的性質，正如達蘭貝爾之謹慎的，保守的與方法的性質是相同。但是在他的觀念中多無次序。狄氏是一個心靈最易激動的著作家，世界上從未看見過。他的談論極能動人，眞所謂議論風生。他曾被稱爲「哲學家」。假使我們所謂哲學家是指一個人除非尋到最初的原則，由此能演繹出全體實在的世界，否則他的思想仍不斷地追求，絕不滿足，那狄德羅在哲學家中僅能佔一個很低的位置。並不是因爲他不能使他的觀念成爲一個系統；但是他想綜合的開始點是很不定，依賴於談論或讀書的偶然機會。在他的理性深入事物以前，他的想像不得不被激動。但是在另一方面他沒有一個敵手引起自不重要之點達於普遍管理的原則，並且自要害處發現許多的道路，有些可以引我們達於新的觀點。他的好奇心永遠不停，他的思想有時也很深，並且常常能給人以暗示。

不幸，雖然這些對於當時的人有一個很大的影響，但是這很不容易產生出許多有永久性的著作。所有狄氏的著作多半是臨時的作品，這是他易動的熱情與任意將觀念的構造放在一起的巧妙。所以很難說百科全書的工作能阻止他產生偉大的作品，他費了二十年的功夫從事這種無窮盡的工作。以狄氏的智慧，如能集中精力，也許能產生很偉大的作品。而狄氏竟沉入於百科全書中，竟沉入於許多的小冊子中與零碎的作品中，這或者是因

狄 德 羅(1713-1784)

爲狄氏無很強的志願來集中他的精力。

狄德羅最初是一個有神論者，像服爾德一樣也是受英國的影響，特別是洛克與沙甫慈白利(Shaftesbury)的影響。狄氏像服氏一樣，以爲近代的物理學給唯物論與懷疑論以致命的打擊，『細菌的發現就消滅了對於無神論一個最有力的反對。』但是這種哲學不久不能使他滿足，他漸漸傾向於他自己所謂的唯物論（卽使慾望，厭惡情感與思想屬於有機的分子，）最後達於汎神論的自然主義。

有幾條道路使狄氏達到這個目的。第一他知道因爲宗教與哲學的理由堅持身體與靈魂的二元論爲不可磨滅；僅此卽足使他遠避這種學說。在他的論盲聾啞一書中，他極力主張我們玄學的概念爲相對的性質。對於盲人怎樣能根據最後因證明上帝的存在？狄氏像康的亞克後來一樣，想從事於感覺主義的心理發展。我們一切的知識都是來自感覺；但如何自感覺來？感覺對於我們有什麼益處？我們能分析他們的今有（data 有譯張本者）並且後來能由此構造一個全體嗎？拆塞爾登的實驗與模立紐(Molyneux)的問題都被人知道；狄氏想超過他們，使這種『玄學的解剖學』更進一步，並使人的感覺分成零碎的片斷。他想像的『啞子』並且他由心理的分析而得的結論使許多基督教徒都爲之驚異。

但是狄氏汎神論的傾向似乎爲這個時候自然科學的發現所決定。他極熱心崇拜這些發現，並且他的想像不久使他對於生命與思想的勇敢假定都消滅了。他說『我們現在是在科學大革命的時期。』在數學中如柏努利（Bernouilli），歐拉（Euler），達蘭貝耳，蘭格倫日（Lagrange）等人已經達於極點，人不能再前進了。而自然科學適相反，剛在呱呱墜地的時候。只就所知道的一點說已經完全改變我們的世界觀。例如一個數學家研究抽象的力學，多半視物體爲有惰性；但如我們一研究事實，知道物體的惰性是一很『可怕的錯誤』與一切物理學與化學的原則都是相反。在物體的本身中，不論是其特子或是集體，一個物體總是富有活動與力量。所以無機物質與活的物質之區別是極爲膚淺，嚴格說來，並且是錯誤了；因爲我們不是明白看見相同的物質是活的又能轉變爲死的，被一個植物或一個動物溶化或分泌以後？自然能使肉變成石頭，石頭變成肉，所以，這豈不是很鹵莽假感覺不與物質相容？因爲我們不能知道任何東西的本質，無論是物質或是無感覺的本質但是感覺性據說是一個簡單的性質，整個而不可分，與能分的東西不能相容。『玄學神學混合的議論，』狄氏回答說。經驗告訴我們處處有生命；誰知道處處也有情感嗎？

對於這種學說有一種很嚴重的反對，這種反對是根據於生物種類的固定性與永久性，這似乎是人與別種動物之間一個不可超過的障礙，並且是兩個任何生物的種類，甚至爲生物與無機物之物質間的不可超過的障礙。狄德維知道這種困難。他回答這種反對是承認地球上一切種類之自然的演進。我們不能說我們地球現在的狀況與過去是相同，或者在將來也仍然相同，所以在地球上的生物種類與無機物的種類也是如此。我們視自然的歷史只是時間的歷史，這是如何地錯誤。在動物與植物的境界內各個體先存在而後發展，成熟，衰亡，消滅，爲什麽一切種類不是一樣呢？誰知道在我們以前有什麽動物的種類？誰又知道在我們以後有什麽動物的種類？所以生命起源的問題我們可以不必追問。假使你爲鷄蛋與貓頭鷹的問題所惑，這是因爲你假定動物在原來就像現在一樣。這是如何地愚蠢！我們對於動物的過去不知道，等於對於動物的將來不知道，是一樣的。

狄氏急迫，普遍與不滿足之科學的好奇心與科學的概念本身是相連結的，這種科學的概念曾被稱爲『實證主義。』我們知道固然是很少但我們很以我們所知道的爲自足。我們獲得知識的方法與我們實際的需要相等，如方法不爲我們所有，那知識或者也不爲我們所必需。如我們並不因爲沒有四個眼睛，四隻脚與兩個翅膀而十分憂愁。我們必須承認這個事實，即我們是如何就是如何，並不希望有一個超出我們了解以外的科學。假使人是聰敏，他應當注意研究如何能增進他的幸福的問題，不要去研究那些不可回答的問題。因爲相同的理由，所以他們所求於科學的只在能應實際的需要，除此以外，不必再求科學達到很高程度的精密。總之，『有用是一切事物的標準。』在幾世紀以後有用將限制實驗的物理學，如正將對於幾何學的限制相同。『我將給物理學數世紀的研究，因爲牠有用的範圍比較抽象的科學都大，又因爲牠是我們實在知識的基礎。』

狄氏對於人道也有相同的熱愛，這鼓舞並限制狄氏科學的觀念，這在反對基督教的爭論中也可以尋找出來。他的話固然是因爲環境而有改變。當他不想出版的時候，他就大膽地自由說出來。他所寫的布幹旅行餘錄 (Supplément au Voyage de Bougainuille)，拉慕之姪 (Le Nevlu de Rameau)，與馬類沙爾的談話 (Entretien avec la Maréchale) 等等都是如此。在私人的書信中他有時流露出反對宗教的憤怒；他說『在教義中是最可笑與最殘忍，最不明白，最難解，所以最容易分爲派別，最容易影響公共與國家的和平，在宗教的道德中最乏味，最野蠻，最無結合性，並且是最不能容忍。』在百科全書中他卻很小心，但有時仍不免漏出：『希伯來人知道基督教徒說眞的上帝；似乎仍有一個假的上帝。」

他的倫理學很不幸爲當時的熱烈情感所影響，認男女的聯合當極端自由。一提到道德這個字，狄德羅就十分發火。眼淚流到眼睛裏面，他的心跳，他的氣喘，他擁抱他的朋友，他們必須與他共悲樂。這種感情的奔放對於他的觀念的精密十分有害。狄氏告訴他的女兒說每一種道德有兩個獎賞：一個是爲善的快樂，還有一個就是受人稱贊的快樂；每一種惡也有兩個快樂：一個是我們內心的懲罰，一個是討他們厭惡的懲罰。他願意他的女兒沒有偏見，但是要有與『一切時代及一切國家相同』的道德與原則。此處我們認識爲服爾德所喜歡的觀念。狄德羅也像服氏一樣認爲公道是基於人的性質，並不是如洛克所說係因時候與地方而不同。『雖在人類碑上的公理是與人一樣的古，並在人的法律之前，公理並爲法律的指導原則。』但是狄德羅此處又與盧梭相合，說自然不能使我們爲惡，只有壞的教育，壞的立法能敗壞我們。

所以狄德羅的創造不在他的倫理學，但是他的創造處處可以看出，爲他的不辭勞苦的心靈所轉動的觀念中可以看出他在許多點上都是我們這個時代的眞正先鋒，這正足以表示他的偏愛。他預知自然科學的進步，對於宇宙觀亦必因此而生變化，結果亦必使人類全體生活都生變化。他是最初明白機械技術的社會重要，在百科全書中他給這技術以相當地位。從事這種技術的人他也極力提高其地位，對於工人也如是，技術的工人同時可以爲種田的農夫。同時他的『客廳』(Salon) 是開始做藝術批評的，教授他當時的人如何去看圖畫與雕刻。在戲劇的藝術上他有許多創造的與深奧的觀念。最後在百科全書中有許多條都表示出他對於哲學史有很豐富

爱 爾 法 修(1715-1771)

的知識。這在法國幾乎無人知道。

歌德極稱贊他，說他是『最近於德國人的法國領袖。』實在，法國的哲學家對於普遍生活的偉大規律與自然的創造力量之敏銳的觀察，對於多數實體之精微的體驗，很少能像狄氏。他佔有一個特別的地位，我們對於這種地位很難有一個滿意的解釋。如不能表現他思想的缺點，我們就不能表明他哲學的思想；如不能知道這種博大有力的天才，我們也就不能指示出他的乖僻的毛病。

五

如與達蘭貝耳及狄德羅相比較，愛爾法修（Helvetius）不是一個最能創造的『哲學家，』但是他的論心靈（De l'Esprit）一書無論在法國與其他國家都令人驚異不止。這種成功一部分是因爲（至少在法國）著者的人格，愛氏是一個理財專家，並且是一個極和氣極會待客人極講交情的人，他在十八世紀極受人稱贊，說他是一個有德行與因爲他的德行而快樂的人。這種成功還有一部分是因爲他的動人的文體容易讀；尤其令婦人歡喜讀，全用短的故事構造成的，雖是極懶惰的讀者都不會不讀論心靈這本書。最後，這種成功是因爲勇敢的似是而非之論，這只是除達於論理結論的時髦意見以外沒有什麽別的東西。奇怪的是愛氏的成功維持了很長久的時候，在十八世紀之末，仍然覺得他有駁難的價值。

除了這流行的感覺論以外（愛氏此種學說是得自康的亞克或別的當時的著作家，）愛氏仍有下面兩個主要的論點：（1）卽個人的利益或快樂的尋求爲人類動作的唯一原則；（2）一切都受教育的影響。第一個論點並不是新的。許多道德學家都已告訴我們人類有自私自愛的情感，結論說人卽在最無功利的動作中，都多少帶着假面具。但是愛氏的論證完全不同。他並不相信悲觀論，他是十分地和氣。他說，『這不是愛我引導我達到結論的論點，而只是唯一希望人的快樂。』他自己自慰說他的學說是屬於這種希望。假使假定說人只是尋求自己的利益，再讓立法者計謀普遍的利益使之與私人的利益相合，一切人將是好而且快樂。所以一切事都依賴於法律。不論私人利益是否與公共利益相合，在每個人中的道德仍爲個人利益與自愛的必然結果。『一個國家的一切罪惡都是由其立法的缺點來的。』

狄德羅很公平地看出這種法律萬能論未免將孟德斯鳩的思想說得太過，孟氏已知道在道德與政府的種類中有不可分的關係，因此我們認爲政治的法律有一種爲經驗不能證實的影響。並且依孟德斯鳩說政府的形式依賴於氣候與一切別的條件，而愛氏明白反對孟氏的氣候學說。他主張立法者的動作無論在什麼地方都是超越的，假使動作善爲指導，任何阻力都不能戰勝。假使有人反對說個人利益的追求是一個很狹的基礎來維持人類社會的全體構造。他回答說正如一切東西都來自經驗，後來被稱爲利他主義的情感也不是例外。道德的本能，道德的意義，仁慈與博愛的自然能力，這是英國人所欲追問的，但是我們不能承認。『美麗道德的系統實際上只是天賦觀念的系統，已爲洛克所破壞，現在在一種不同的形式下又出現了。』無人生來是善，亦無人生來是惡。善與惡都是偶然的，是好的或壞的法律的結果。

所以在論理上一定要發生第二個論點，依照這個論點，只有教育能使人不同。沒有東西是生來的或是遺傳的，人的靈魂最初像一張白紙，一切的靈魂在生來都是相等的。所以心靈有高下不等，都是因爲人所處的環境不同，由這些環境所引起的感情不同，因爲由這些感情所產生的注意不同，總而言之，就是因爲教育不同。教育之於個人正如政治科學之於國家。過錯是一種罪惡，這種罪惡可以免除。爲保障人類的快樂，應當使教育達於完全的地位。教育能產生極有知識的人，並能使『天才的數目加多，爲以前所少有。』這至少能引起人注意新的教育科學，並且能預使大衆歡迎盧梭的愛米爾（Emile）。此外，盧梭的影響在愛爾法修中已顯然可見。『一切都是後天獲得的，』這就是否認天賦觀念，依照洛克的思想是如此。但是依照盧梭的思想，也要承認人的過錯，痛苦與犯罪是他們自己的工作，這只有教育家與立法者來醫治他們。

六

何爾巴哈（Baron D' Holbach）所著之自然的系統（Le Système de la Nature），係在一千七百七十年出版，這本書比較愛爾法修的著作要深而且有力。何氏自己承認是一個唯物論者，說人就是一個物質的東西，組織成能感覺能思想，並且有時能改變，特別是對於他自己——卽對於組成人之實體的特別結合。智識的能力可以因爲腦筋中所產生之運動而改變。所謂『精神』這個字實在無意義。野蠻人承認『精神』的存在來解釋他們所不能解釋的結果，與他們認爲很驚奇的事物。這種精神的觀念只能爲愚蠢無知者所保存。這對於神也許是有用，但對於社會的進步實在是有害。靈魂的不朽是宗教的信條，這除了對於教士以外，一點用都沒有，並且這也不能作爲情感的約束。正如必然的定律管理一切自然的現象，所以智識的與道德的現象也包括在內，道德的自由是絕無其事。

這種唯物論除了完全的坦白外，沒有什麼令人特別注意的地方。但是在上帝存在的問題上，何爾巴哈把自然神論與有神論加以詳細的批評，顯然是反對服爾德的自然的宗教，這到是很值得注意。何氏說人誤用了物理學代替了玄學，自然的研究對於道德的與神學的興趣無半點關係，否則將有一個新的錯誤加到我們所留心反對的人。但是即使我們忽視了這一點，根據於最後因的論證不能證明要想證明的。第一，次序的觀念是與人的定律有關係，假使我們置此不論，無次序比較次序也不少自然的與規律的；一切的現象均產生相同的定律。『驚異一個動物的腦筋與心能照常工作，或者一棵樹能結果實，因此就驚異一個動物或一棵樹應當存在。』我們所謂最後的目的，就是一切東西存在之必需條件的總數。當這些條件結合了的時候，活的東西就存在了。如不能結合，那就消滅。這個簡單的假定對於各個體是實在，即對於總的種類與太陽也是眞的。這兒無需我們求助於神來做世界次序的創造者與維持者。

有神論者主張的神聖人格可以不必維持了。牛頓是偉大的天才，曾以神聖視自然與其定律，但當他離開物理學的境界的時候，他只是一個幼稚的兒童。並且他的神學仍然是未能脫離他兒童時候的偏見。管理一切與管理宇宙的上帝究竟是什麼？而這個上帝只是一個神人同形的觀念，只是牛頓兒童時基督教教育的復活。服爾德之報復的上帝是什麽，也是相同種類的復活嗎？

自然論者的上帝是無用，有神論者的上帝是充滿了矛盾。假使我們承受上帝，我們就無權藉理性的名稱來否認任何東西；假使我們拒絕再前進，與屈服在宗教的教義下，那我們是矛盾。有神論固能爲宗教，也能爲異端，自論理的觀點說是比較更難維持，所以『自有神論到迷信』常常有一個階段。在機器中有極少的紛亂，一個很輕的疾病，有些不能看見的痛苦，就很夠擾亂人的性情了，再不需要別的。自然的宗教只是別種宗教的變化，並且很快地回到其原來的形式。恐懼與無知是最初引起人的上帝的觀念。人先使之凶猛可怕，漸漸變成像人一樣的文明。只有科學能使這種本能的神學消滅。

這本書的出現，作者雖用了假名，但能很勇敢地能使他的原意達到最論理的結論，並在『哲學家』中創造很大的紛擾。雖然他們不是全體都覺得憤怒，但是他們以爲至少應當假裝發怒。服爾德反對極爲激烈，這個時候他是很誠實的。狄德羅被人疑爲在這本著作（指自然的系統）中亦是參與的一個人，所以他守沉默。達蘭貝耳明白說自然的系統是一本可怕的書。腓力第二非常震怒，曾著書駁斥之。他很清楚看出在這本書中漏出的革命觀念，因此與百科全書派大發脾氣；實在他還是何爾巴哈的知己朋友。至於盧梭老早與他們破裂了，並且他在沒有等到這本書以前，就開始攻擊唯物論與無神論，覺得這是『可怕』。

在百科全書初出版的時候，盧梭也是編輯者之一；康的亞克堵哥（Turgot），揆內（Quesnay）也爲百科全書寫過文章，不幸還有許多別人實在不配與他爲伍。不論狄德羅的努力如何，在百科全書中仍有極矛盾的地方。

無怪服爾德對於狄德羅所插入的無意義的東西極爲憤怒。在一千七百五十七年達蘭貝耳已與發行百科全書無關係，雖然他仍爲編輯者之一；他常常寫信給服爾德辨明其日趨於淡薄的情形。在他的百科全書序言一書中，他對於這種工作或者能描寫出其最好的特點，卽在這種工作中能表現出時代的哲學精神。他說：『現在這個時代是預定改變一切的法律，與保護公道……』

哲學家進行『改變法律』極具熱心，相信他們自己的理性與議論，與極端自信的能力。他們管理的政府只存在於想像中沒有經驗的約束。他們所做的工作太急促，在現在我們看來似乎是很可憐並且與他們所吶喊的不稱。但不能因此就說這種工作是不必需要，或者說他們不應當做這種工作。並且相反，他們的動機是很可尊敬；因此，不論他們如何失敗，他們掃除自然敵人的功勞是不可磨滅。對於虛僞，迷信與壓迫的憎恨，對於科學與理智進步的相信，對於法律與教育能戰勝無知，過錯與痛苦（這是我們一切不幸的來源）力量的信仰，對於人道具有極熱心的同情；由這個中心點發射出來直達於文明世界的末端。這些事實在歷史上留下不可磨滅的痕跡。雖然一個淸楚的反應表示出這種哲學的弱點，矛盾與錯誤，但是很可以相信其美德仍是無窮，並且爲使基礎較爲深厚，又引起出新的力量。

第八章 盧梭(Jean Jacques Rousseau)

一

盧梭的人格極爲複雜，而同時也極爲一貫，要拋開了文學家，把盧梭只當作一個哲學家來研究，這是很不容易。他的哲學的意義就是他著作才能的唯一靈魂。這些哲學的意義不僅是盧梭對於大問題思想的結果，並且是他內心深處的傾向。哲學家的盧梭是盧梭的全自我。這種事實對於盧梭的哲學學說給以一貫的性質，如我們加以分別地研究，即可知道他對於重要問題的解決是彼此和諧的，並且不是不能發現出其餘一切所發生的普遍原則。

在盧梭以爲重要的哲學問題是自個人與社會兩重觀點的道德問題。他對於所謂純粹的理論問題很少覺得有好奇心。他雖有時表現出很強有力的辨論，但是他從來沒有思想過論理學。確實的科學對於他沒有什麽興趣。在他晚年他現出對於植物學很歡喜，這是由於美學與宗教的情感來的。在另一方面，凡與人的行爲與命運有關的一切事都是很深地感動他。他的哲學的思想或者是發生於他與別人交際的不滿，或者是他看見人的彼此交際的不滿，他並常常因此感覺痛苦與發怒。道德，制度與信仰都使他感覺有害，在他並以爲這些都是虛僞的，與牠們原來的不同。爲什麼大多數的人要墮入在貧窮中來維持極少數人的窮奢極慾的生活？爲什麼強與弱總是互相依賴，並且是同樣的不快樂？爲什麼我們在表面的文雅與溫和的微笑之下尋出嫉妬的冷嘲，卑賤的貪心只顧自己的私利，不顧公共的福利，他如鐵石心腸與殘暴行爲？爲什麼藝術與科學的發展反使人類日趨於惡劣與愁苦？最後，爲什麼僞善是普遍的，使盧梭說這些話好像是創造的，其實只因爲他說的極清楚？總之，將這些問題歸結到最後只是一個重要的問題，即人與社會是應當像他們原來的一樣嗎？假使我們認爲這是可能，我們能用什麼方法使人復返到眞理道德與快樂？

這兩個問題的第一個問題，依照基督教的神學回答很簡單；即人生來是有罪的。人的性質是腐化的，這沒有什麼奇怪，凡自這種腐化的性質出來的東西當然也是腐化的。盧梭並不以爲這種訴於神祕爲滿足。假使他是如此，他將成爲一個更正宗的基督教徒；但是他對於他當時的人的影響將更小，並且他將毫無所有。對於一個渴望解放的心靈，與不耐煩用理智來討論這些題目（此爲神學幾百年來所討論的）的人，神學的解決對於他們能再有用嗎？並且他假使借他的論證於人生來有罪的學說，那他如何能說泥科爾（Nicol）與麥爾伯蘭基所未說的道德？盧梭因爲天才的刺激，他不把人類的邪惡只當作事實看，而研究其產生。他不視之爲天生的，而欲發現是如何獲得的。他寫給巴黎的信說：『你看見的一切是人在魔鬼的手中，但是我看見的是人是如何來的。依你說罪惡的原因是由於人的腐化的性質；但是這種腐化的本身就是罪惡，所以我們應當做的只在尋求出罪惡的原因。我們兩個人都同意說上帝造人是好的，但是你說人的壞因爲他曾經壞過，而我要證明他是如何變壞的。』總之，依盧梭說，原來有罪的教義不能做一個問題的解決。他要供給一個眞正的解決，並且要給一種解釋來代替教義。這個工作是一個很勇敢的工作，並且能爲這個時代的代表因爲在這個時代是假定在人中『一切都是獲得的，』如康的亞克與愛爾法修都極力否認遺傳的影響。同樣，盧梭也極力攻擊在人的靈魂中生來有罪惡的問題，這個問題除在宗教的玄學中，仍然沒有解決，他不禁自問說這個問題是否超出他的理智以外。他相信這個問題可以根據理智來解決。雖然盧梭是哲學家的一個敵人，並且不耐煩他們將理智錯用了，但是他自己也未見得能使理智本身受着批評與測量理智的力量。

二

研究道德與社會罪惡的發生，知道人原來是天眞無罪的。假使我們承認人原來的性質是與社會的秩序相反，那我們就很能解釋出人的罪惡與社會的罪惡。

在人的現在性質中要分辨出什麼是原來的與什麼是人爲的，這不是一件很容易的工作。我們如何能知道人的最初的狀態？『這種最初的狀態已不存在了，也許絕不能存在在將來或者也不能再存在，但是我們因爲要正確判斷我們現在的狀態，我們對此不能不有一個精確的觀念。』究竟怎樣研究這種最初的狀態呢？盧梭不求之於歷史的研究；他亦不求之於人類學。他並且也不想發現最初的人究竟是什麼。他所求的原來的發生法是一種分析，像狄德羅，康的亞克與蒲封(Buffon)，他們在心理學中所用的方法相同，這種方法爲當時的大衆所極願承受的方法。正如康的亞克，他尋求我們知識的最初原素，不求助於直接的觀察，而用一種理想的分析，將一切的感覺都置於想像中，只除了為特別令有（或張本）的一種感覺，所以盧梭像他自己說的，他的方法也是只藉「假設的與條件的推理。」他第一所研究的是人的現在的性質，一切的決定可以藉社會交際環境與教育的影響所解釋。除了為這些影響所解釋的以外，他推知其餘剩下的就是人的原來的性質。

有人反對說盧梭的「在自然狀態中的人」永遠沒有存在過，所以了解他是十分的困難。正如有人反對說康的亞克的生氣勃勃的「斯達度」(Statue)也是永遠沒有存在過。盧梭的方法是一個心理學的方法。「默想靈魂之最初的與最簡單的活動，」盧氏即由此推演出自然人的觀念與情感。自然的呼聲不能完全平靜，自然是藉着人內部的情感來告訴他一切，不論他的假設是否被人承認，他在自然中如不能獲得證明，至少也能獲得良心的控制。

三

自人的現在性質中將一代一代歷年所獲得來的一切分開，盧梭假定自然的人是單獨生活的。即家族在自然人的時候並沒有存在；家族的成立與家族的區別，這是由第一次的革命來的。在最初人不是生活在社會中，像狠同猴子一樣，他有時也同他的同伴來往，但是他仍與牠們離開遠遠的。最初的人是一個動物，有幾方面人還比別的動物低，不過就全體說人是比別的動物高。他的身體是強壯，除了傷與年老以外，不知道什麼是疾病。有許多

盧　　　梭(1712–1778)

疾病征服了文明人，但在自然狀態中的人完全不知道；所謂自然淘汰在他們當中是毫無問題地被承認，每一個孱弱與不適宜生存的個人在開始即被淘汰了。至於最初的人的心靈與動物相同，只有簡單的知覺與情感；願意與不願意，慾望與恐懼——這些一定是他的靈魂之最初的與唯一的活動。他不覺得有好奇心，並且他的心靈停滯住一點不動。他遨遊於深樹林中，無工作，無言語，既沒有戰爭，也不被任何東西所束縛，不需要他的同伴的人，也不願傷害他們，他所有的情感與知識只是屬於這個狀態中；沒有教育，也沒有進步，種類已經是老了，人仍然還小孩子。他的唯一的情感是愛他自己（這不是自私）。當他看見他的同伴是在不幸中，他有一種自然的憐憫傾向。

但是無害的動物（即在自然狀態中的人）表面上與別的動物是相同，但在內部他們能有很多的區域。第一，在自然狀態中的人是有知覺的；他有理性的潛力，有言語，文明社會，道德與進步的潛力。這種孤獨的人如何變成社會的，這是很難了解；社會近代是特別演化的結果，不過這種特別演化是如何開始的也很難知道。盧梭自認這種過程很使他爲難；他曾求助於『必然的刺激』，求助於需要的壓迫，這當然是人口增加的原因。人如何開始思想的？『對於這個問題愈加思索，在純粹感覺與最簡單的知識形式之間的距離愈覺得遠。』我們又如何能解釋言語的起源？盧梭以爲這個問題不能解決：究竟是先有社會的活動，還是先有語言的發明？盧梭說他不知道那一個是別一個創造的不可少的先決條件。

達到了這一點，著者就計劃一種假設的歷史前的狀況，在這個狀況中人已經將自然的狀態遺留在後面了，常因新的需要而有新的發明。他的智慧與感覺發展了，家族構成了，部落形成了；公共的遺訓，知識與信仰也都建設成立了。當自然狀態最後的蹤跡消滅的時候，財產的觀念也就出現了。這種觀念依賴許多別的先存的觀念，在人類心靈中不能同時完全形成；有許多改良在許多的工作與知識在這種觀念出現以前必須要獲得的。

財產含有文明社會與公道的組織，並且正式承認不平等。所以有了貧富的區別；有些人因爲特別手巧，他們就有了財產，那些沒有財產的人就來替他們保護。不久就有強弱之分，最後就成爲主人與奴隸了。不平等因此也達到了最後的一步。在自然狀態中人一切都是平等的，除了一點體格上的區別，因爲他們都是過着相同平靜的與孤獨的生活。在現在的狀態中，有的人是挨餓，而別的人是一食千金；一切的詭詐，嫉妒與罪惡都由此而成。

但是人可以反對說人不是藉了他的自然性質發展他的理性，與漸漸形成他的家族，財產與文明的社會？假使這種社會的人在自然的人之內已潛存有萌芽，說這兩種人是互相反對的這是公平嗎？盧梭已預先料到這種反對。他說這種演進不是不能免的。就是不發生也是可能的。自然很少賦與人以社會性。自然或者只能給人以孤獨。自然人所承受的社會道德與其他一切潛在的道德，絕不能自己發展他們需要幾種相連的原因，這幾種原因能永不發現，所以人亦可以永遠保存他最初的情形。但是當這種演進開始的時候，並且當社會已經成立的時候，每一個階段都使人離開他們原來的形式愈遠。

文明很久的功勞不僅給我以藝術科學與工業，並也給我們以各種的疾病，悲慘與愁苦，特別是罪惡。社會是做作的人的聚集，所求者只是不自然的工人，在最初的狀態中沒有這種人工的做作。所以如人的自然性質現在是被腐敗了，我們不能因此推知以前也是如此。這種腐敗是他自己的工作，唯一的報酬是使他脫離了野蠻。

四

所以盧梭解決他的第一個問題，是去尋社會罪惡發生的來源。我們在何處爲這個社會的罪惡去找一個補救？這種補救只有在教育的系統中去找，這種教育能使人自爲今日的道德與制度所敗壞中再復返其原來的性質。但是這種教育的系統含有一個完全哲學的系統，因爲這種系統假定一個人的自然性質的完全知識，假定人的心靈發展的定律，假定人與其同伴的公私交際，假定人在自然中的地位，人的將來的命運，最後假定一切東西的第一原因。這種哲學就是盧梭所要從事的，並且與一切人爲的東西立於相反地位的『自然』觀念，就是盧梭研究的關鍵。

盧梭雖然是『哲學家』的敵人，但他開始是他們的朋友，並且在相當的程度下也是他們的學生。我們知道康的亞克與狄德羅的影響對於他有一個永久的印像。假使他與他們不對，並且開始攻擊他們，這是因他們歡喜的學說與他太相反了。在開始的時候，在他未討論以前，他就完全相信這些學說不是眞的。他覺得如此是由於內部起來的情感，這種情感好像本能一樣是自動的與不可抵抗的。後來他尋求這種理由，但這些理由反使他所說的更爲確當。在他的晚年他曾說：『不僅我不是一個唯物論者，並且我也不能記得是否有一個時候我想變爲一個唯物論者。』歌德在他著名的備忘錄上用驚人的語句說，何爾巴哈的書曾給他以極厭惡的印像；這也就是盧梭的情感。我們提到『唯物論』這個字就是因爲要排斥牠。心靈拒絕牠，良心責備牠，無任何理由向這個審判官申訴。牠的推理似乎是很精密，但這是沒有用。『當一個哲學家告訴我說，樹有感覺，石頭能思想，他用那些巧妙的論證來誘惑我是無用；我在他裏面只看見到一個詭辯家，他只能給石頭以感覺，不能給人以靈魂。』

誠然，在這種物質中證明是可能的，我們應當保守這種已被證明的眞理；但是學說的特別變化，很能表示出他們當中沒有一個是淸楚明白的。哲學家只能爲懷疑增多原因。我們愈多讀他們，我們愈少有結論。他們完全的手段，只能說出表面的眞理。難道我們覺永遠不能有判斷嗎？但是這個我卻不能，盧梭說，懷疑在我的靈魂中是永遠不安。我的靈魂是渴望信仰。靈魂是採取一個嚴重的人生觀，所以要必須知道什麼是人生。因爲哲學家不能告訴我，我將在別處尋覓。『讓我商之於我內心的光明；這種光明不會引導我入於歧路像那些哲學家一樣，或者至少這種過錯是我自己的，並且如我相信我自己的幻想，我被毀壞的程度要比爲哲學家所引導的少些。』這種內心的光明就是『自然的光明，』而哲學家的結論離開自然暗示我們的結論極遠。他們似乎願意採取與大多數人思想的與相信的相反。依盧梭說這是驕傲的表記與錯誤的冒險。這最初的與最普通的觀念也是最簡單與最令人感覺的觀念，因爲要獲得普遍的承認，所以這種觀念常常是最後提出。

玄學的眞理所以很容易與一切人接近，但是對於哲學家比較對於別人少些，因爲哲學家的嗜好是在玄祕的研究與困難的解決。一個簡單誠實的人相信自然的光明，並且滿意這種光明供給他的信仰。因此，不論洛克說的是如何相反，我所知道的物質只是『積』與『分，』使我覺得牠不能思想。物質本身在我看來是與動與靜無關。所以物質本身沒有活動的力量。『假使物質活動，這是因爲運動或生命與牠相溝通。』我還有較好的理由來否認情感與思想依賴於物質的組織。「我曾極端努力想了解活的分子的存在，但是沒有成功。物質有知覺的觀念，在我看來似乎是不可了解，並且矛盾。不論一切的論證（如狄德羅在達蘭貝耳的夢中所說的，盧梭一定會自著者的口中聽到的）我仍然相信靈魂是一種與身體極不相同的本質。」

假使物質是惰性的，靈魂就適相反是活動的。感覺主義竭力想減少這種活動，假定說我們的知識都是由感覺來的，這盧梭與他當時的人相同，對於這句話是不滿意。並且這種感覺主義想把心靈的一切活動都歸之於感覺。甚至於判斷都只視為兩個感覺的比較，這種比較不是為心靈所做成的，但是在心靈中產生出來的。盧梭說，假使心靈沒有活動，這種判斷絕不會產生出來。「在我的意思以為活動的與有知識的東西唯一特點就是他能捉住「是」這個字的意義。在純粹的感覺中，我尋不着這種先比較而後判斷的智識活動力。」盧梭僅指出這種判斷的學說，但是他無疑在此處觸着他的敵人的弱點之一。

關於上帝的存在，盧梭也用與此相同的方法。此處他又批評唯物論者。物質是惰性的。要解釋宇宙的動，所以我們需要一個智慧的動力。這種力怎樣轉動物質？我不知道，或者我永遠也不能知道。但是我知道靈魂能轉動身體嗎？靈魂轉動身體，這是無疑的。

取最後因的證據，在盧梭看來，似乎比較取動力因更為有力。自然的舞台，特別是組織的東西使他極感興趣。他將每一個種類的特別目的，達到這些目的的方法，這種種類已定關係的秩序加以比較，並且「內心的證據」告訴他說，假使最高的智慧不能管理宇宙的秩序，所有這些種類的目的都不能存在。這種證據誠然像以前的證據一樣，引起人的反對，並且引起了無可回答的反對。但是盧梭毫無所怕，並且他有比論證更好的東西來反對他們。他對他的敵人說，假使你們不能使我信服，如何能使我沉默不言；你們如何能把我反對你們的情感消除？冷酷的理智不能反對我的熱烈的信仰。因此我相信世界是被一個聰明與有力的意志所管理；我看見這個意志，並且我感覺到這個意志，這是我知道唯一的重要東西。不要問我宇宙是否爲永久的或創造的，或者問什麼是上帝的玄學性質。在我只有一個堅固不搖的信仰；卽上帝是存在，上帝轉動宇宙，上帝佈置了一切東西，所以他是智慧的，有權力的與善的。讓哲學家再向前去研究；我的心與理性卽以此爲滿足了。

所以罪惡的問題，服爾德視爲極可怕，但盧梭對於這個問題毫不憂慮。在他的李斯奔地震的詩歌中，盧梭有一封長信對服爾德說，他是毅然爲樂觀主義辯護。假使我們承認有一個有力的，聰明的與善的上帝，並且承認世界是他的工作，我們如何能說這個工作是壞的，這豈不是自己矛盾？上帝的計劃也許是不可知，但是這些計劃一定需要像他自己一樣的完全。假使我們一研究各種不同的罪惡，就知道德的罪惡一定是我們自己的工作，而身體的罪惡也只是我們的缺點所致，這種缺點會給我們以痛苦。『啊，人！再不要去尋找罪惡的創造者；這就是你自己，』盧梭會如此叫着。自然沒有在李斯奔造了四層樓的洋房，當地震的時候倒下來壓斃了在屋內居住的人。自然是要人住在曠野中而人造了城市，好像深的鴻溝使人類彼此相隔。此處又爲哲學家的論證，是無力來反對內心情感的力量。這種內心情感是上帝的善與上帝存在的有力證據。在這種超乎我們人類了解以上的事物中，一種我不能排斥的反對就能消滅一切的學說嗎？這種學說結構精密，關係複雜，經過小心的思想形成的，極適合於我的理性，我的心，與我的整個人格，並且我的內心的同意更能與以力量。

一個相同的內心同意使我們承認我們是自由，不需要別種證據。自由實在是人類重要的特點。與其說人與別種動物的特別區別是因為人的理性，還不如說是因為人的自由。但是自人的自由可以推知靈魂一定是不朽；因為假使我們是自由，靈魂一定是非物質的，特別是與管理物質的必然定律無關係。『靈魂的精神特別是表現在自由的意識中；因為物理學對於感覺與觀念的形成供給一種解釋；但是在意志的權力中或者說在選擇的權力中，與在這種權力的意識中，只有純粹的精神活動，在這裏面機械的定律不能解釋什麼東西。』並且在另一種生活中的信仰，與在一個善與正義的上帝中的信仰是分不開的。凶惡的戰勝與正義的壓迫就是靈魂為非物質的證據，不必再另找證據了。只要有這種證據，就不能使我懷疑靈魂是物質的。物理的世界使我默想一個驚奇的秩序，這使我不能不相信創造者的智慧；我能相信道德的秩序是比較少些完全，或者甚至於不存在嗎？這種秩序使每人都受他們所應得的賞罰。所以我們在死後仍當有生活。靈魂與身體的連結是一種強迫的條件；當他們不聯合的時候，他們就復返他們自然的狀態。

由玄學到宗教過渡的歷程是不能知道。實際上牠們是相應的，並且薩維亞牧師(Vicaire Savoyard)也未將彼此分開。盧梭的宗教是根據於雙重的自然默示。上帝表現他自己於人有兩方面：一方面是藉他的工作表現於宇宙中，另一方面是表現於人心的內部。基督教認這種自然宗教為無神論或非宗教，實在是錯誤；因為自然的默示很足以使我們成一個宗教，再不必需要任何別的。假使我依從上帝給我心靈中的光明，依從他鼓動我心中的情感來服役上帝，我如何還能有罪？這不是在幾個歧途的自由上，我們必須去尋找上帝的公律；而是在人的心內，這裏面是上帝的手特允許寫的。

所以如盧梭稱他自己爲一個誠懇的基督教徒，要有一個條件，即允許他構造他自己的信條。他是一個基督教徒，但他不是教士的信徒，而是基督的信徒。聖經的尊嚴使他恐懼，福音的神聖使他內心感動。但是有相同的福音充滿了不可相信的東西與理性相衝突，爲每一個明達者不可了解與不可承認。盧梭所以不能相信他們。我們被強迫『服從理智』是無用的。欺騙我們的人也可以同樣的說。我們必須有理由來『服從我們理智。』並且福音是最高貴的書，但是世界上仍有四分之三的人不知道；我能相信一個西徐亞人或一個非洲人對於我們共同的上帝，比較你或我少些親愛嗎？唯一的默示是普遍於人人的。當盧梭說一切宗教都是善的，只要上帝受很合宜的服從，只要崇拜是出於本心的時候，他不能不受天主教的主教與新教的牧師所放逐了。

但是盧梭自然的宗教與服爾德及他的其他朋友之自然的宗教均不同。雖然盧梭的自然宗教是由歷史的宗教分出的一支，但是他們是很相同，並且盧梭對於歷史的宗教給與人類生活的影響亦很能領略。那些宗教的創始者，他們說他們是爲上帝派遣來的，盧梭並不攻擊他們。他對於教士的假裝道德與奸計亦從沒有辱罵過，他對於基督教的教義沒有嘲笑過，對於聖經也沒有辱罵過。他只說超自然的默示在他是不必需，因爲他看見對於這種默示的反對，所以他仍然在『尊敬的懷疑』中。

但是盧梭的自然宗教究竟與服爾德的有一個很重要的區別，這個區別即是服氏的自然宗教仍然有一個純粹哲學的信仰。服氏承認上帝的存在，因爲否認上帝存在比較承認上帝的存在更爲困難，特別因爲一個報應與復仇的上帝是必需的。盧梭同意於此；但是在他以爲宗教仍當與此稍有不同；這是意識中的生活要素，也就是意識的唯一基礎。『沒有信仰，絕沒實在的道德能存在。』這句話百科全書派中沒有一個人能寫出或能懂得。『哲學家』的冷酷自然宗教，即一種無信仰的宗教，對於信仰的靈魂只是一種褻瀆。盧梭的自然宗教，雖然與服爾德的一樣不能成爲正宗的宗教，但是能有一種力量感動許多虔敬的靈魂。哲學家所說的宗教是很冷淡的，對於人的行爲是無關，最多是因爲別人的原因不能不要這種宗教。盧梭所說的宗教很感人，與人的行爲不分開，並且人愛這種宗教，無這種宗教就不能生活。

五

因爲盧梭的宗教是與他的玄學不分，所以他的倫理學也與他的宗教極有關係。他這種倫理學完全根據於『內心的默示，』即所謂良心告示我們所應當做的。假使在這種良心與我們理智間起了一種衝突，那我們毫不疑惑，應當服從良心。無論是誰，要說依照這種良心光明去判斷是容易錯誤，那我絕不相信；我相信良心絕不會引我們入於歧途，並且牠是引導我們微弱了解的光明，當我們想超過我們所能知道的時候。理智常常欺騙我們，我們很有一個權利來控告牠的權威。但是良心絕不會欺騙我們，這是人的眞正的引導；良心對於靈魂正如本能對於身體一般。假使我們願意常常靜聽良心，那就很能夠引導我們入於天眞。

這種光明能『使來在世界上的一切人都變成光明。』舉起你的眼睛去看每一個國家，研究每一個歷史，在許多奇怪的與非人的崇拜儀式中，與這種習俗與性質的大變化中，在每一個地方你都可以尋到公道與誠實的相同觀念，道德的相同觀念，善與惡的相同觀念。所以在靈魂的深處一定有一個公道與道德的天賦原則，依此原則，我們判斷我們自己與別人的動作是好或是壞。

我們行爲的一切道德都在我們自己的判斷中。依哲學家說，我們行爲的社會功用就是道德的標準。依服爾德說，社會的道德就是唯一的道德，而盧梭視道德爲完全內心的，與我們行爲的物質內容毫無關係。由此他可以區別他的行爲，有些行爲他自己判斷是錯誤的與卑賤的，而他的心是永遠不會有錯誤的。他努力使道德屬於良心最高的範圍以內，在宇宙中沒有任何東西能與之爲敵。近代文明一個最嚴重的錯誤就是誤解了道德的特別性質，使之附屬於知識。他說：『在我敵人的論證中人可以看出這種對於知識的驚奇，還有另一種能力（良心），雖然極能使靈魂高尚，但是他們把牠不當作什麽。』康德在很著名的一段中說到盧梭的這種抗議使他自夢中驚醒。他當時像他的時候一切人一樣，仍以爲人的區別是因爲智識文化的程度。盧梭才告訴他一個較好的意見。人之有價值只是因爲他內部的良心，最好的人，即是最值得爲人崇拜的人，他一定最知道如何服從這內部的良心。

但是康德承認在人中有一個惡的自然原則，他稱此爲『原始的罪惡，』此極像基督教所說的生來的罪惡。而盧梭正相反，他預先假定人原來是善的。依盧梭說這是一個不可辯駁的公理，並且是一切道德的基本原則。但是我們必須了解這是什麼意義。盧梭並不是說人生來對於仁慈的行爲有一個自然的傾向，與不歡喜與此相反的傾向。假使如此主張，不啻與他的哲學的普遍原則相反；根據於天賦的仁慈與同情的道德學說會流行於英國，是假定人生來是一個社會的動物，而盧梭以爲人趨向於孤獨生活的；根據於仁慈的道德學說是用社會的價值爲標準來測量行爲的道德價值，而盧梭將這種標準完全放在意志上面。

所以當盧梭說人天然是好的時候，這句話按照人在自然的狀態中與人在社會的狀態中有兩種不同的意義。在自然的狀態中人的唯一的情感是愛他自己；這對於個人的保護是有用，但是對於善與惡是沒有什麼關係。假使人絕不由這種情形生出來，那人除了對於保護他的種類有需要的以外，不與任何人發生關係；他是一個孤獨的生活，一切都是爲他自己；所以他是天眞無罪。所以在人的心中沒有生來的邪惡，也沒有一點罪過。所以在自然狀態中人不是惡的。

但是在社會狀態中，人的理性與語言已發展，人變成道德的與不道德的。爲人內心指導的道德良心如何能由這種『非罪惡』的狀態（這是自然人的特點）中發生出來？盧梭解決這個困難，說在自然狀態中的人唯一的情感——愛自己不是一個簡單的情感。這種情感是雙重的，像人自己一樣由身體與靈魂合組成的。欲使身體有益，這是愛自己，換言之，爲感覺的慾望；欲使靈魂有益，這是愛秩序。後者是發展的並爲自動的，故給以良心的名稱。在自然狀態的人中（即謂孤獨的，）這種愛秩序仍然是無目的的，只是在種子中將來植物的萌芽。良心之發展與變爲自動的，只看人達到的知識是如何。一個人從來沒有比較過事物，或也不知道他的關係，這種愛秩序的情感就不存在。但是當人開始與他的同伴的人相遇的時候，他們開始知道秩序的觀念，適合與公道；於是良心就活動。因爲人利益衝突是少，互相幫助是多，所以人是好的。這就是盧梭重視野蠻人的理由。在自然狀況中的人對於道德的良心還是在睡夢中，在野蠻人中已醒了，不過他們還沒有文明人的腐敗。但是社會當發展時，使彼此相反利益衝突的原因益爲增多，自然的善——即愛秩序——被這種不近情理的自負置之旁邊。

因此可知依盧梭說，人的原來的善與秩序及公道之理性的默示是相等的。所以這是與上帝的默示極相連，因爲上帝是秩序的原則。人能有道德正如人能有宗教。社會與人的交際使道德的良心益放光明，但是不能產生這種良心。秩序與公道的觀念不能來自社會生活的發展，除非這種觀念能管理社會的組織，社會是不能被尊敬的。政治的原則將自然跟隨着道德的原則。

在自然狀態中，每一個個人在他自己是一個完全的與單獨的整體。社會的狀態使他成爲一個大整體的一部分，由此他將接收生命與存在。人變成一個『片斷的單一』，他的價值存在於對於全體的關係中，這就是社會的體。一個『部分的與道德的』存在是繼續着『物理的與獨立的』存在而來。這種物理的與獨立的存在，是我們自然中得來。所以好的社會制度是能改變人的性質，換言之，即能使社會成爲實在的自我，所以每個人不相信他自己是一個單一，而相信他自己是全體的一部分。

我們近代的社會離這個理想還很遠。每一個人都是追求他自己的私人利益，犧牲別人的利益，他們熱心公益，只是爲確定他們的個人利益。沒有愛國心就沒有公民。但是世界上的事往往不如此。當我們讀古代的歷史，我們似乎到了另一個宇宙。羅馬人與希臘人的強健靈魂未免是歷史家的過大之言。然而他們實在是存在，並且他們也是像我們自己一樣的人。但是我們今日的人爲什麼不能像他們?這是因爲我們的偏見，我們卑鄙的哲學，與我們自私的情感。特別是近代的社會沒有『立法者。』傳統的意見代替了理性，權力代替了公道。

讓我們抛開歷史的研究，再來考慮社會的本質。社會是根據人人同意的契約，唯一的目的是藉組織來使人與人之間的關係法律化。這不是毀滅自然的平等，是以道德與法律的平等來代替由自然而來之物理的不平等。所以人在體力與天才上雖有不平等，而在契約與權利上他們變爲平等。爲實行這種契約，必須有一個結合的形式，藉全體一致的力量來保護每一個結合者的人與財產，在這個結合中每人與別人連結，但是除自己外不服從任何人，他仍然像他未加入這種結合以前一樣的自由。這個契約的條款只有一句話，即是每一個分子對於全羣當放棄其一切權利。所謂放棄，這兒並不是說受人壓迫。並且相反，這種契約是個人的自衞。這是『用自然的獨立來換自由。』

所以社會是爲一種自由意志的動作所構成，也爲這種動作所維持。契約是否合法，只看這種契約是否爲支持這種契約者所允許。人人自由，人人平等，就是說在基礎的契約內人人有相等的一分。假使我們由社會到國家，必須遵從此種原則，即最高的主權是人民全體。因爲政治權力的來源是在相同的普遍與自由意志中，此種意志即爲文明社會之基礎。

此處有兩個相反的傾向影響於盧梭的思想。一個是受古代人的刺激，即使公民附屬於城市，這個城市的幸福是最高的目的。這在盧梭極力稱贊波盧塔克（Plutarch）的英雄與拉栖第夢（Lacedæmon）的法律中可以看出。另一個傾向是基督教的來源，在人類中承認一個絕對的價值，要用康德的話就是說，應當把人看作目的，不應當把人看作手段。盧梭在他法律的思想中就是調和這兩種傾向。法律是人類制度中最高的。法律是因為要是人自由所以使人結合的。法律根據了權利的基礎再建立人的自然平等。法律是最高主權意志的表現——即是人民意志的表現。假使事實上只是一部分人民做成的法律，另一部分的人被強迫服從這種法律，那這一部分的人就不能自由而社會契約亦將因此被侵犯。假使最高的主權依個人的目的給與命令，這只是命令而不是法律；這不是主權者的動作，只是執行者的動作。只有當被決定之事實為普遍的，像為意志所決定的，才是道德的動作。人民用法律來施行其主權，這種主權是絕對的，不可讓與的，神聖的，並且常常是正義的，因為公意是社會契約本身的表現，這種契約是根據於人與公道間的溝通。

所以在一個國家中的完全要有一個使法律超乎人以上的政府形式，這就是古代立法者所求的。假使人民只服從一個家族或是一個君主，那就不能成其為人民了。這時候只有一個主人，沒有一個立法的主權。在另一方面，不論政府的形式如何，人民是自由的，只要管理是不被視為一個人而被視為法律的工具。總之，無法律沒有自由，或者說沒有任何人是在法律以上。

此處我們不能詳細討論盧梭政治的意見，或者發現他為日內瓦制度所影響的程度究竟有多少，只要知道他在政治學中所用的方法與在哲學中所用的是相同的就夠了。他想把後天學得的都除去，因為要決定什麼是

「來自自然。」所以他將由歷史而來之任何制度與典章都置之旁邊。他假定人是來自「自然的狀態」與他的同伴生活着，他問他自己說在他們之間所同意的有一種什麼契約能稱爲正當的。他說這種契約歸縮到最後就是所謂社會契約（或譯民約，）這種契約係根據於「公意，」法律就是牠的表現。只有服從法律，人可以享受社會狀態的一切利益，不會失去平等與自由。所以公道應被尊敬。在這樣一個狀態中，人人遵守法律，他們自己意志的表現，既無主人，亦無奴隸，無強無弱，所有的公民在法律前皆爲平等，彼此以道德爲先，人人努力於公共事務。

假使我們未能達到這種理想，這種過失是因爲我們的習俗，制度與偏見，特別是因爲機會的不平等。富人在社會組織中所獲得的利益較貧人多得多，並且富人常常誤用這種利益。他們的罪惡就是他們的不公平與卑鄙狀態的懲罰，因此社會的秩序愈變愈腐敗，人亦爲奢侈所染，或爲貧窮所困。並與在良好組織的社會中的人不同。

六

我們繞了一個長圈子以後，現在再回到開始時所說的問題。知道人永久離開的自然狀態是什麼，知道他的現在的社會狀態是什麼，與這種社會狀態應當是什麼，換言之，人應當受什麼教育？人應當教些什麼，與怎樣教他？

在原則上教育應當是民族的與公共的。在這個原則裏面包含有「斯巴達超人的偉大。」此處所開的道路爲近代人所不知道，古代曾因此使人具有果敢與愛國的熱誠，在我們自己中好像是空前的例子，但是此在人人心中均有萌芽。訓練公民不是一日的工作，就可以成功，要使人成爲好的公民，必須自兒童時卽教授他，並且要自小的時候養成這種習慣，即把自己視爲國家的一分子，換言之，即將自己的存在視爲國家的一部分。這個目的達到與否，只看公共的教育能否指導達到這個目的。所以公共教育是人民的與對的政府之基本公理。

但是十八世紀的國家與斯巴達極不相同，我們的野心不是在訓練公民，我們將轉而討論公共制裁的問題。我們必須限制我們的工作，這雖然是很難，來阻止社會的人完全變爲人爲的『與自然相合，』這是盧梭教育學的格言。依據這個原則，他忠告一切的母親要自己哺乳兒童；依據這個原則，他不願教導他的學生以宗教，一直等到他的學生能了解良心與宇宙的兩重默示。好的教師是能使淸楚動人的經驗在兒童心靈上產生永久的印像。他藉自然來漸漸教導兒童的感覺理解與良心；他有時鼓勵自然，但是他絕不預先說出自然。因此兒童可以逃去由習慣的教育方法灌入兒童心靈中許多偏見，這種偏見到後來很難鏟除。

所以愛米爾（Emile）不是爲人做成的一個人，而是爲自然做成的一個人。這不是要使他成爲一個野蠻人，也不是限制他在樹林的深處；雖然他不免捲入社會的漩渦，但是我們只希望他不被人的感情或意見所引去，他應當用他自己的眼來看他們，用他自己的心來覺到他們，除了他自己的理性以外，不爲任何權威所管理。『萬事由己，』這除由兒童時候養成，別的時候就困難極點，甚至於不可能。人一生下地就被包在纏身的布中；到了死的時候，他也被裹在布中；他的一生都被囚在法律，風俗，習慣與強迫職業的桎梏中。盧梭受社會的壓迫與僞善的痛苦最深，沒有人再比他厲害。反對牠們的呼聲也沒有人再比他叫的更厲害。

這是不是說他夢想要使人復返到初民的狀態？當然不是的，因爲『生活在自然狀態中的自然人與生活在社會狀態中的自然人，」其間有很大的區別。後者必使他自己適應於他的環境。所以他必須受一個系統的教育，必須教授他一切的技能。因爲與人接觸，他必須學習如何與人相處，但不要像他們。我們的種族還沒有完成了一半。在現在的狀態中，一個人要將他自己離開別人是很難做到。所以在一個很有軌道的共和國中，國家之存在不僅是因爲各盡所能，並且還要有這種能使各人成爲一個自由人與好的公民的教育。

七

在十八世紀沒有一個哲學家，廣言之，沒有一個著作家影響之大能與盧梭相比。他的影響之遠大，直到我們今日仍能深深地感覺到，但是因此常常使他不能好好地被人研究與公平地來判斷。他他有熱烈的崇拜者，也有強烈的反對者，兩方面有時所說的都離實在太遠。因此至今仍有許多人相信當法國大革命時有許多過於激烈的舉動要盧梭負責任，並且說在革命後幾個大恐怖完全爲他的學說所鼓動。但是在這種事體中盧梭的責任與十八世紀別的哲學家是一樣，因不比他們小，也不比他們大，並且他被人視爲宗教的反動，如孔德 (Comte) 所知道的。這種錯誤是由於這種事實，卽別的法國哲學家因爲策略的關係，對於暫時的權力往往加尊敬，而盧梭因爲是一個日內瓦的公民，所以極誇大他的民主的情感。但是他不是有一種革命的精神，並且相反，他很贊成政治的平和的政策，就是將頻滅亡的波蘭人，盧梭都勸告他們不要冒然推翻國家的憲章。他並且對於法國人曾預言過，假使他們要想改變他們久經生活的制度，必定會有最大的不幸。雖然機會的不平等是很不應當，雖然財產的魔鬼到處擾亂人，然而盧梭仍沒有主張根本推翻已存的權利；不過在將來他只看出反對增加這種社會不平等的方法。

雖如此說，但是我們仍不能不承認盧梭的哲學有很大的結果。自然與人爲的對立是盧梭哲學的主要觀念，很易領導心靈愛論理與公道，假使應用到人類生活的各方面。這種對立不是爲盧梭所發現的；許多道德學家早已知道這種對立；特別是在十八世紀的開始，『好的野蠻人』與『自然』已極流行了。盧梭的成績是在使這種對立成爲完全道德的與社會的學說，在這裏面區別出什麼是與什麼應當是，說自然是好的，罪惡來自人的結合。所以假使罪惡是社會的來源，這種補救於我們，因此很能『用我們的眼睛看，用我們的心感覺，用我們的理智判斷；』使我們脫離傳統的先見與偏見。所以我們應當爲人計畫，不要妄想復返於自然的狀態，是要按照秩序與公道來改進社會的組織。

現在社會狀態的基本原則所以應當加以研究。個人財產的法律化，機會的不平等，人民的主權，個人與國家的權利義務，教會與政治權力的關係，這都是爲盧梭所提出的問題。不過他所想的解決未免過於簡單與容易，比較牠們實際的情形。他想藉國家的名稱建立一種宗教，這就很常被人誤解。但是使他問這些問題的思想無論如何是公平的，他的許多觀念是具有創造性。他雖與『哲學家』有關係，實際上他沒有跟着他們跑。但是許多別人，無論是友人或是仇敵卻跟着他跑！

第九章　康的亞克 (Condillac)

一

德國人常用一句很重要的話來形容服爾德，盧梭，與百科全書派的哲學家。他們稱他們爲通俗化的哲學家。他們覺得這班人極願意把他們的學說擴張到民衆中間，難道在他們當中沒有一個人具有純粹思想的興趣嗎？或者嚴格地說，沒有一個把哲學的觀念聯合成系統的思想家嗎？這些觀念流行在十八世紀的後半期。

康的亞克就是這樣的一個思想家；他曾被稱爲『哲學家的哲學家。』他被許多哲學家所稱讚，他有時也做過百科全書的編輯。他在意大利住的很久，因爲做帕馬（Parma）公爵兒子的導師，後來他回到法國，一個人靜靜地住在鄉下，與文學及哲學的爭論都不發生關係。除了他第一次到法蘭西學院演講的時候以外，他從沒有到過。但是他私人對於當時著名的人無不認識，並且他的繼續不斷的出版著作使大衆也不能忘記他。他的著作很多，自他的人類知識來源論（l'Origine des Connaissances Humaines 一七四六）起，他後來發展的觀念在此書中已具有端倪，直到他的 Langue des Calculs 爲止（此書是在他死後出版的，）眞是多不可勝數。他不僅討論到哲學本身的各方面，並且討論到教育學文法，歷史，政治經濟與社會科學；不過他的一切著作中最有創造的是他的知識論。

康的亞克提議研究人的心靈，不當像一個玄學家來研究牠，應當像一個心理學家或論理學家來研究牠；不是要發牠（心靈）的性質，而是要了解牠的活動。他想觀察這些活動結合的方法，與我們如何能支配牠們使可以獲得我們所能接受的知識。所以他要尋找我們觀念的來源，發現牠們的誕生，找出牠們爲自然所定的限制，因此來『決定我們知識的範圍與界限，革新人類完全的理解。』

康的亞克的主要觀念是來自洛克，但是不僅來自洛克。雖然他是反對天賦觀念與笛卡兒的玄學，但是他仍然具有笛卡兒的精神。洛克最主要的是研究人類心靈的內容；康的亞克是努力構造一個系統。他是要找『一個不可破的原則，能夠解釋其他的一切。』誠然，他是在感覺最初的今有中去找這個原則，而笛卡兒是在思想的直覺中去找；但是在他們學說的對立中，仍有相同者在，卽是他們方法的概念。

康的亞克絕沒有隱藏他對於洛克的感激，但是他對於洛克哲學的估價常有變化。在他最初的著作中，他似乎很忠實地跟着洛克走，像洛克一樣他也承認我們的觀念有兩種來源：感覺與思考。後來，他的思想愈獨立，他愈承認感覺爲我們的觀念唯一來源。他認爲洛克的錯誤是在分析仍未能詳盡。我們應當如何感覺，看見與聽到，洛克似乎未能明白。有些靈魂的機能，洛克以爲是天賦的性質，而在康氏以爲均可以發生於感覺中。他以爲我們自然能藉一種本能來用我們的感覺與感覺相混的許多斷判，他都沒有看見。總之，康的亞克藉經驗論的名稱來批評洛克的經驗論。將完全的知識歸縮到感覺的知識，這還不夠；我們必須找出感覺的知識是如何產生的，使之分解成各種原素並表示這些要素如何能解釋人類靈魂中的一切活動的各種形式。

讓我們以感覺爲開始點，使感覺與一切判斷均分離，再加以分析。康的亞克或者至少如此想。此僅包含於意識的變化中，或強或弱，或樂或苦；但是這告訴我們在我們自己可以說沒有任何東西存在。這對於我們一切的感覺均如是。例如觸覺所有的特點，是告訴我們與我們自己有區別的事物觀念。觸覺同時是感情與觀念；所謂感情是說與變化的靈魂有關係，所謂觀念是說與外界的事物有關係。習慣上描寫觸覺對於外物的關係，我們多半墮入於別種感覺內。所以我們的感覺是客觀的；牠們並不自我的改變，而是在我們周圍之物體的性質。牠們變成觀念。

現在再讓我們假定一種感覺壓迫我們的意識比較其餘的感覺更爲明顯有力，並且能使其餘的一切的感覺暗然無光，至少是暫時的；這種獨占的感覺我們將稱之爲注意。但是注意爲在心靈中再發現之過去的感覺所指揮，正如爲現在的感覺所指揮是相同。所以記憶不是別的只是再現的感覺。所以我們的注意有兩重：一爲記憶所影響的，一爲現在感覺所影響的。因爲有兩重的注意所以結果有比較；因爲注意兩個觀念與比較牠們是一件相同的事。在觀念中我們要不能看出異或同，我們就不能比較牠們。知道這種關係就是判斷。所以感覺經過變化依次變爲注意，記憶，比較與判斷。達到這點我們已經解釋了人的完全了解性，事實上這只是靈魂活動的結合或聚集。

由此可知我們一切的觀念與我們了解的機能都是由感覺而來。假使我們自快樂或痛苦的性質來研究牠們，我們就可以知道平常所謂屬於意志的一切活動的產生。康的亞克設立一個原則說沒有中立的感覺，或者是痛苦，或者是快樂或者使我們想繼續下去，或者是使我們想逃出去。假使我們的感覺不具有這種性質，我們智識的活動將不能引起——注意與記憶以及了解均將不能發展。但是自然使我們覺得影響我們之感覺的相對性質。我們要不先比較我們現在的情形與已往的情形，我們如何能知道不舒服，或者比較以前少些舒服。這種比較往往使我們發生不安，除此以外，立即有一種我們以爲是屬於快樂的事物觀念，我們能力的活動即在這種事物的方向被決定。這就是我們所謂慾望。但是由慾望當中生出情感：愛，憎，希望，恐懼，志願，所有這些也都只是變化的感覺。

爲解釋他的學說，康的亞克在他的感覺論（Traité des Sensation）中求助於一個著名的假定——『斯達度』（Statue），在內部形成像我們自己一樣，在這裏面他依次喚醒感覺，開始於嗅覺而終於觸覺。其次我們看見靈魂的能力由感覺不斷的變化中一個一個地出來。在狄德羅與蒲封（Buffon）中已可以找着這相同的假定，這很足以證明這些是適合於當時人的口味，並且與他們心靈發展的觀念相合。今日適相反，我們已爲這種假定的虛僞的性質所驚異。在這裏面我們可以看出這種事實，即這種知識論在一種純粹抽象的方法中去進行。

就這種概括的敍述就來詬駡他的學說未免太不公平。康的亞克與許多在他那時候別的法國哲學家相同，在他們心靈中顯然有相同處。他提出的解決未免過於鹵莽與急促；不過他所有的問題與指明出來爲這些問題解決的普通方法是極有興趣。在他的變化的學說中，康的亞克用開始『最初的事實』去解釋人類心靈的演化。

像蒲封解釋我們太陽系的發生，廬梭後來解釋社會的發生，所以康的亞克努力回溯人類心靈能力的發生。因此他注意了許多有趣的心理事實。他表示出觀念聯合的活動，此引起我們注意意念此實在爲習得的與複雜的正如是自然的與簡單的。他看出觀念的聯合是習慣的特別情形。因此依康的亞克的意思，哲學家的工作是用分析的方法來分解各原素，此種原素在習慣接合極爲密切，幾使我們難於找出。

思想與記憶不再分離或分解，所以分析就不能停止。誠然，我們有一種傾向去信仰我們知識的一部分是與生俱來的。但是這是因爲有許多事我們雖已學習，不過不能知道；因爲自覺地知道學習，我們必須已經知道些東西。我們如何能記憶學習看，聽或觸？然而我們已經學習這些事，這是已無疑義了。結果我們不能不以爲這是天生的，因爲過久了我們已忘記是如何學習的。其餘的一切都是由經驗來的。例如有些能力是很完全（如遠近的判斷）所以這也是學習的。在開始已超過了我們的記憶，後來漸漸進步。因此康的亞克將巴斯噶一句著名的話應用到心理學中：『自然的本身是第一習慣，正如習慣是第二天性。』

自這些原則自然發生了本能的學說。在人人中我們可以分別兩個『自我』：『習慣的自我與思想的自我。『思想的自我』是牠自己的主人，當實行這些活動的時候自己覺得到他們。這個自我想知道或者達到在觀察中的事物。『習慣的自我』活動於思想中，沒有意識的干涉。這個自我觸着外面東西，看見外面東西，並指揮着動物的能力；引導並保護身體。假使我們在成人中壓制『思想的自我』，『習慣的自我』仍能絕對爲保護身體的必需。本能是減去思想的習慣。康的亞克立即又說，動物獲得此本能。牠們每天動着相同的動作，牠們的習慣是機械的。

本能不是天生的與遺傳的嗎？康的亞克說不是的，因爲本能有改進的可能，凡是能改進的就是獲得的。所有這些結果自康的亞克推知是很合於論理的。所以他有權利回答那些責備他的人說：『蒲封假定他理想的人在開始就獲得習慣，這種他應當是學得的。』視習得的習慣爲我們性質中固有的，這是康的亞克最得意的公理。我們都知道這在現代卻極爲流行。這是心理學主要的原則之一，當連合的哲學在英國與法國受人歡迎的時候。

在我們習慣之上的思想構成我們的理性。但是語言爲理性的發展是必需的。假使我們的思想只限於個體的與具體的事物之表現，不能形成抽象的與普遍的觀念，那永久仍然是在一個初步的狀態中。現在這些觀念是許多種類的名稱。例如動物的觀念是指人，獅子，馬，與動物全體的總名稱。我們確定這種觀念只是藉語言的幫助來表示牠。因此可知語言對於我們實在是必不可少。但是語言沒有抽象的觀念。假使我們沒有抽象的觀念，我們將也沒有種或類，我們不能推理任何東西。說話，推理，形成普遍或抽象的觀念最後只是一件事。

所以傳達思想不是語言的唯一的作用。只要人能思想，他就是不將思想表現出來，他也是說話。這就被稱爲『內部的語言』。依康的亞克說，語言的『第一利益』是藉許多符號將思想分成原素。無論什麽時候只要我推理，構成這種推理的一切觀念就立卽現到我的心中。假使判斷的連續不能爲我的心靈所捉住，我就不能推理或者使推理接近。所以這不是說我推理與判斷，這些心靈的活動是必須在討論以前。但是討論是一個實在的分析，這種分析分解這些複雜的活動與分開牠們不斷的階段。這種討論引導這一個思想達到另一個思想，引導這一

康的亞克(1715–1780)

個發現達到另一個發現。凡不肯分析他自己思想的人，思想的能力一定更受限制，並不能觀察他所思想的。凡是肯分析自己思想的人一定能達到思想的能力並且能觀察最微小的詳情。

所以『推理的藝術等於說話的藝術。』在這種意義中，很好構造的語言與很好構造的科學是有關係的。我們一切的錯誤都是由誤用語言而來。假使我們視抽象為實體，即假使我們誤將性質的聚集視為實際存在東西，這不是錯用了語言嗎？在我們決定文字的意義以前，甚至於沒有覺得決定意義的需要，我們如何常常應用文字！這種語言的混雜所以含有思想的混雜。錯誤生錯誤，語言使牠自己很容易達到錯誤的系統比較達到眞實的分析。

要想免除錯誤，只有恢復思想的能力，忘記我們所學習的一切，回返到我們觀念的來源，按照牠們的發展跟着牠們，又如培根說交代與人類的了解。『返到自然去，』這是康的亞克的格言，正如這也是盧梭的格言一樣。錯誤是我們自己的行為。我們思想錯了與說錯了，所以我們是大錯；但是我們只責備我們自己。下一代的精神是模仿前一代，錯誤的系統與語言一同傳下去，因為語言是錯誤系統的樞紐。這是不良教育的影響，教育之不良是因為與自然相反。『自然開始一切東西，並且常常是對的；這種眞理不能常常被重述。』

我們要以為語言假使是哲學的工作，一定會更完全，這實在是一個很嚴重的錯誤。科學的語言（代數除外）並不比較別種語言更有益處。依康的亞克說，最早的粗鄙語言最適合於推理。在這些語言中一定能看出觀念的發展與靈魂的能力，在這些語言中仍然可以知道每一個字最初的通用意義，與補助其他一切語言的比喻。牠們是明顯的事物，在這裏面人可以看到思想的進步與組織。牠們構成的句法是結晶的論理，科學的心靈自動在語言構造中表現牠自己。『健全的玄學是開始於語言之前，並且牠們供給玄學以最好的性質。但是這種玄學並不能像本能一樣成爲一種科學。引導人的是自然，玄學變成一種科學只有在牠已非健全的以後。』

所以依康的亞克說，有一種自然的方法是語言與科學的靈魂。假使順此方法可以領導我們達於眞理，毫無錯誤。這個方法他稱爲『分析。』在他的第一本著作中，他自己很滿意說分析僅包括在我們觀念的離合中，使成爲不同的比較，並且能發現牠們相互的關係與新觀念。這種分析是『發現的祕密，』因爲牠使我們復返於原來的事物。他又說：『分析是追溯我們觀念的根源與研究牠們的發展。』

由這些解釋，我們可以知道在康的亞克的思想中，分析不是與綜合對立，像分解與組合的對立一樣。這種分析包括兩種歷程；沒有推理不是分解與組合相連，這兩種活動是分不開的。然而分析與綜合的區別是潛存於康的亞克中，不過有一種特別的義意。所謂分析在他的意見是開始於簡單的，最初的與特殊的，藉觀察與經驗的幫助去進行，並再產生事物的『發展。』所謂綜合是開始於普遍的與抽象的原則，目的在演繹出特殊的與具體的，這是一個有野心的與容易錯誤的方法，常常引導玄學家入於錯誤。

假使我們心靈對於事物的集合，或者事物的一切性質，以及在事物之間的關係在一瞬間能明瞭的很清楚，那我們也無須分析。那我們的知識也可以開始卽爲直覺的與完全的。但是不然，我們最初所有的是集合的印像，要將這些印像變成知識，非先分析牠們不可。所以我們對於事物應當一一加以研究，自部分到全體，再比較牠們來判斷牠們相互的關係。當我們已經認識牠們關係的地位，我們依次觀察充滿間隔的一切。我們用最近的主要事物比較牠們，因此決定其地位。在這種方法中我們成就了一切的事物，我們發現牠們的形式與情形，在一瞬間看到牠們的一切。在我們心靈中的次序已非繼續的，已變成同時的。事物實際卽位置於這種次序中，我們能立卽很清楚地看見牠們；而這種分析的特別定義就是：『分析卽是在繼續的次序中觀察一個事物的一切性質，因為是要在心靈中將同時的次序歸給牠們，牠們卽存在於這種同時的次序中。』

但是有許多方法知道這種繼續的次序，使能觀察事物中的關係，兼為同時的與清楚的；能說這些關係的任何一種是分析的次序嗎？康的亞克說：『這種完全的困難在找出如何開始了解觀念在牠們彼此最重要的關係中。我承認唯一的結合就是與事物的發生相合。我們必須自第一個觀念開始，這個觀念產生其餘別的觀念。』分析的次序是發生的次序。假使我們知道許多事實，並且詳細研究過牠們，系統可以自己做成，事實聚集牠們自己在這種次序中，卽一個一個依次地解釋。我們知道在每一個系統中有一個最初的事實，這就是系統的開始，因此卽可以稱之為原則，因為原則與開始雖是兩個字，實際上是一個意思。任何系統不能再產生進化的次序與事實的組織，任何系統根據的普遍與抽象原則要是含混不清，結果必是假的。科學的論理次序與在時間中所產生之現象的次序是相合的。總之，在這種分析的經驗概念中，心靈是附屬於事物。在事物次序是原有的，心靈的作用包含在回思這種次序，如所能的忠實，用培根的話，就是成一個完全的鏡子。

這種經驗論的錯誤，普通在數學與玄學中可以看見。關於數學，康的亞克免除這種困難是使每一個證明縮成相等命題的連續「這種命題的相等是很明顯，」當我們用代數的符號時更容易知道。玄學也不能使康的亞克爲難，固然他並無意要使這種玄學適合於他其餘的系統。他很武斷地由第一因之必然與最後因之存在證明上帝的存在。他也持鐘錶與造錶者的論證，此服爾德視爲最後的決定。不知道靈魂與身體的本質，康的亞克以爲他們是兩個不同的本體「身體可以視爲積的本體，靈魂可以視爲感的本體。」很可以視積與感爲兩個不相合的特質，並可以相信靈魂的本體與身體的本體是兩個極不相同的本體。洛克說：我們或者永遠不能知道上帝是否曾賦一堆物質以思想能力。他是錯了。因爲思想是一；一堆物質不是一，是多。所以靈魂的本體與物質的本體是不相同，我們不能知道身體如何影響於靈魂。所以我們必須承認感覺是我們知識的來源。自由的道路只得留給理想主義。

還沒有理由爲什麼我們應當問康的亞克對於精神玄學的誠懇；但是在他的系統中玄學的地位佔的很小，並且與他的系統也沒有什麼關係。這意思是說心理學開始是度一種獨立的生活，並且只想依據於觀察與實驗。洛克已啓其端倪，康的亞克再更進一步。誠然，他的解決離完全還是很遠。他所用的名辭因爲定義很不清楚，所以在我們今日的批評家對於他了解的「感覺，」「知覺，」與「自然，」仍不能有一致的解釋。無疑，當他想分析事實，想發現牠們的來源，想回溯牠們的發生，他往往藉在牠們當中很複雜的要素的幫助來解釋牠們。他對於經驗心理學有一個很精細的觀念，並且想研究在知識中的每一個感覺分析習慣與本能，解釋觀念聯合的作用，總之，是發現心理現象的發生。所有這些點近來仍被採取，不過方法更爲謹慎。但是最後問題已經起來了，並且極爲清楚與貼切，所以康的亞克對於法國思想的影響是不朽的。在我們今日學校中尋找這種影響淵源仍不是不可能。

第十章 康多塞（Condorcet）

一

到了十八世紀之末，科學很快的進步預兆到思想的普遍革命。不僅數學在十八世紀的初年獲得很大的進步，如物理學，化學，總之，如自然的或生物的科學也有很驚人的發展。不要說與卜拉德賚（Bradley），柏努利（Bernoulli），歐拉（Euler），哈勒（Haller），佛蘭克林（Franklin）相競爭的法國數學家，天文學家，物理學家與生理學家，就是自然的歷史也爲蒲封（Buffon）與擧謝（Jusieu）所復活，他們已將這種歷史的狹窄範圍擴張多了。自然史的大問題已放在公衆的面前了，他們已變成『哲學家』之有價值的幫助了。

蒲封特別是如此，他曾由他的大著作中討論過『地球的普通學說，表現出來之物體的形成，性質與分配，在地球表面或內部發現之大現象，人與管理人發展之公律的歷史，生與滅等等。』在這些問題中，蒲封以爲無疑是屬於自然史，此在以前是屬於神學。所以影響人心靈的變化是革命。神學限於其自己的領域以內；即使玄學除了在心理與道德的研究以外也不能接受，或者最多是上帝存在與靈魂性質之遺留的思想。處處都是科學的精神佔優勝。常常用實證的方法，數學的公式與分析，只要現象能允許；實驗的方法應用於發生的研究，與活物與死物的形成。分析，追求事物的本源，是這個時代的精神，這種精神在十八世紀上半世紀經過一番的奮鬥，到了下半世紀就變爲勝利了。

在康多塞一七八二年爲科學研究院所寫的論文中，我們可以看見這種大運動驚人的表現。康多塞實在是時代的眞正產兒，並且是一個莊嚴的產兒。他是服爾德熱心的崇拜者，堵哥（Turgot）與達蘭貝耳的朋友，受了康的亞克百科全書派與盧梭觀念的浸染。他是科學研究院的永久祕書，又因爲『哲學家』的幫助介紹入於法蘭西學院。他在大革命以前所有的著作後來集合成爲一本很重要的著作，即是人類精神進步史綱（Esquisse d' un Tableau des Progrès de L' Esprit Humain），熱烈護持他那時候的哲學。他並且相信在他的哲學的指導下人類可以達到幸福。他的信仰極爲堅定，當他被非法處死的時候，他最後仍高唱着藉理性與科學能達到進步的歌調。他是具有精確的心靈與驚人的知識，他對於他那時候的社會毛病知道極清楚，並且他也知道如何補救的方法。考察他的主要觀念，對於法國十八世紀的哲學我們可以有一個總括的清賬，大革命就是這種哲學最嚴重的試驗。

依康多塞說哲學的正當目的是人，其次是關於人的發展與幸福。這種概念的範圍可以是狹，可以是寬；在狹的範圍內排斥一切的研究，在這種研究中不能知道人的直接利益；在寬的範圍內適相反，我們開始於在宇宙中一切事物互相依賴的原則，所以結果人的科學不能與實在總數的研究分開。康多塞站在這兩個極端的中間。誠然，他對於玄學很少有與趣。雖然他不以爲洛克所規定之人類心靈的界限是不可變動，雖然他研究過簡單，不朽與靈魂的自由但是他顯然沒有離開過他同時人的觀點。『眞正的玄學』在他與在他同時人的意見一般，只是將理性應用到觀察的事實，對於我們的感覺觀念與情感加以思索。

但是在另一方面，他對於實證的科學沒有狹窄的功利觀念。他知道尋找直接的功用是毀滅科學。最有用的學說實際上是爲好奇心發現的，而沒有人能夢想他們怎樣會有一天不如此。眞理的鎖練是互相發生的，並且眞理只有藉新發現的方法之幫助才能發現。一種發現不是因爲需要才有，是因爲與別的已知眞理有相連的關係，並且因爲我們最後能有力跳過在發現與我們之間距離的空間。我們一定要小心，否則科學日趨於低下，我們將表現出無知，無知是人類之大害與一切不幸的原因。

由此看來，實證科學是供給攪擾人類之主要問題的解決。在現在的時候人是凶惡愁苦。但是他的罪惡與痛苦實在由無知而來，科學能除此無知。所以科學的眞正用處不包含在技術的應用，或者至少這是科學一小部分的應用。科學最重要的利益是破除偏見，與糾正我們人類的智慧。一切政治與道德的錯誤是由哲學的錯誤而來。沒有一個宗教的系統，或者一個超自然的過度信仰不是根據於自然律的無知。自然知識的進步是這種錯誤的致命傷，因爲這種進步能毀滅牠們。

因此我們受希臘的恩惠匪淺。雅典，米利都(Miletus)，敍拉古(Syracuse)，亞歷山大里亞(Alexandria)的哲學家能使近代的歐洲人超於一切別的人。薛西斯(Xerxes)假使在薩拉密斯(Salamis)得到勝利，我們現在恐怕還是野蠻人。這一個戰爭在歷史上是很少，在這個戰爭中因爲一天的幸運決定了幾千年來人類的命

蒲　　封(1707–1788)

運。幸而在紀元前五世紀所遇的危險未能來威嚇我們。野蠻在全地球上已不能存在了。印刷常能救人類於危險中。我們將不能再看見「災難」的時代如中世紀一樣。科學不僅使人解放，並且能保證人使反對任何無知與野蠻的侵襲。

二

現在我們到了康多塞哲學的中心觀念，卽是進步與完成的觀念。這種思想常常表現於他的著作中，並且非常急迫與熱心。每一個時代都有新的發現，與發現的新工具；並且卽如阿拉丁的燈（Aladin's lamp，譯者按此爲天方夜譚中故事）誰能有牠，就能變好，只要好好地用牠。所以科學的進步與人類的改良是相隨而來。在史綱的開始康多塞說：「我的目的是藉推理與事實的幫助表示沒有野蠻能使人類的能力增進；表示人類的進步是無限制，不能與地球的進步相合。」卽是我們身體的組織也將要完成。如講求衞生，房屋構造很適宜，對於動物構造有徹底的知識，人的生命一定可以延長。死是非常事態的結果，或者是生活力的消滅。

在康多塞完全發展中的觀念，其根基已植於十八世紀全世紀的哲學中。康多塞是自當時普遍承認的原則中抽出來的結論。當時多半說一切東西都是後天獲得的，一切東西都是來自經驗，說在初民與現在人中間有一個很大的距離，這個距離是爲人藉他自己權力的幫助所塡滿。這種權力既能引導人達於現在的地步，爲什麽不能引導他達於更遠的將來！由一個合理系統的教育有什麽不能被希望的？愛爾法修曾夢想過用這種方法能任意獲得『天才者。』康多塞希望能使一切人變成聰明與仁慈。當時一切的『哲學家』都說自然『開始是好的』，假使人後來壞了，這是人的過錯，不是自然的過錯。總之，這種哲學把在人中的天賦本能與遺傳均一掃乾淨。所以視一切東西均由教育與法律而來，並以爲有無限的進步，這是必然的結果。

誠然，關於人類歷史以前的生活我們的知識仍不足。我們現在只能猜想這種步驟，即人在孤立時由這種步驟所獲的初期進步，這種進步最後的條件是語言。這只是研究的智識與道德能力與體格的構造，我們可以由此猜想人是如何由這種文明的初步起來的。至少這種形成的假設不與事實衝突。並且依康多塞說人原來是好的。雖然人當求自己利益的時候對於善惡是很冷淡，然而人原來有惻隱與仁慈的情感，因此有使他對於他的同伴有公道與和善。這種情感常常在相同的方向活動，而自利計劃了各種不同的活動，所以這種善意的情感結果對於人的行爲有很大的影響，所以對於文明的進步也有關係。

那些許多壞人與愁苦的人是自什麼地方來的？康多塞固不否認這種事實，但也不把牠說得太過。人類已經比較動物的性質進步很多，這在原來幾乎沒有區別。假使無知與錯誤仍然發生許多罪惡，這是因爲毀滅根深蒂固的偏見極爲困難，人類在幼稚時代有這種偏見更多，並且也因爲有一個階級的人是專門維持這些偏見的，特別是教士。康多塞對於教士的咀罵像服爾德與達蘭貝耳相同。但是人類不是不能醫治。迷信與別的錯誤在科學光明前是要退避的。『爲鼓動人民眞正的興趣，科學是必需的，並且只要幾個簡單的眞理，就很足以置人類的幸福於堅固的基礎之上。』

三

康多塞雖熱望科學將來的進步，但他很難預告這種進步究包含於何種事物中，他也聰明不去求這個問題。他自己只以指出牠們演進的普通次序爲滿足，依照此次序比較簡單的事實先被研究而後科學的進步才被確定。所以他說天文學是最初被創造的，最後創造的是生理學。在生理學以外，對於社會學他似乎也見到。社會現象是他常常想到的題目。他知道這些現象像別的現象一般，一定是服從公律，這種公律的知識是依賴於事實的觀察，這種知識也能變成一種科學，此種科學像一切別的科學一般，也能有預知。『在自然科學中唯一信仰的基礎是這種觀念，即管理宇宙中一切現象的普遍定律，無論知或不知，都是必然的與不變的。這個原則是否只能對於別的自然活動是眞實的，對於人的道德與智識能力的發展是不眞實嗎？』康多塞似乎已略爲見到社會的靜學與社會的動學之區別，社會的動學之特別重要。在另一方面他將數學分析之勇敢觀念應用於社會現象。他以爲他已尋到了或然論之有效果的用處。

與社會科學相連以及社會科學的幫助，爲哲學最高目的之社會藝術是被發展並努力使人自由，有理性與快樂。智識愈高人愈自由。康多塞說這種命題有一個公理的價值。依照事物的自然次序『政治的光明是科學進步的直接結果。』但是這種眞理一定要很小心地宣布，並且康多塞極稱讚哲學家的鎭靜。他說：『讓我們不要攻擊壓迫者與他們合起來反對理智；讓我們好好保守知識與自由間的關係；讓我們不要預先告訴他們說一個民族脫離了偏見就是一個自由的民族。」

知識的進步可以產生很好的結果，這種進步是普遍的，人人都有一份。這兒康多塞與他的大師服爾德竟發生衝突。他說服氏嘲笑『羣衆，』和他的朋友腓力第二所想者相同，『以爲愚蠢的羣衆』是無需於知識，這是錯了。智識的與道德的文化久爲少數人的專制品，而無知的羣衆常沉入在無知與偏見中。在任何很好管理的國家中，人民有時候去獲得教訓，很少需要理性的觀念去指導他們。必須有民衆教育擴充到社會的各階級，不以過於系統的教訓給與一切的兒童，而給與每一個人以各種知識的不同目的。社會是對此極爲注意，因爲在這種方法中，沒有生而爲天才的人會被社會遺棄，並且能保持住不使新偏見來代替舊偏見的危險。但是特別是這種教育將使人快樂而且有理性，並使之能認識他們的權利，義務與興趣。

因爲科學與理性應用的訓練，人知道『他的權利被寫在自然的書中。』人的權利在以前以爲是屬於聖書，屬於教皇的命令，屬於君王的諭旨，屬於風俗的習慣，屬於教會的紀事中，人常視此爲公理與模範，他的結論多半根據於此。現在因美國共和的宣佈與在歐洲舊大陸中法國的革命，知道理性很足以告訴我們人的權利。這種權利都來自這個簡單的公理，此爲自然所創造，不過這種權利中有一個是反對自然的次序，專爲犧牲別人來求自己的快樂。現在的問題變爲建立來自理性的原則，建立法律的系統，保障人在社會上所享的利益。

現在有許多人實際上並未享受到自然的權利。雖然有的地方已無任何特別權利存在，雖然有的地方在法律未成立以前已承認人的平等，但是機會不能均等，結果仍不能獲得自然的權利。一個將近餓斃的人對於這種

康　多　塞(1743–1794)

權利空名的享受有什麼用？所以我們必須有養老金與孤兒院來幫鰥寡孤獨的人。年幼不能自立的人應當有特別款項來供給他們直到他們自己能自立爲止；普通信用的社會將要被設立。這些制度還有許多別的相同的制度，都將藉社會的名義而形成，並且變成社會最大的利益之一，也可以成爲私人聯合的結果。

在一個社會中刑法不復存在，社會的習俗亦頗爲文雅。酷刑將不復再見，死刑亦將廢除。私生子當以人道與公道待之；未嫁前已生子女之母親不當處以罪犯。最後我們當有一個新的法律系統，脫離一切的廢物，此即民族與時代偏見加到我們法律中的廢物。

教育如能爲社會的藝術所引導，使人知道其眞正利益，那一切的改良均可以產生。爲什麼在這些利益間的對立永久存在，這是沒有理由的。不過法律的改良能使每人的私人利益與一切人的公共利益常常相等。人原來是善的。給與他們以文雅純潔的道德就夠了，啓發他的良心，禁止法律在私人直接利益間創造出人爲的衝突，使人養成這種傾向，即將自己的幸福依賴於他人的幸福之上，使人對於卑鄙，不公平或殘忍的行爲有一種自然的不喜歡。理智形成法律，法律改正人的習慣。

人立即可以知道民族的利益不是不能與私人的利益相合。依康多塞說特別在一個大的國家中，任何眞正民族利益的存在，不是不混合在人類全體的利益中。一切能產生與延長種族鬥爭的原因均將漸漸消滅。種族間的戰爭是包含在異常的殘忍屠殺與對於自然的反叛間。

在此處人可以承認博愛的夢想與人類的樂觀，十八世紀自始至終都沉入在這種樂觀中。但是這種樂觀主義不能使哲學家忘記了當時的愁苦的情形，所以他們的希望仍在推翻當時已存在的教條，道德與法律。這種哲學是一種特別的先鋒。這種冒險的戰爭仍未了結，這種辨論至今日仍存在。有些人說這是一個可憐狹窄的哲學。這種哲學對於人類的歷史未能了解，對於宗教的情感也是不知道，對於自然的詩歌也不能感覺，對於科學的進步如癡如狂，而實際上往往達於可怕的過度。又另有些人說這是一個大時代的哲學；這個哲學的結論多半是由發現的原則抽出來的，或爲文藝復興與宗教改革所復元；這種哲學使人恢復了他的個人的地位與責任；這種哲學極喜歡公道與人道；雖然這種哲學所相信的問題未免過於簡單，並解決未免過於急促，至少是傾向舊日在人中不平等的社會觀，並且將理性附屬於神學之下。這仍然還是一個未完全解決的重要公案！

第十一章　觀念論者——因襲論者

一

康多塞屬於這一組的哲學家之中，卽他們持有十八世紀的方法與精神，他們給他們自己取一個名稱，叫作『觀念論者。』他們的學說普通都認爲是極端的嚴肅。這種學說似乎是康的亞克哲學的尾聲；據說這種哲學到了觀念論者的手裏更爲狹窄了，到最後只變成了一種知識論，半爲心理的，半爲論理的，缺乏創造性，並且在人的心靈中也沒有很深的印像。這種說話未免太過。我們只要記得拿破崙急於要堵塞『觀念論』者口，就可以知道他們的實際上不能這樣地不重要。

特雷西(Tracy)與喀巴尼(Cabanis)同爲觀念論者的主要人物，據特氏說，我們不能知道一切東西的開始，無論是人或是宇宙。原來的問題是無可回答。已前所謂玄學實在是世界中最淺薄的東西。研究靈魂的性質與事物的第一原則實在是無用。無論我們研究在我們以內或以外的現象，我們所希望的只在能獲得自然律較深的知識。哲學的眞正目的，或者說觀念論的眞正目的是研究當我們思想，說話，或推理的時候在我們當中發生些什麼。這種哲學就變成倫理學，經濟學，法學與其他道德科學的基礎。

觀念論者承認康的亞克是創始的人，他是第一個說到我們知識來源的問題，並且指出解決這種問題的適當方法。但是自開始特雷西就和他不同，特氏不承認注意是變化的感覺，因此對於了解與意志的發生，他也排斥康氏的意見。他還另有一種學說，以爲靈魂有四種能力，亦僅有四種感覺：記憶，判斷與意志，他稱這四種爲基礎的「感覺形式。」

康的亞克說觸覺是在我們自己以外之觀念的獲得。特雷西表示這種解釋是不夠，所以必須加以補充：「當一個東西組織成能有意志與感覺，感覺到在他裏面的意志與動作，同時感覺到反對這種意志動作的抗力的時候，他是確定他自己的存在，與非他自己之外物的存在。一方面是意志與感覺的動作，另一方面是這種動作的抗力。這就是在我們自己與別的東西之間的關節，在感覺的東西與被感覺的東西之間的關節。」任何別的感覺沒有力量能給我們這種觀念。此處特雷西與其說是近於康的亞克，還不如說是近於緬因得俾龍 (Maine de Biran)。相同，在他的論理學 (Logique) 一書中，特氏不與康的亞克相同，承認判斷是相等的，我們的推理是一串的等式，與判斷或推理相比較的觀念是相同的。適相反，我們必須說相等是判斷的一種；雖在等式中比較的觀念不是相同的而相等的。

特雷西具有清晰精幹的心靈，堅持十八世紀哲學的原則，絕不因爲由這些原則所推演的結論有什麼畏懼。法國大革命他幾乎是一個犧牲者，但不能搖動他的信仰。他不承認一種眞正的學說對於社會是不道德或者危險，並且爲哲學的研究要求完全的自由。卽是道德也與這種自由有關係。因爲道德的原則不是天生的，不論服爾德是說的如何相反。這是一個很好笑的錯誤，即相信道德的原則注入在人人的頭腦中都是相同的，並夢想使這些原則附有神聖來源的性質，不像存在於我們了解中之一切其他別的觀念。其實道德的科學也只是由我們造出來的，像一切其他科學一般，只是我們經驗與思想建造的結果。但是這是附屬於人類性質的知識，後者是『依賴於物理的狀態。』所以雖在他自己方面他應用純粹心理學的方法，而特雷西在理論上從來沒有將道德的科學與自然的科學分開。他曾經說過觀念論是動物學的一部分，或者說是動物物理學的一部分，並且他將他的論理學奉獻給他的朋友喀巴尼，物理與道德關係之著名的作者。

喀巴尼曾被視為唯物論者，但是沒有很充足的理由，因為他的目的只是不願意談任何玄學的意見。他像特雷西一般說第一原因不是科學的目的，並且不是懷疑的目的，而在這一點我們是在無希望的無知中。但是從一個實驗的觀點看，他確定腦筋能思想等於胃能消化一樣。印像達到腦筋刺激腦筋動作，等於食物進到胃裏面分泌出胃液刺激胃消化一樣。腦筋的正當作用是覺知每個特別印像，結合並比較許多不同的印像，因此形成判斷與決定，正如胃的作用消化養料的食物一樣。因此喀巴尼得到一個公式：『腦筋是消化印像的牠產生出思想的有機分泌。』比較雖使人多少覺得適意，不過比較的推理結果也只限於比較。

因為心理學的抽象，把人看作一個自然的整個，為一個靈魂與一個身體所組成，這似乎已被忘記了。喀巴尼現在再回到這種觀念。他同時是一個醫生又是一個心理學家，他對於人做過很多的試驗以後，強健的人與有病的人，他明白表示心靈與身體是互相影響。喀巴尼的生理學在現在已經是過時了，但是關於年齡，兩性，氣質，疾病，食物，氣候對於觀念與道德情感形成的影響，還沒有人能比較他說得更好。

假使在物理與道德之間有許多點是很接近，這是因爲牠們根據在一個共同的基礎上。所謂「道德的」活動與物理的相同，或是直接由某種特別機官的動作而來，或是由活的整個系統而來。屬於智慧與意志的一切現象由於有機體之最初的或偶然的狀態而來。正如與由他種活的作用而來是相同的。作用的不同是無理由說原則也要很多。正如我們不能爲消化假定一個特別的原則，爲血液循環假定另一個特別原則，爲呼吸又假定其他另一個原則，我們也不必爲智識的作用假定一個特別的原則。只要承認一切的作用，不論是道德的或是物理的，都是由感覺來的，這是一切活的有機體之共同來源。誠然，物理的感覺在一方面是最高的限制，在生命現象的研究中我們可以達到，與在方法的研究中我們也可以達到；而在另一方面這也是最普遍的原則，爲智識能力與靈魂情感的分析所發現的原則。所以物理的與道德的生命有他們共同的來源，或者說道德只是自物理的特別觀點來看。動物存在現象之唯一的原則是感覺的勢力。但是什麼是這種勢力的原因，什麼是牠的本質？哲學家將不問此問題。感覺性是在活的性質中之普遍的事實。我們不能超過之。

當喀巴尼在他的道路上覺得康的亞克的學說與他自己研究的結果不相合的時候，他毫不遲疑地就排斥康氏的學說。例如康氏主張沒有心理現象不被意識所知。喀巴尼說沒有東西不與經驗相反。雖然這是事實，即印像的意識常常含有感覺性的存在與動作，然而感覺所活動的各部分，「自我」並不知道其壓力；感覺能決定許多重要與有規則的作用，雖然「自我」不知道牠的活動。有時能無感覺而有感覺性，即無被知覺的印像而有感

喀　巴　尼(1757-1808)

覺性。

康的亞克說一切東西都是獲得的，即使是本能也是獲得的。這種論調雖是很勇敢，而梅斯特 (Joseph de Maistre) 不禁嘲笑之。喀巴尼視本能爲天生的，因此他說外面的感覺不是一切心靈生活唯一的原則。道德的觀念與決定不是唯一依賴所謂感覺，即所謂由感官獲得的印像。由幾種內部機官的作用而來之印像或者是道德觀念產生的唯一原因。在我們內部爲許多印像所形成之傾向與決定的完全系統，可以說完全與外面世界的印像無關係；並且這些傾向影響我們對於事物的考慮，影響我們對於事物研究的方向，影響我們對於事物的判斷。所以不僅僅是外面的世界形成『自我』的思想與慾望；或者說爲本能與特別天賦所先定之思想與慾望，藉實在的原素，自己來造成一個外面的世界。相同，自動的活動也在反省的活動之前。我們最初的決定並不知道我們所用的方法，並且不知我們所要達到之目的。

本能的研究自然而然要達到最後因的研究。喀巴尼稱讚在活的物體中之各部分的互助，並且不驚異於自然的觀察者深爲自然所感動。但是實際上這些奇蹟是不與動物的組織分開。人可以承認這些奇蹟，可以用重要的語言來讚頌牠們，但不一定要承認許多不必需的原因。我們所謂最後的目的只是自然律的結果，正如生物種類的生育與永存；假使這種次序（我們以爲驚奇）不存在，活物也就消滅了。所以雖然自然學家曾求助於最後的原因，哲學家不能不謹愼在他們當中尋出一個論證來贊同關於自然創造者的信仰。但是這種保留很難堅持，因爲喀巴尼本人並未觀察到。在他死後出版之關於最初因給 (Fauriel) 一信中，喀氏傾向的自然觀極近於斯多噶派（Stoics），在此信中次序與最後目的的觀念佔一個很重要的地位。

喀巴尼學問很博，並且思想也很公平，文體也很流暢。他的影響不僅及於哲學家，如緬因得傳龍，孔德（Auguste Comte），滕納（Taine）等人，並且及於小說家，如斯湯達爾（Stendhal）與他的繼承者。但他仍難逃責備。復活的玄學使這些哲學家又入於黑暗中，即他們以爲玄學已達於最後的消滅。觀念論者跟隨着百科全書派與十八世紀的科學家所開闢的道路，並且是想求比他們再高之反動的第一個犧牲者。

二

所謂因襲論的哲學家這個名稱，即指明他們的地位是反對十八世紀的。他們贊成一種學說，即在因襲中發現眞理，特別在普遍於人人中的因襲——即宗教，他們藉這種學說與根據於個人理性之獨立力量的學說相對立。我們能說這不是哲學的學說，而是哲學的消極嗎？假使這是眞實，這種消極也至少是根據於哲學的理性，即根據於相反原則的批評。無疑，因襲論者像基督教徒一般，以爲他們自開始即有了眞理，再無討論的必要了。但是他們攻擊這些『哲學家』，根據他們自己的理由，揭開他們詭辨的假面具，指斥他們的錯誤，最後使他們不能不承認個人理性的缺點。波那爾（De Bonald），梅斯特（De Maistre）是這一派兩個著名的代表，當時人視他們爲可怕的論理學者，例如在孔德判斷中，曾說梅斯特對於十八世紀的哲學有重大的打擊。

這種哲學看見的是『自然，』波那爾看見的是上帝。自然在他看來只是模糊不清的表現，不能代表一個眞正的原因自然只是一個結果，一個結果的系統與一套的公律；但是這些公律包含有一個創造者來創造並維持這種系統。沒有一個創造者宇宙在他是不能了解的，並且這個創造者同時還要是神聖的。除盧梭以外，十八世紀的哲學家都認語言是人的發明。這也不是一個很確定的學說，最可笑的是這些哲學家完全明白語言與思想及社會生活不能分開。假使人不是生在社會裏面他們絕不能發明語言；又假使人沒有語言，他們也不能生活在社會裏面。波那爾說，你不能脫離這個圓圈，除非你承認這個奇蹟（因爲語言不比生物的組織少些奇蹟，）是由創造者到理性動物的禮物。這是與一切相同的問題一般的。十八世紀的哲學以爲牠已達到了基本的原則；但是這種所說的原則並沒有解釋什麼東西，並且還要被解釋。只有宗教（這是較深的哲學）能達到最初的原則，一切東西都依賴於這個原則。

所以眞理是在因襲中找出。個人理性輕視此因襲結果必不免於錯誤。雖像孟德斯鳩這種公平的腦筋都不能逃去這種錯誤。他的憲法的一切理論都是錯誤的。波那爾說近代哲學是人的智慧，不是社會的智慧；換言之，這是腐敗者的智慧，不是社會或完全人的智慧；這種哲學想使聰明人變爲自然的宗教。但是這種哲學的宗教，神聖的純粹崇拜；偉大的崇拜，總之有神論的崇拜結果必達於無神論。正如政治社會之哲學的政府，在國家中的分工，或者代表的政府，結果必達於無政府。

人想構造社會或建立政府的工作是錯了。人的干涉僅能糟塌了神聖的工作。其實社會是因爲必然的關係而成立的，卽爲上帝所建立的關係，構造個人，給與規則來管理人的行爲。

梅斯特亦發表此相同的觀念，不過他特別加重更引起人的注意。依他說十八世紀是一個最可恥的時代，在人類心靈的歷史中十八世紀的哲學是一個最退化與最致命的系統。這種哲學曾折斷理性的翅膀，使之成爲汚泥的爬蟲；這種哲學曾使詩歌的源泉完全乾枯，使一切的道德科學消滅。爲什麼這種哲學產生出這樣可怕的結果？因爲這種哲學全體不是別的，只是一個實際無神論的系統。要說到上帝的名字就會引起極大的不安。這種哲學是魔鬼的工作，是否定的精神。並且依梅斯特說，十八世紀只是將宗教改革的原則應用到政治上來，或者如他說是十六世紀的『反叛』。十六與十七世紀可以稱爲十八世紀的前題，實際上是這兩個世紀的結論。『人類心靈不能忽然達到這種瘋狂點。……哲學主義不能建立，除非在宗教改革的廣大基礎上。』

梅斯特的仇敵是淸楚的見解，他指出那些稱讚實驗方法的那些哲學家，然而他們並耐心去做這種實驗，要不是他們極想藉因襲的成見來代替他們，必定倒下來。『十八世紀依照抽象的規則，不管經驗來判斷一切，這實在是很可笑；同時十八世紀的一切哲學家都以抽象的原則爲出發點，不藉經驗，這實在是更可笑。』每一個哲學家都被梅斯特依次討論過。他對於服爾德激烈地反對，這兒不必說；卽是一切哲學家奉爲大師的洛克現在也不是『聰敏的洛克，』不是『自柏拉圖以來最大的哲學家。』他是一個眼光很淺，心靈很窄的人，雖不兇惡，但是淺薄無精神與一個可憐的哲學家。一切迷人的學說都是令人好笑。他對於培根也加攻擊。他對於康的亞克也同樣不喜歡，『他雖很能看見眞理，但他甯可以死，仍不承認這種眞理；』他或者視康氏爲十八世紀哲學家中之最可恨的著作家，因爲他的著作多半是反對他的良心。

梅 斯 特(1754-1821)

這些哲學家想求個人的理性，以此來判斷眞與假，以爲人類之進步是依賴科學無知與迷信是道德與社會罪惡的原因。梅斯特對於他們所說的均加以否認。他們愈稱讚理性，梅氏愈貶抑理性。他說理性不能引導人，因爲很少人能在適當的狀態中推理，並且沒有人能在各種科目上推理；所以大概說來仍應當以權威開始。梅氏說：「我並不是侮辱理性，我對於理性極爲尊敬，雖然理性有許多的錯誤；但是當牠與常識相對立的時候，我們必須視之爲毒藥。」「人人的普遍情感形成『一個直覺眞理的系統，』理性的詭辯不能反對這種眞理。這是一個『神祕的本能，』我們不能不服從。這種本能常常是對的，雖在自然科學中也不是例外；至於討論到理性的哲學，倫理學，玄學與自然的神學，這種本能更完全無錯誤，『這是最高的智慧，創造並規定一切的事物，使人都能指揮與他有關的科學。』」

科學！這是一切危險行爲，鹵莽自欺與大言不慚的來源。科學的本身並不壞；但是研究科學必定要在幾個必不可少的條件之下。因爲缺少這種小心，所以我們知道愈多，罪惡愈大。培根是十分『可笑，』當他對於中古的經院哲學與神發怒的時候。在青年人未習染宗教與道德以前，即教授他們以物理學與化學，你將能看見這種結果是如何。當科學不完全附屬在『理性的信條』之下，不附屬在使人貶抑的傾向之下，並且不使人無用或成爲壞的公民，那這兒就隱藏着眞正的科學。

科學不是並且不應當成爲智慧的主要目的。許多反對神聖的怨聲不知是自什麼地方來的？由這個人的大團結中稱爲科學家，在這個世紀我們很難使之有適當的地位，故不能不居於附屬的地位。在以前很少有科學家，在這少數人中極少是不敬神聖的。現在他們是普遍了，例外變成了通則。他們現在是佔有無窮的勢力。然而這不是說科學能指導人實在沒有東西能依賴牠。科學是智識的娛樂，在事物的物質次序中，科學是很有用的；但是牠的範圍也只是止於此。『科學是屬於主教，貴族，與維護眞理的國家高等官吏，使國家知道什麼是錯的與什麼是對的，什麼是眞的與什麼是假的，在道德與精神界世中。』別的人沒有權利在這種事物上推理。他們有自然科學來分他們自己的心；他們能怨恨什麼？一個人要是說話或著作自人民中拋去理性的信條，那這個人應當以強盜的罪處死。

要想再進而反對十八世紀的觀念，這是很難。然而梅斯特是不僅要想恢復因襲的權利與宗教的權威，並且要打倒像愛爾法修與康多賽這些人的罪惡的幻想。他覺得他的意見是根據於宇宙觀與宇宙對於神的關係，此給積極的科學以有限的範圍。現象與公律的世界是表面的與幻像的世界，這種世界曾隱藏了眞實的世界。所以我們的科學達到現像與他們的公律愈近，就離開眞實愈遠，或者至少是不完全的眞實。宗教家他在處處看見上帝；詩人爲宇宙的美所感動，並且爲人類命運的悲觀性質所感動；卽玄學家他在看見的東西之下發現看不見的東西，這三種人離眞理，諧和與永久的本質比較在實驗室中測量原子的科學家近多了。

所以梅斯特常以爲附屬原因不能解釋什麼，只有訴之於神祕與上帝的計劃。他關於生命的競爭與在活物種類間的競爭，曾有一個很驚人的敍述；他很清楚知道戰爭是這種事實的特別方面；但是他不像狄德羅與達爾文在自然的普遍公律中去尋找原因，他只是在『神聖律』中去求這種原因，因此他獲得一種犧牲的完全學說。『地球永遠浸染着血，是一個最大的祭壇，一切的生命在這個祭壇上被犧牲，既無窮盡，也無休息，直到一切事物的消滅，直到死的死爲止。』他也堅持一個家族中一切分子的相互責任，與人類一切分子的相互責任；但是他不在初民社會的宗教與制度中來尋求這些信仰的來源，他仍然求之於『神聖』的公律中。迷信與偏見兩個字在他以爲是無意義。上帝的指導在世界中處處都可以見到；假使我們不能看見，是因爲我們不肯去看。一個家族被視爲尊貴的，因爲牠有統治權；又反過來說，一個家族有統治權，因爲牠是尊貴的。

此處我們不必再討論梅斯特對於教皇精神管理的觀念，對於法國大革命的重要，以及與近代國家相合的組織。我們必須再回論到他的哲學學說。但是在這些學說中我們應當看到這種線索，卽證明主要因襲論者的影響，如梅斯特，波那爾，巴郎士(Ballance)與拉梅內(Lamennais)。特別是梅斯特使許多人的心上留有永久不滅的印像。卽如孔德雖未正式承認這種事實，但是他的學說已足以證明他受梅斯特的歷史，社會與宗教的觀念有不少的影響。

第十二章　緬因得俾龍(Maine de Biran)庫爭(Cousin)與折衷主義

一

庫爭說緬因得俾龍是自麥爾伯蘭基以來法國第一個玄學家。如依十八世紀的人說，一個思想家研究我們知識的來源與我們觀念的發生，就是所謂玄學家，那稱緬氏爲玄學家更爲眞實。但是這個創造的與深奧的哲學，他的同時人並不知道他。緬氏著作雖多，但在他生時出版很少，並且他給與世界的不能使人完全了解他的思想。在一八三四年與一八四一年，庫爭印出緬氏一部分的遺著。還有其他未出版的著作曾爲湼維(Naville)所印出。緬氏的著作如還未能完全印出，但是我們現在所有的已很能使我們確定他的學說重要部分。

緬氏從來沒有做過教師。在一七八九年他曾做過路易十六的近衛兵，後來他又做過顧問官。假使他也是一個哲學家，這是因爲他有一個極強的嗜好。他歡喜研究似乎是出於天性。他的康健很不好，在他身體的情形中，與在他的意識中他均極留心觀察細微的變化，所以常時能預見到反省。他說：『當一個人有很少的活力，他就愈傾向觀察內部的現象。這就是我在很早的時候就變成心理學家的原因。』他聽到機器的輾軋聲，他就覺得他的思想能與這種聲音同時緊張。

他對於心理學的嗜好最初在康的亞克中後來在觀念論者中得到的。他認識喀巴尼，後來變成他的朋友。雖然後來他以爲他已經超過了喀氏的學說實際他從來沒有離開過他的影響。他也讀過波內（Bonnet）的著作，或者即因爲他的指導他才能研究來布尼茲的哲學，並且求一種心理的解釋，使與他自己的學說相調和。在這個時候他著成他的習慣記憶論（Mémoire sur l'Habitude），這是一本很有創造的著作，此雖受有康的亞克的影響，但有不少點表示出他自己獨立的意見。在第二期他已能明白表現他的思想了，並且宣傳他視爲他自己最重要的學說，如勢力論或意識的第一事實。在這種學說中他爲他的朋友安培所幫助，安氏是一個著名的物理學家，他的哲學著作與緬氏的實在不能分開。他的哲學觀念他嘗於巴黎在他家舉行的哲學會中說出來。『青年教授庫爭』極能了解緬氏的思想。到晚年緬氏病了，他極想有一個『堅固的支持』，因此他頗傾向於一種神祕的與宗教的哲學；在他死以前，他自己幾乎完全屈伏於這種哲學之下。

二

康的亞克的心理學，曾將意識與有機體分開。他相信『我們絕不能跳出我們自己以外，』所以他以爲只有反省與分析才能達到與分解我們自己的內部。緬氏覺得這與他自己個人的經驗相反。我們的詼諧改變我們的注意飄揚，我們的自信消滅；這不是因爲在我們內部所產生之許多不清楚的感覺嗎？因此可知實驗的心理學，只能描寫靈魂現象的一小部分。這種科學開始於清楚的知覺，並且開始於『自我』與其變化的區別。但是在自我的意識以前，當自我意識的時候，與在自我的意識之後（此從未達入於我們知識的範圍以內）在我們靈魂中發生許多事；這些事緬氏稱之爲純粹的印像或簡單的印像；牠們構造了『感情的生活。』這與來布尼茲之不清楚與不感覺的知覺相等；或者更確實說與喀巴尼的『感覺性』更相等。『這些純粹的感覺，我稱之爲純粹的情感，可以視爲作用的最直接的結果，此潛伏在一個普遍有機生活之下……在意識與思想未生之前的狀態。』這是很有結果的思想，實驗心理學在我們今日對於這種思想會有很好的解釋。這種科學可以承認一個原則，如緬氏已承認的，卽『簡單印像』可以構造一個絕對的存在，能離開任何特別的人格或自我的意識。例如札內(Pierre Janet) 卽回到這種假設來解釋雙重人格的變態心理。

我們自己的這部分逃開了我們的知識，也逃開了我們的權力以外。這種情感的生活與我們的意志是獨立的，我們的意志雖然是依賴這種生活。這是我們複雜東西的純粹被動基礎，自我絕不與之分離，這種基礎變成緊張或鬆懈，或改變，我們都不能干涉；有機次序的總數我們很少能改變，因爲牠們是我們的力量與志願的唯一來源。牠們是由我們的氣質而來，並且我們所稱爲性質是指氣質的外貌——一個驚人的句子，我們是得之於比沙(Bichat)，他是一個生理學家，並且緬氏也使他自己徹底研究之。

差不多同時叔本華在德國也說着這相同的事；他雖未知道緬氏的著作，但是他們卻有意外的相合。在叔本華與緬氏的心理學間固有顯然的區別，也有極深的相同。如在法國對於這種事實稍加注意，卽知緬氏爲當時精神主義的創始者之一，所以他是與庫爭相接近，不與比沙或喀巴尼相接近。

缅因得俾龍 (1766–1824)

這種解釋當然是不完全並且不能與歷史相和諧。緬氏對於庫爭實無所獲，並且特別是在他早年的兩個時代，對於比沙的學說實在受有很深的影響，尤其是物理學與道德關係之不朽著作者的影響。此在叔本華亦然。叔氏的理想多半是由比沙與喀巴尼而來，並混雜有康德，柏拉圖與佛教玄學的分子。而緬氏的研究僅限於十八世紀所宣傳的問題。但是他們兩個人都同以包含人格管理人格與指揮人格之無意識的背境使之與自我的有意識的人格相對立，並在不知不覺中預先決定我們的思想與行爲，我們的智慧與品格。他們學說發生差異，這是以後的事。

情感生活在我們中所構成的，緬氏稱之爲『獸性』在此獸性以上（但與之相連）即表示出『人性』，即對於本身思想的意識，人格或自我。後者之存在只當施行自由的活動或決定的努力時。這兒緬氏似乎暗示他是來布尼茲的思想，即人能有其本身的觀念是原來一種活動力的觀念。所謂自我即是活動與自由。換言之，自我是靈魂，在能知其本身存在的時候，但是這種存在能被知，只是當自我的活動遇着阻礙而能戰勝的時候。

假使這種觀察是對的，那康的亞克學說的完全組織已墮得粉碎了。感覺已不是意識的最初事實，已不是一切靈魂生活的原則。『感覺』這個字是抽象的與模糊的，因爲康的亞克並未能加以詳細的分析。因爲，感覺如視爲被動的，那僅是一個『印像』自我不能實現，感覺的發生沒有意識的認知。感覺包含一機械的反應嗎？意識的與思考的，所以感覺將其自身化入於一個被動的與自動原素中。後者是注意的力量。在這種力量中我們必須尋出我們自動能力的特別來源，這是存在的總關節，一切簡單觀念的基礎——是我們由我們自己與由我們智識活動而得的觀念。

然而緬氏不以為靈魂表現出來正如其實在的一般。他說：『我最初頗傾向誤認了我們個性的內部情感，或者說是我所稱為的自我，來代替靈魂實體的中心。』無疑，覺知與判斷的自我與被覺知及被判斷的自我是相同的；但是這種被覺知與被判斷的東西，仍然有實體的內部關鍵。這或者附有許多特質，如麥爾伯蘭基所想的，此種特質不為我們內部的感覺所知。這種內部感覺確定我們是思想；在這一點上笛卡兒的『我思故我在』是無可否認的。但是這種內部感覺的分析不能對於我們自己的知識有一點幫助『好似是我們思想以外的一個東西』。藉根據於純粹內部經驗的分析，相信我們最後能達到自我的觀念，這是誤將在我們內部的心理事實（即在思想實行中的我們）代替實體的玄學觀念，這種觀念假定在思想以外與在思想以下仍然是相同的。

此處緬氏與康德頗相合，如他所說的。在康德自我知識的學說是『純粹理性批判』全部的基礎，特別是感覺與智慧知識的學說。緬氏適相反，他自意識最初事實的分析開始，根據這種分析，他後來想建立一種了解與理性的學說，與範疇論相反（康德認此為先驗的，）緬氏努力主張思想普通原則的心理發生。緬氏在這裏面找到『力與因之每一個觀念的法式。』單一，簡單，存在等等是自我由抽象而獲得的觀念，並且這些觀念與其自己的屬性無關。假使我們在這些事物中仍尋到屬性，這是因為牠們為自我所射出。總的，理性是一種意識自我分析的自動結果。

但是這只是一種提綱絜領的學說，並且緬氏很懷疑一切東西能超過經驗的堅固基礎。他要建立的科學是由事實開始達到公律。紐氏明白承認絕對他是不能達到，因為自我的存在（為思想基礎的個人人格）是相對的，所以他自己說一切東西如何能不為相對的？所謂自我是一種組合，是兩個實體間關係與連合的結果，所能知道的只是一種組合或關係。紐氏很懷疑這種實體的觀念。自我不能在牠本身以內尋得，因為自我的本身是一種原因，不是一個實體。所以這種觀念的發生我們並不知道，發生於外界的事物中，空間與物質。這種觀念引起笛卡兒的哲學趨向於汎神論的方向。這是人格與自由的祕密仇敵；這種觀念欲使自我在一個黑暗玄學的連結中混合，在這裏面一切東西都有開始，而在上帝中一切東西都完結。

紐氏雖為一個深奧的心理學家，但是一個胆小的玄學家。自我的研究使他視自我為一種力量，而內部感覺能使之獲得自由；但是他也十分知道有許多重要的問題，他的學說未能給與直接的回答，例如許多道德問題，即是。所以他想使附屬於哲學普通系統的推理與他的內部傾向相合，以完成他的心理學。在他的第二時期，他覺得他自己已戰勝了斯多噶派，在他的眼中以為這一派是一種根據於人格與活動力的道德哲學，但是斯多噶派希望於人的意志方面未免太多；雖然基督教使人太弱與太無幫助，但紐氏在晚年已視基督教為他生命的『支持』，因為他需要這種支持。他曾著有人類學新論(Nouveaux Essais d' Anthropologie)一書，他在此書中區別人有三種生活，一個在一個上面：一種是感覺的生活，這是在我們人裏面的動物生活；一種是人的生活，即思想與本能相奮鬥的生活；最後一種是神聖的生活，在這種生活裏面獸性完全被征服，奮鬥也沒有了，因為愛使人與一切善的最高來源相連結。所以這種哲學由康的亞克與喀巴尼開始，而終於一種靜默的主義中。

三

庫爭的哲學教育是受自三個大師，他承緬氏是其中之一。其餘兩個一是拉婁米傑爾（Laromiguière），他在一八一零年曾教授庫爭，說康的亞克的心理分析是不完全並且是錯了，注意不能變爲感覺；另一個是路瓦耶珂拉爾（Royer-Collard），他使庫爭認識了蘇格蘭的哲學。雖然這些哲學家庫爭對於他們的學說雖有尊敬，並且聽過他們的演講，但是不能說他的觀念完全來自他們。所以我們要尋得他的學說的普遍情形，不能不在別的地方去求；並且這也是他自己指明出來的。

庫爭在一八二六年說過：『我一生的主要思想是重行建造與時代精神相合的永久信仰，但只是用實驗的方法。』所以在十八世紀所用的哲學方法在他以爲是對的方法。庫爭不再求其他的方法。這種觀察與歸納的方法在自然科學中有很驚人的結果。爲什麼以前這種方法在哲學中能有不幸的結果？爲什麼在英國與法國這種方法只能破壞，不能建設任何新的基礎？這種過錯是在人，並不在方法的本身。方法是無可責備而人是錯誤了。人所以錯誤是因爲他們太注重系統了，他們的系統攪亂了觀察。

所以庫爭像他那時候的一切思想家一般，主要的事務是『重行建造。』在這種可怕的法國大革命以後，在十八世紀激烈的批評以後，沒有一個人不感覺這種需要，即是或復興古代的基礎，或變成一個新的建築家。但是因襲論者雖攻擊十八世紀的方法與原則，而庫爭仍隨從因襲論者的方向，不過糾正他們的錯誤。他說『因爲我

庫　　　　爭(1792-1867)

們仍與我們所攻擊的學派相一致，所以我們只要指明他們的錯誤，卽這種學說之狹窄與膚淺的應用。

在十八世紀有三個學派開始在哲學上應用很適當的方法：一爲洛克，一爲黎得（Reid），一爲康德，最後一派在方法上遠勝於其餘的兩派。這三派都明白哲學開始必須徹底研究人類心靈及其能力，但是他們所做的這種研究都僅是一部分，並且三個人中每一個人只見到實在的一方面。洛克與康的亞克一派只研究我們知識的來源；黎得一派只研究知識的實際情狀，不注意牠的來源；最後康德一派竭力研究由主詞到賓詞的正當途徑。其實最好的方法是在同時研究這三個問題，但是上述三派，每一派只研究一個問題。要使爲每一個系統所毀壞的智識生活復返完全，我們必須使我們自己回到意識中，不要有任何系統的精神或偏見來分析思想成爲原素，並再分析一切的原素，尋出特別的性質，尋出一切的特別性質，由此思想表現其自身於意識中。

庫爭所給與的這種方法是折衷的方法。這並不是說將這兒與那兒所採取來的學說模糊連結起來，不管任何的原則，並且不管這些學說是否矛盾。折衷主義並未自以前的系統採取任何學說。這種主義是根據於事實的觀察與歸納的方法。假使這種主義有一兩點與以前的哲學系統相同，這是因爲在每一種學說中（卽使是錯誤的）有一種『眞理的靈魂』。爲什麼庫爭要選擇『折衷主義』這個名稱？因此引起了許多的誤會，因爲這種系統的特點之一是包含在牠以前學說中的一切眞理，這種系統是根據於完全的觀察，以前的學說是根據於不完全的觀察；在這種意義下所謂折衷主義卽是一個各種學說連合的中心。

康的亞克一派以爲意識是爲感覺的變化所組成，並且把靈魂活動的一切形式都歸縮到感覺，但是庫爭說一個精確與完全的觀察使我們明白在意識中有三種不同最後的事實卽感覺，意志與理解的事實。這三種事實中的第一種事實——卽感覺——在十八世紀已有很正確的分析。至於其他二種事實誤解頗多，現在只有精確分析這兩種事實才能使庫爭『再建造永久的眞理』實驗的方法將以前墮落下去的再建造起來。這種方法供給本體論以確實的工具與堅固的基礎。

現在讓我們研究一個智識的事實，例如下面一句話：『我的意志動我的手臂。』在一種意義中這句話只是一個事實，卽當這個事實發生的時候，意識告訴我們這種事實。但是在另一種意義中，這種事實包含的原素已超過了經驗的範圍以外；因爲當我思想『我的意志是我手臂動的原因』的時候，我是將下面的這個普通原則應用到特殊事例上去，卽『每一個現象含有一個原因。』我一研究這個原則（這是我判斷的靈魂）這個原則在我似乎是普遍的與必然的；換言之，卽超乎經驗以上，因爲經驗只是個別的與或然的。這就是由心理學到玄學的過渡；或者如庫爭說是由觀察到默想的過渡。哲學家是由事實開始，但這只能做他的材料。心理學他只用來做一個『橋』使他能由此達到玄學或本體論，否則他將爲鴻溝所阻。

玄學是特殊的科學，科學的科學，科學沒有科學是過渡的，在柏拉圖後，庫爭又說一次，科學的目的是絕對的；換言之，卽永久是一樣的。永久的實體是絕對的，柏拉圖的『意象』是絕對的，因果的原則也是絕對的。科學的職務是尋求這種絕對，藉觀察來尋求無觀察卽無實在的科學。這就是我們直達意識事實的根底，此在觀察的範圍以內，我們由此達到絕對的原則。『心理學的方法』是在過渡時必需應用的這種方法解決科學的開始問題。嚴格說來，無論是內部或外部經驗都不能供給任何先天的事實『自事實到原則，沒有可能的過渡；在牠們之中沒有不可踰越的鴻溝。』並且事實能爲理性的材料來了解原則。

什麼是這種『理性？』使我們超過經驗的限制入於無限與絕對的世界。理性是思想的原則；是在我們以內的東西；這是非人格的能力，雖然如不先假定人格或自我，這種理性不能施行。『我從未研究過理性的本質；但我所知道的是：無論何時理性發現了，我就有一種不動，必然與絕對的直覺。』這些形式能不能成爲存在的法則，在事物物理與道德的次序中我不能說理性是必然，普遍與絕對眞理的實體嗎？所以理性是絕對的與唯一的實體，一切存在與一切眞理的來源。總之，理性就是上帝。『理性是注視人的上帝，並且在絕對眞理的形式中對於人表現他自己。』

此處庫爭極想超過康德。他稱贊康德恢復了爲十八世紀經驗主義所排斥之知識的必然原則，並且黎得也沒有說得透徹。但是康德仍不免錯誤，第一，他增加了這些原則的數目，這種只能有兩個，一爲因果的原則，一爲實體的原則；並且康德僅以人的理解形式來看這些原則。所以康德留給理性以相對的價值，結果成爲一種懷疑論。要想逃去這種懷疑論，必須使理性成爲絕對的價值，即不僅是人的理性，並且是理性的本身，而人只是參與到這種理性。所以庫爭的學說是『非人格』理性的學說，藉必然的原則表現於人。這種表現他稱爲純粹自覺，或爲意識之最初與最後事實：這就是使我們成爲理性動物的原因，我們的判斷因此含有絕對，並且成爲上帝信仰的動作。

無論我們如何去了解這種『純粹自覺，』所謂絕對只是在牠本身中，並不是在我們人中。『絕對飛翔在人類與自然之上，永久支配並管理這二者，他們唯一的區別是一個知道絕對另一個是不知道。』這些顯明的敍述對於庫爭的思想與思想的來源均有影響。在這些敍述中我們認識了謝林（Schelling）的玄學。謝林的『智識直覺』與庫爭的『純粹自覺』很相同。庫爭因爲想超過了康德所以自然要傾向謝林的學說，這種學說是相爲相同的需要而產生，在德國並受很大的歡迎。在他的理論上庫爭雖與德國的哲學家十分相同但在方法上他仍堅持不同。謝林的方法是先天的；庫爭的方法是要根據於心理的觀察。他說當經驗應用到意識並且達到相當深度的時候，經驗卽能產生與牠本身極相反的東西，卽絕對的啓示。

然而人可以反對說，你能確定你的方法能盡你的所願嗎？假使你眞能使你的方法根據於觀察，你是開始於事實，換言之，卽自相對的與有條件的開始，無論你前進如何深奧，絕不能達到絕對的與無條件的。你自己曾說過：『人不能自事實達到原則，因爲在他們當中有一條鴻溝，』你如何能塡補這個鴻溝？要說事實是達到原則的材料，這是不夠的；因爲這是用問題本身來回答問題。這種困難的確是一個很嚴重的困難。庫爭雖未回答這個困難，但是他區別之爲自動的與思索的，將這個困難的範圍縮小了。

他說，自思索的觀點說（卽了解的觀點，）我們是自這一個原因到別一個原因，不能達到一個最高的原因，在我們本身內我們知道的現象絕不能代表絕對的實體。假使我們沒有別的方法觀察事物，玄學就不可能。但是思索的觀點不能是唯一的，因爲凡是被思索的多少含有最初的。例如我們有意的動作多半是自動的。又如我們發出在語言中的聲音也是相同的；假使先沒有自動的應用使我們知道自由的存在，我們如何能根據思索的應用來做成我們的自由？在智識的次序中也是相同，思索的判斷必先假定一個自動的活動，這就是理性的純粹自覺。「這是我們的命運藉思索的幫助來尋求自動的觀點。」了解的光明，此在我們觀念有區別以前，使我們自動性益爲深奧，在這自動性中純粹自覺了解無區別的事物的重要性質，這種光明似乎對於我們日漸暗淡；所以了解的光明似乎超乎實在的，但是沒有區別的純粹自覺的光明之上，無此，思索判斷的本身是不可能。純粹自覺不明白含有任何有限制或無限制，相對的或絕對的，有限的或無限的觀念；但是暗暗含有這一切東西，而思索將牠們直接改爲明白的與必然的眞理。

這種學說能爲人注意，不僅是因爲與柏拉圖及柏羅提娜（Plotinus）的學說有明顯的關係，與謝林及黑格爾學說有關；並且也因爲這種學說是反對十八世紀精神的哲學反動。可惜庫爭本人並沒有了解這種重要。他自己還自誇說他是實驗方法的忠實信徒，十八世紀雖極稱揚這種方法，他認爲並不如他能應用這種方法。這種方法的原則是詳爲分析，將最初認爲不可分的均分解成一部一部的，尋出在靈魂中的一切創造，將自然視爲較古的風俗；總之，假定雖是學習得來的結果仍是自動的。當庫爭用思索來解釋自動並將理性的本能高舉在分析以上的時候，他仍能忠於這種方法嗎？梅斯特所用的方法是相反的，他責備十八世紀的哲學家毀壞了人生與詩歌，所以他求之於神祕的與神聖的自動性，用此來解釋人類思想，社會，語言與文明的發展，庫爭能不與這種方法相同嗎？

在德國的浪漫主義極端反對十八世紀的法國精神。德國的浪漫主義藉天然的自動來反對冷酷的分析；藉創造天才的自由來反對審美的規則能被觀察；藉活物不可知的運動來反對思索的意識歷程。這種浪漫的哲學以費希特與謝林的學說爲主，庫爭在他青年時已知道這種學說，他在巴黎曾與這一派主要代表之一的希勒格(Schlegel)有個友誼。自一八一八至一八二八年在他的講演中充滿了這種哲學。他實在是一個浪漫的哲學家，這在他青年熱心承受這種學說的時候就可以知道。他或者未能徹底明瞭這種深奧的玄學，但由眞正的情感可以知道庫爭的勇敢理想與雨果(Hugo 或譯囂俄)，拉馬丁(Lamartine)，焚宜(De Vigny)的詩歌，或者與瑟斐(Scheffer)及德獵克洛亞(Delacroix)的圖畫都是出於相同的來源。

十八世紀對於立法者，聖賢與哲學家的動作希望着很大的結果；浪漫的哲學適相反，只以在人的靈魂以內之自動的演進來看人類的進步。庫爭卽深受這種哲學的影響。在他的思想中，哲學家只是人道的解釋，他們的學說是說在人類情感上思索是自動的。思索不能創造什麼；思索的作用只是使事物一分再分，比較更爲淸楚，並且藉分析來表現他們。人類之被『感動』是一個整個的。全體的信仰是眞實的；他們所缺乏的只是他們信仰祕密意義的知識。

所以此處我們不必深爲驚異，卽在折衷主義與因襲論之間有相同之點，並且對於『感動的人類』觀念，庫爭與拉梅內相同。但是拉氏與梅斯特及波那爾相同，公然攻擊十八世紀的原則與方法，而庫爭與他們相爭的只在這種原則與方法。他不知道使自動性超在思索以上，他是完全採取一個相反的原則與方法。此處他想將他的折衷主義矛盾的地方連合起來。在十八世紀的方法與浪漫主義的玄學之間必須有一個選擇。

四

上帝是一個無限的與絕對的實體。庫爭說：假使上帝不能是一切，上帝是沒有。因爲這種汎神論的主張，他後來很受責難，當他變爲法國哲學負責的指導者的時候。他後來盡力減少這種意義的力量，最後他用下面的這句話來代替：『假使上帝不是在一切事物中，上帝是沒有。』這是一個無用的讓步，不能使他的天主教的敵人停止攻擊。不僅這種主張，即是他哲學的精神似乎也使他們懷疑，即是了解理性與信仰的關係也在內。在他的一八二八年的講演中，他不是竟敢說人是自宗教的微光中進到哲學眞理的完全光明中嗎？宗教與教條僅是眞理的精確符號嗎？前者是人民的一種玄學，後者是表現於理性的學說中。黑格爾也這樣說過，不過沒有庫爭說的這樣清楚，又因爲在新教的國家中，所以引起的侮辱也較小。庫爭曾受激烈的攻擊。他力抗這種狂潮，當他讓步的時候，他甯願捨棄他自學說一兩點，不願使哲學學說的存在發生危險。在一八三零年以後，庫爭已是一個政治家，不是一個哲學家了。

並且關於這個絕對的實體，除了牠存在以外，別的我們一點都不能知道。理性是這個實體與我們之間的媒介，這爲眞，善，美三個大觀念所表現。這就是科學，道德與藝術的三個原則。人類的最高目的與這種神聖的來源相連結，而同時在十八世紀之感覺的與唯物的解釋亦被排斥。藝術是要在型成的美中實現最高的理想，科學是在相對的知識以外求得眞正的目的，卽是所謂『絕對。』最後，行爲要解脫自私的動機，屈伏在道德的義務與上帝所承認的良心之下。

庫爭曾讀過康德的『實際理性批判，』並且常常用過康德的這種『高尙』學說。但是他並未嚴格地跟着康德學說的原則。他不承認人可以受絕對的强迫與被動的服從。他說有許多情形，靈魂的決定旣不是盲目的，也不是思前慮後的，是完全自動的，自己鼓勵自己達到英雄的行爲與自己犧牲的行爲。在行爲中如在知識中一樣，創造的作用不屬於思索而屬於自由的自動性。

至於靈魂是哲學的第一目的，因爲我們的觀察最初就是意識。但是靈魂的本質我們不能直接知道。庫爭與蘇格蘭的哲學家相同，以爲『實在的自我不能來在我們意識的眼睛之下。』假使我們獲得靈魂的知識，要應用實體的原則；這種應用不是思索的與論理的，而是最初的與自動的。這是在我們意識以外的第一步。自我的表現在同時是思想，感覺與活動。假使我們要尋找靈魂的內部性質，我們以爲旣不是思想也不是感覺。在本質中的自我是自由，正因爲自我能自由，所以能知能感。『自由的偉大與特權，沒有自由智慧就被窒死，智慧死了，感覺也就消滅了……自我是自由的；這就是牠的內部本質。』

庫爭不爲反對人的意志自由的論調所阻止。在他的眼睛中，自由意志很足爲良心的試驗所證明，這使我們對於我們自己的行動負責任，並且由相反的假定所生的結果更足以證明自由意志。但是庫爭以爲自由有兩種形式：一種是思索的，一種自動的。受思索影響的自由是當自我再三究研再加以決定的時候。至於自動形式的自由，既不是研究的也不是選擇的，是一種比較純粹的形式，雖然不十分容易了解，而靈魂活動的本質即表現在這種形式中。此處與在他的知識論及他的道德論中相同，庫爭將思索附屬在自動性以下。自由像理性一樣，也參與絕對；這種參與對於了解雖仍是一種神祕，但在我們當中這是一切光明與一切德性的總來源。

庫爭在一八二八年的講演表明出一個最高點，正如札內（Janet）所說，這是他的理論哲學的最後發展。在一八一七到一八一八年的講演中，謝林對於庫爭的影響很深，而在一八二八年黑格爾的影響變爲最重了。庫爭在德國居住很久，在這個時期他已對於黑格爾的哲學有很深的研究，所以最後黑氏對於他的影響竟吞食了其他一切的人。由黑氏本人及他的親近弟子的解釋中更可以知道。黑格爾讀庫爭的講義說：『我供給他的魚，他用了他自己的醬油來烹調。』黑格爾的影響特別在他的第二個講演時期中可以感覺到，即討論到歷史哲學的時候，實在庫爭從沒有隱藏過他獲得他那時候德國哲學家的利益。他自己所要求的只在整個折衷主義的概念，即一方面承認以前的學說雖不錯誤，但是不完全，一方面要努力另造一個眞實的與完全的學說，將一切都連結在一個大的綜合之下。

在一八三零年以前，要只視庫爭爲一個玄學家，那未免錯誤了，未免輕視了他一大部分的重要工作。庫爭並是一個演說家，一個教授，一個行政管理的人，與一個哲學史家，他對於這每一項都很好，至少有很深的興趣。在一八二八年，他的教授與演說家的成功是與微爾芒（Villemain）與基佐（Guizot）是相等的，他演說的口才至今仍然有人稱道。他做行政管理者的時候曾受人極端的批評，他曾請求過教授的團體維護在法國中等學校的哲學課程，反對那些教士（因爲他們想取消這種課程，）他並反對一種政治的過慮，與哲學自由不相合的過慮。他所爭得的這種服從他死了就立即改變了。即使他的哲學的誠懇都被人懷疑，減少他的思想的重要性，除去了一切創造的東西抹去了柏拉圖式的精神主義，總之，所做的都是與他的學說無關重要。假使在庫爭的一生中我們要區別兩個哲學的時期（其實這是不必需，）那第二個時期的目的，是完全否認第一個時期。

至少他對於哲學史的功勞是不能有疑問；他對於柏拉圖及普羅克魯（Proclus）的翻譯，他對於笛卡兒全集的出版，這在哲學史上均極爲重要，並且他的工作一直到今日才能使我們想有新的出版。同時在中古很長的黑暗時期中他是引入第一次的光明；他又很有運氣能獲得巴斯噶未出版的遺著，並且他發現了思想（巴氏的著作）的原著。這些哲學的著作與他的哲學主要觀念均有關係；因爲不偏不倚的折衷主義不僅與意識的事實有關係，並且與哲學史上的各種學說也有關係。藉一個系統來增加哲學史的光明，又藉完全的哲學史來證實這個系統；這種程序庫爭在幼年時已定下了。

他雖具有驚人的智慧，快樂的天才，敏銳吸收的力量，但是他爲什麼未能做到以上所說的程序？失敗的原因很多，我們現在指出一個最重要的：即他所用的方法與他所承受的學說不能相合。並且他自己從來沒有實現過他的哲學的任何部分，至少在他年青的時候。我們所有的只是大綱；著者寫這些大綱都是很急促的，未能捉住在實行時所引起的困難，故不能使人對於他的思想十分明瞭。這些大綱的本身除了些序言與很短的論文以外，都是他在學生前講演的。由他的流暢動人的語句中，可以知道他給與青年聽衆的印像是如何之深；但是讀者不能

喬　弗　羅(1796-1842)

像聽者那樣容易被人感動。庫爭的哲學似乎雖很深奧，但是仍保有演講的性質。他極想建造科學，但事實上只是辨論，不是證明。他像一個辯護士因爲缺乏嚴格的證明，只得以或然爲滿足。他有武斷的色彩，很能使聽者信服；但當他逃避反對者的意見的時候，回答的又不同了。所以折衷主義自一八一八到一八二八年有一個光明的開始以後，就不能有很好結果的發展。庫爭本人對此並不留心；只要折衷主義能活下去，在他也很夠了。

五

在庫爭的學生中，有許多人是附從他第二個時期的精神主義；另有少數人雖也忠於他的學說的普遍精神，但是忽略了他的許多重要點。如在一八四零年的喬弗羅（Jouffroy）與後來的瓦施羅（Vacherot）都是庫氏的著名學生。喬弗羅有一種精神急想獲得眞理與確定，所以他不得不承認他的老師的哲學不能給他以完全的滿意。他的後代不能不屈服在懷疑之下，最後只能以不完全的解決爲滿足。因爲要補充他以前失去之宗教信仰的地位，喬氏曾夢想一種誠懇的與自信的哲學信仰；而當他看見這種夢想的達到是不可能的時候，他的失望很厲害，並且表示懊悔他雖翻譯過黎德與斯條亞（Stewart），但他仍不承認自我是不可知的，並且意識只能捉住我們的現象。但是他既沒有創造，也沒有緬因得俾龍之精細的心理分析。他其餘關於道德或美學的著作完全是一種驕傲與貴族精神的表現，不是一種嚴格的哲學心靈。

瓦施羅稱他自己是庫爭的自由學生。他像庫爭一樣，他是自由的。庫爭第一時期所提出的玄學問題，對他特別有興趣。他研究完全的觀念，無限，理想與實在的觀念，但是庫爭對此並沒有給與精細的定義，在玄學與科學一書中，他極力闡明完全與實際的存在不相合。我知道實在，我們形成理想的概念。所以芮農（Renan）說的對，他說：「上帝是理想的範疇。」

這種學說有黑格爾的影響是很明白，但是這種學說爲所謂正宗派之折衷的哲學家，特別是卡羅(Caro)與札內所猛烈攻擊。卽在這些人以前，並有許多著名的教授曾跟隨着他們老師的進化傾向這種所謂精神主義。他們在這種精神主義中得到一個優勝的地位，卽他們一方面據此來反對天主教派，另一方面也據此來反對唯物論與實證主義派；他們視這些自由的原則比較對於任何東西都寶貴。他們是不偏不倚對於法國大革命原則的解釋。當他們維護十八世紀的精神，反對因襲論者與教會的反動的時候，同時他們也攻擊所謂過度的精神。他們哲學的系統與他們政治的學說相同，都是調和的。

第十三章 社會改革家——孔德 (A. Comte)

一

在十九世紀的上半期，在法國有許多思想都集中力量於政治哲學與社會改革在這方面他們表示為十八世紀哲學家的直接繼承者。但是這種社會問題的努力也是法國大革命一種自然的反動。這種特別的潮流只有在思想的世界中感覺到，對於心靈免不了有一種共同的刺激。有些思想是攻擊革命，有些是糾正革命，有些是完成革命；他們都在有意或無意間採取了歷史的事實來做解釋。我們很驚異有些人竟能實行許多最不可能的社會改革；但是我們必須記得這一代已經見到以前的法國專制，幾乎每年都有的歐洲地圖的改變，以及拿破崙的興亡。所以在社會與政治的事務中之可能的限制，必定侵佔了在他們眼中認為不可能的事。

在這些學說中最早的並且是最有創造的，當然是聖西門(Saint Simon)。他生於一七六零年，死於一八二五年，所以他是屬於十八與十九兩個世紀的人，並且他確能代表自十八世紀到十九世紀的過渡。他的心靈是在達蘭貝耳與『哲學家』的學派中形成的；因此他又轉過來形成孔德，退里(Thierry)，巴紮(Baxard)，翁封湯(Enfantin)以及大多數法國社會學家的意見。聖西門與貝爾極相同，一個是十九世紀的先鋒，一個是十八世紀的先鋒。他的心靈是極爲興奮與易激動。他忽而研究這個題目，忽而研究那個題目，時而研究科學，時而研究哲學，時而研究社會問題，時而研究宗教問題；他常常回索他研究的步驟，將這種忽東忽西的方法散佈在新的並有時深奧的觀念中，散佈在正確的觀察與帶有暗示的原則中，使在他以後的實際心靈能由此抽出眞實的推論。他所出的小册子最零亂無次序，他想在這裏面闡明他的綜合而有整個系統的學說。

聖西門說：『我自己所規定的工作是要研究社會的組織問題。』正如政府的制度是十八世紀哲學家的工作，『社會組織』所以是十九世紀哲學家的工作。百科全書派所做的是必需的工作。他們破壞了思想與制度的系統，這種系統雖在當時有用，但到後來已變爲文明進步的障礙。不過只是破壞是不夠的，社會最後的目的不是在破壞中，在批評的時代以後應當是一個組織的時代。十八世紀的哲學家著百科全書是破壞神學的與封建的系統；十九世紀的哲學家也應當著一種百科全書來建設工業的與科學的系統。聖西門說：『我的目的是要十九世紀具有組織的性質。』

依梅斯特說，人無需走得太遠去尋找社會組織的原則。由上帝的默示與教會的教導就可以知道這些原則。十八世紀的罪惡即在不知道這些原則與激烈地攻擊教會。依聖西門說適相反，他以爲十八世紀能完全掃除由迷信，無知與野蠻而生的原則是對的。他像十八世紀後半期的許多人一樣天然是一個無信仰的人。他極力主張『有神論』應當留給普通一般人民，而哲學家一定要起而爲『物理學家。』到他晚年，他也想建立他自己的宗教；但是他仍視宗教本身爲『一種人類普通組織的政治制度；』再精密說，爲普通科學應用的組織，有知識的人藉此來管理無知識的人。」

聖西門當然也有一個信仰，但是他的信仰與鼓動康多塞的信仰是相同的，卽是進步的信仰。黃金的時代是在我們前面。我們要拋棄這種喪氣的觀念，卽認善是在惡以前；我們要建立這種有勇氣的觀念，卽認我們的努力能增加我們子孫的幸福。這是一個『重要的宗教』觀念。這種進步完全依賴於科學，聖西門對此有很獨到的意見。他在孔德以前已經指出科學與哲學的前進趨向於實證的形式，並且指示進步是在玄學的消滅。他已預知科學的心理學與社會科學，但是他將純粹的科學問題置之一邊，來討論他認爲最重要的問題，卽『社會改造』問題。一切的國家都趨向於一個目的：卽自政府的，封建的，軍政的系統達於行政的，工業的與和平的系統。這種變化的時候已經到了，聖西門相信他自己的工作就是十八世紀所說的『立法者』的工作。

第一，在社會中要改造兩種權力，一爲世俗的權力，一爲精神的權力，這兩種權力彼此不相同。這兩種權力的區分在中古已存在；這使歐洲的國家在教皇指揮下結合了幾百年，並且是『極爲完全。』現在這種世俗的權力是由貴族與軍人的手中遞到製造者與生產者的手中，而精神的權力則屬於科學家與藝術家。因爲新的系統一定要根據於由事物性質而來的原則，與流行的信仰及過去的意見是沒有關係。教士應當是最有學問的人；否則最有學問的人將搶奪教士的位置。

所以道德的最高原則一定是：『人人必須工作。』因此懶惰應當受責罰，聖西門極力攻擊閑人階級『剝奪生產者』，攻擊勞動者與資本家的衝突，富豪與貧民的衝突。

最後，到臨死的幾年，聖西門宣傳新基督教的觀念。耶穌第一個門徒的工作經過多少年都被人誤解並且忽略；舊教（即天主教）說新教現在都成為異教了。『眞正的』基督教必須再恢復已經中斷的最初基督教；這就是說，基督教要努力於社會改造，使貧苦階級獲得物質的與道德的進步。

此處我們的目的不必研究聖西門的一派，雖然與經濟及社會學說有關係。我們也不能討論這些思想家，如勒魯 (Leroux) 與蒲魯東 (Proudhon)，因為他們的著作是屬於社會學史，不屬於哲學史。還有一個烏托邦的改革家，他的創造力和聖西門一般，此處我們不能不述及，這個人就是傅立葉 (Fourier)。在一八零八年他出版了他的四大運動的理論 (Thérie des quatre Mouvements)。在這本書裏面他對於文明與宣傳文明的哲學家之責難，不留餘地。他受盧梭的影響很深，但是他的描寫更為精確，他對於財富與勢力的消耗與矛盾曾極力攻擊，還有在我們近代社會中的愁苦與壓迫他也極力呼號，但是一般人仍以為我們這個時代在文化與禮貌上比以前一切的時代都超過。傅立葉很勇敢地說一切經濟與社會病症的原因都是由近代文明的國家生出來的，由此知道十八世紀許多哲學家所採取的樂觀主義是靠不住的。

但是傅立葉當他放棄了批評的原則與解釋他自己學說的時候，又使我們不能不相信他的樂觀主義。在他夢想的社會中，即人彼此『諧和地』生活，不是生活在所謂『文明的』狀態中，他以為幸福是可以獲得；他的情感（假定這是好的，因為情感是為上帝所賦與）由此不受壓制，在一個組織很適當的社會中，情感可以獲得自由的，自然的與天眞的施行。

傅 立 葉(1772-1837)

這種夢想在我們看來似乎是很幼稚；然而偉大的心靈在他們年青時曾爲這種夢想所動。有許多有很大能力的人在最初都是聖西門派與傅立葉派，對於這種學說充滿了熱心，卽承認在社會中有最小限度的不平等，有最大限度的公道，爲公共謀福利，爲大衆求快樂，他們對於人類有一種博愛的情感。在許多著名的科學家，工程師與製造家在他們青年時都具有這種熱心，還有兩個哲學家，一個是孔德，一個是芮奴未葉(Renouvier)。

有些東西好久在法國沒有看見，現在又隨孔德復現了：一種特創的哲學系統，旣未受英國的影響，又未受德國的影響，努力對於理論與實際的問題給與一個最後的解決。所以聖西門與傅立葉所造成的只是派別或私的教會，這只有一個短時的聲響，對於全世界並沒有什麽影響。而孔德的哲學就完全不同了；他的學說的精神普遍於全世界，而影響所及，雖至現在仍承認這種學說爲重要的事體，並且在法國，在英國，在美國與在德國均有實證主義的信徒。

由這種事實可以證明孔德的哲學是獨創的，一個完全依賴他人的思想，絕不會有這樣普遍與深厚的影響。有人責難他，說他除了將接受十八世紀哲學家的觀念，特別是巴丁(Burdin)與聖西門，造成一個系統以外，沒有任何別的貢獻。他自己也從來沒有否認過前人給與他的恩惠。他稱康多塞爲「他的精神的父親」並且公然視他自己爲十八世紀的繼承者。由巴丁我們知道科學積極分類的大綱。最後，聖西門確實暗示孔德以許多觀念，如我們讀過他們兩個人的著作，就可以知道聖西門留給他的學生要做的究竟有多少，又孔德究竟超過他的先生有多遠。聖西門的前進不是一貫的，他似乎受當時思想的完全支配。孔德的哲學剛相反，有一個徹底一貫的系統。由孔德我們可以知道許多個別的觀念能組織與一個普遍的原則相連合。總之，孔德是一個哲學家，他的系統是最好構造系統中之一。他將這些觀念連結在一個有力的系統中這些觀念以前或已有過，或分散在各處，這都沒有什麽關係。孔德將牠們連結在一個系統，給牠們以新的意義與新的價值。

依孔德說近代世界是在危險狀態中。十八世紀剛達到破壞的工作，這種破壞在中古世紀之末已開始了。最後十八世紀將歐洲社會制度所根據的原則與信仰都破壞了。但這種狀態能永久支持下去嗎？不能，因爲人類社會需要精神的條件與需要物質的條件是相同的。社會的存在必須在人人心靈中有共鳴，意見也必須有普遍的承認，信仰變爲公共的。由這些退化的人如梅斯特與拉梅內更可以明白這個眞理，雖然他們將這個眞理錯用了。他們想要人回到天主教。孔德以爲他們這種努力是無希望，人必須視科學與哲學爲救助爲心靈結合的方法。他在一八二五年曾說過我一切努力的目的是要在社會中重建精神的東西使之能與我們現在沉入的物質勢力相抗衡。實證哲學的最大野心是要給人類以這些不可少的道德信條，此爲宗教所不能供給的。

在聖西門中我們已遇到這相同的思想與計劃，並且在這個時候許多人都感覺到在一個『破壞的與批評的』時期以後，一定要繼續着一個『建設的與組織的』時期。但孔德的創造是他的改造工作的概念。別的人也都想爲痛苦的人類求得補助每人都有一個萬靈藥。因襲論者要人服從教會；聖西門提議基督教的社會主義與科學的教士，傅立葉要人情感獲得適當的發展。孔德說這一切的努力結果都是失敗因爲他們不知道社會的構造與作用就想來醫治社會的病，正如以前人不知道物理學就用來征服自然，不知道生理學就想實習醫病。所以第一種工作不是建立一種宗教，或改變歐洲的經濟制度。第一我們要建立一種眞正的社會科學，與一種『積極政治』的科學。孔德說『假使社會的精神改造沒有結果，或至少在那裏進行的，我只是一個理論者，我將視制度的討論爲無意義。』

在歐洲現在這種心靈的與道德的混亂中，表示出不斷的革命暴動，時時發現的反動，互相競爭的黨派，並且無力量建設任何永久的東西。現在在每人心靈中缺乏和諧，社會的紛亂仍然存在，每人的感情與觀念都包含在困難的狀態中，我們如何能再建立有力的公共信仰？在另一方面，假使我們假定心靈的和諧已存在於各個人中，那一定會分給到別人，因爲在他們的眼中與在他的眼中都以爲相同的證明有相同的價值。『精神再造』的問題所以像下面這樣說：『尋出一種學說，建立一個自然人與社會的概念，在諧和的論理上與充足的證據上來說服一切的心靈。』我們此處不是烏托邦與社會完全的夢想，因爲孔德的這個問題實在是哲學的。

和諧的缺乏是因爲在人的心靈中同時有三種不同的思想，或兩種相反的思想出現，沒有一種思想能克服別的兩種思想。有許多事物我們可以在科學的與實證的方法中來判斷牠們；例如我們可以將在太陽系統中的天體運動縮減成爲力學的問題。因此我們很精確地預言天文的現象，知道流行於這些現象中的公律，我們再不去求牠們的原因或目的。另一方面我們是像玄學家，例如心理現象，如思想，意識與記憶，如不假定一個超現象的實在，一個自存的原則（此我們稱爲靈魂）我們以爲這些現象就不能解釋。最後，當我們研究宇宙的全體或偉大歷史事實繼續的時候，我們以爲認識了一個最高的動作，具有全智與全能的原因，傾向於我們不能達到的一個目的，這個時候我們是像神學家。

神學的思想在兒童中特別發達。因爲一與外界接觸，在人中就起來一種想像，他在一切現象以後處處都假定與他自己相同的東西這些東西的活動是有一個目的。漸漸當他注意有些現象規則地出現，他不假定一個意志的動作去解釋每種現象；第二步他就想像實體形式，不動的與永久的『觀念』來解釋個體的與暫時的。最後，在人的成年中，他的想像漸漸少，觀察與推理漸漸多，不去求原因與實體，而僅去求公律的知識。

但是自這一種思想到另一種思想的這種過渡絕不是方法的或完全的；在第二種思想中也能找到第一種思想的線索，有時在第三種的思想中也能有前二種的思想。假使我們只研究個人心靈的演進，我們絕不能發現這種公律，因爲在個人心靈中演進是很短，很快，很容易爲教育的影響所蒙蔽，教育是使過去的集合經驗在開始就影響新的一代。但是要研究全人類的演進，這種偉大的公律立卽可以知道。人類思想是自神學的階段達到玄學的階段，又是玄學的階段達到實證的階段。玄學的階段是不穩固，是在神學階段與實證階段之間的過渡，一方面使神學階段消滅，一方面做實證階段的預備。

所以實際上只有兩種心靈的傾向，人類心靈在這種傾向中尋得其堅固的基礎，並且在這種基礎內心靈能使其宇宙的概念成爲一個系統。第一種心靈是尋求一切存在事物的原因本質與目的，藉以解釋現象與他們的公律，總之是尋求絕對的知識。第二種心靈是以相對的知識爲滿足，這種知識我們能達到；以公律的決定爲滿足，這種決定能使我們預知現象。前者常常希望自然現像能忽然變爲對於人有益，由此可得到這種結果，卽能調和一切現象所依賴的神聖意志。後者依培根說，知道人的力量能依賴他的知識來管理自然，並且自然現象絕不能改變，除非與他們的公律相合。

科學史有許多的例子告訴我們，不論有多少的阻礙，而第一種的傾向是漸漸爲第二種所代替。人最初對於天上的各種現象是採取像人的與神學的解釋。最初時代的人認地球爲宇宙的中心，人自己是創造的最後目的；他視天上的星爲神視衆星規則的動作爲神聖智慧的表現。漸漸他知道他在宇宙中是一個很遠地方的居民，並且行星的軌道是爲必然律預先決定。科學家在天體的動力學中不需要神聖意志的憑藉，這還不到一百年。即在我們今日在物理學中仍能尋出玄學的精神，在生理學中與道德科學中含有玄學的精神更多。但是在將來科學當更一天一天趨向於實證的形式，使牠本身一天一天脫離那些非證實的假設，限制牠本身爲系統的公律知識。當實證精神完全勝利的一天，心靈的和諧不是能實現了嗎？這種勝利是否卽爲自己完成演進的必然結果？

向前的進步固然是這種性質；然而問題的解決不是這樣簡單。在已往的科學中我們知道實證精神有時並無力驅逐玄學與神學精神。神學與玄學不僅在過去供給人對於自然現象的暫時解釋，並且供給人以宇宙的總觀念，人類的概念與人類的最後目的，總之，能供給人以行爲的規則與一種訓練。人對於他們宗教的及玄學的信仰堅持很緊。在此處他們尋到了他們主要問題的回答，並且他們絕不放棄這種觀點，除非對於這些問題有一個較好的回答。而實證精神在過去對於他們並沒有什麼貢獻。這種只是糾正與改變每一種分開的哲學，但是不能貢獻一個簡單的原則來規定科學的相互關係，並且也不能貢獻一個原則來規定人類活動的別種形式。總之，實證的精神在以前只是表現部分的與特別的觀點，而哲學系統與宗教表現綜合的與普遍的觀點。在現在後者的觀點與前者的觀點一樣爲人所不可少，並且人將永遠不能離開這種觀點，在他的思想或趨向於他自己，或趨向於宇宙的時候。

假使現在的危險是因爲實證的精神與玄學及神學的精神同存在於人的靈魂中，依孔德說這三種精神是互相排斥的，又假使玄學的精神在普遍觀點中的需要，正如實證的精神在特別科學觀點中的需要是相同，這種衝突的結果將如何？梅斯特想人完全抛棄證實的精神，回到中古時代的心靈與道德唯一的地位，這在梅氏本人原是一貫的。這種解決也許是合論理的，但是很可笑。人類的智慧絕不能再走退流，因爲這種智慧已有許多不可磨滅的獲得。但是假使神學的與玄學的精神能供給適當的解決，在一定情形下實證精神不能如此嗎？在實證精神中缺乏的是什麼？這種精神不能建立我們所求的『心靈和諧』嗎？不能給道德問題與社會問題以科學的回答嗎？不能爲人類生活與科學本身立下一定的規則嗎？現在讓我們假定實證的方法不僅應用於某一部分的現象，並且也能應用於宇宙中一切的現象，包括社會現象與道德現象在內；讓我們假定實證的觀點不能只是部分的特別的，並且變爲普遍的與概括的；總之，科學不是分散地前進，爲一種實證的哲學所連合一致；我們不能在方法中與思想的相同中獲得實在心靈的和諧嗎？所以實證精神的勢力將被完全確定成立，因爲這種精神將『代替』供給人類的神學精神與玄學精神。

一切歸縮到最後成爲這個問題：即實證精神是否自特別的範圍擴張到能管理全體領域，即是否不僅成爲

孔　　德(1798-1857)

實證的自然科學，並且也成爲實證的道德，政治與宗教？孔德回答說：『是的，假使一種實證的社會科學是可能，一切都是可能。』所以孔德努力建立這種社會科學。此處卽是系統的總關鍵，卽是三種問題的解決，科學，道德與宗教的問題。他說：『社會學的創造在現代哲學的完全系統中要來建立根本的結合。』

二

爲什麼社會學的創造不能早日出現？對於這個問題社會學的本身可以給與一個回答。因爲人類的進步是依照必然的公律，只有當一切不可少的條件都成立了，任何社會現象才有發生的可能，例如新科學的產生也是如此。在十九世紀開始，歐洲的道德智慧與宗教狀態，特別是法國，最適合於用研究別種自然現象的方法來研究牠們，換言之，用觀察與歸納的方法來研究牠們，使牠們也變爲實證的科學。由中古時代遺留下來的觀念與信仰漸漸消滅了，批評的結果使人漸漸不重視遺留下來的原則，又因爲科學前進的幫助，所以一個新的系統已開始預備了；最後，法國大革命的振動使人知道堅持舊的原則是不可能，或者依據哲學家純粹批評的觀念不能發現任何新的東西。只有到了這個階段社會學才能變爲一種科學。我們一研究科學的演進就可以知道這種相同的公律。在任何科學中，發現只有依一定的次序才能產生；刻卜勒（Kepler）是在哥白尼以後，牛頓是在刻卜勒以後。在科學的次序中只有當前一種科學達到一定發展程度的時候，後一種科學才能變爲實證的。

科學的分類在實證哲學中很佔重要的地位。這一點在實證哲學的系統中人多半知道，同時也多半知道的不完全。在這種分類中孔德只討論理論的科學，在理論科學中只討論抽象的科學。他分類是依照現象之漸次縮減的普遍性與漸次增加的複雜性。所以他承認有六種基礎的科學，即數學，天文學，物理學，化學，生物學，社會學。這種簡單明白的分類是與科學發展的次序相應，而為普通科學家所採取因為他們覺得這種分類是很方便。但是這種分類曾為哲學家極端批評。例如斯賓塞就極力說這種分類不能回答一個確切與完全分類的條件，因為孔德只將抽象的科學加以分類，具體的科學未加以分類，他的科學的分類，主要的是表示依賴於實證的觀點。即每一種科學必預先料定了前一種的科學。如幾何學無需於天文學；但是天文學適相反，不能變成一種科學，直到希臘的幾何學家成功以後。物理學在力學與天文學以後，化學又在物理學以後。屬於活的物體的現象除服從力學，化學的公律以外，並服從特別生物學的公律。每一個新的現象依賴於較簡單更普遍的現象，所以每一種新的科學成立，也要依賴於以前的一種科學。

社會現象為最複雜，所以我們必須希望社會為最後組織的科學。政治的幻像在我們今日仍有勢力，不僅支配了較低下的階級，並且支配了上等階級，這很足以表示人不能自實證的觀點來研究社會事實。除非生物學達到適當發展的程度以後，實證的社會學是沒有可能。

在孔德以前的人努力建立社會學，結果都沒有成功，就是因為生物學還沒有成立。例如孟德斯鳩在他的時候就很清楚地知道社會現象與別的現象一樣同為公律所規定；但是因為他缺乏生物學的知識，在他的努力中他不能決定這些公律只過度誇張氣候的重要；其實這只是次要的環境使他的社會科學僅止於英國憲法的頭揚。康多塞知道了進步的公律；但是他僅從事於哲學的戰爭，反對神學的與封建的制度，他咒罵中古的偉大世紀，因爲他未能了解這個世紀，假使孔德比較更爲有幸，能建立了社會學，這是因爲他在喀巴尼，比沙與加爾(Gall)以後，他們爲科學的生物學已立下基礎了。

但是在列舉這些基本的科學中，爲什麼心理學竟沒有提到？此處這個缺陷是否危險了他的全系統？至少穆勒(G. S. mill)是如此想，並且這也是一個重要的原因使穆勒不附和孔德的哲學。斯賓塞在他的哲學的大綜合中，將心理學原理插入於生物學原理與社會學原理的中間。但是這是孔德的意見，也是喀巴尼與比沙的意見，即以爲心理學的作用不能與有機體分開研究，有機體是心理學作用必需的條件，所以結果無須將心理學與生物學分開。但是這僅是一個形式的問題，假使我們因此推論到在孔德的系統中沒有心理學，那我們是完全錯了。在一種學說中這如何能缺少；——這種學說的重要原則是人類思想的歷史發展。

誠然，孔德不相信靈魂現象的主觀觀察能成爲發現他們公律的科學方法。他極端批評庫爭所謂心理學的方法，因爲要使心理的作用與有機體相連結，他想在腦筋中指出每一種能力都有一個特別的解剖的範圍；他極力主張人的智慧與動物的本能無區別；所以他要人研究比較心理學與心靈病理學。當他咒罵前人的心理學的時候，他的意思是指康的亞克與他的一派，他們是主張『觀念起源』的分析，他們的分析固然是心理的，也是論理的。孔德責備他們不完全錯誤並且危險，他們將人視爲『推理的與孤獨的東西』。在他以爲這是雙重的錯誤：第一，感情的作用與情感在人中過於刺激，並且在人的生活中將感情的作用看得比較智慧的作用來得更爲重要；

第二，最壞的是將人看作個體的，因爲人的現象同時也就是社會的現象。我們不應當用人來解釋人類，我們應當用人類來解釋人。所以一個個人心靈的分析無論如何深奧與確切，絕不能顯示出知識的公律。只有人類的發展才允許我們發現公律——發現管理人的心靈進步的公律。這就是使孔德創立『三個階段』的基本公律，總之，一種實證的知識論是不能與社會學分開的。

所以實證的哲學研究心理的現象與研究別的自然現象是一樣的；但是不能將這些心理現象與別的事實分開，這些事實與心理現象是連結的，並且心理現象是依靠這些事實。此處像別處一樣忽略了原因與本質的研究，只討論到公律。這也不必驚異，即玄學家的反對是特別強而有力，特別是關於道德與宗教的問題。

三

要決定什麼是科學，孔德依照他的方法，以實證的性質反對非實證的知識的性質。科學不是討論事實，而是討論公律。一個事實的知識在本身上沒有科學的價値；此與任何事實的知識相同，只能値得博學的名稱。當我們以現象的預知來代替現象的直接觀察的時候，科學就開始了；即當我們發現了常常的連結的時候，這種連結使我們由一定事實的發現能推知別的決定的事實，那些相信事實的聚集能構造科學的人，好像誤認了石坑爲房屋一樣。雖在很早的時候並且離開實證的方法很遠，人類的心靈就不以事實的陳述爲滿足了，並且要求一種學說能聚集那些已經認識的東西，再觀察新的東西。在這一點，自然的神學觀是特別有價値。這種自然的神學觀漸漸初爲自然的玄學觀，再爲自然的實證觀所奪去。

實證方法的大本營是數學。心靈在這種科學中學得科學的研究，用笛卡兒自己的話，不要依靠虛僞的理性。心靈在推理不同的形式中受訓練。數學是論理學的唯一方法。我們只要研究數學就可以知道求眞理的方法；所以科學家的教育應當常常以數學的研究開始。但是這雖是必需的，不過這種研究還不夠；不然數學精神統制實證科學，知識的進步沒有比這再重要的了。

與無機世界的科學，即天文學物理學與化學同時起來的有實驗的方法。這種方法教人用正式的假設，使自然律的觀念益爲清楚。因此，對於自然的神學觀給以最重要的打擊。實驗的方法使人脫離視自己爲世界中心的錯誤，並且顯示他是無能力發現原因，特別是最後的原因，使他能獲得一個確定的（雖然有限的）權力在公律的知識中。「因爲預見，因爲準備，讓我們知道」。

當我們自無機的自然到有機的世界的時候，自物理學化學到生物學的時候，實證的方法也漸次愈爲豐富。數學的符號不能應用到未決定的與很複雜的現象，實驗的方法不能應用到有機的活物，所以生物學家不用這些方法，另用一種比較的方法，這種方法是極有效果。並且科學能研究孤獨的現象，與決定前因及後果中間的簡單關係，而生物的現象是完全一個附屬一個，研究這種現象的人常常藉全體來解釋各個，藉各個來解釋全體。所以要了解詳細必須推知全體。這在社會學中比較生物學中更爲眞實，因爲和諧在人類社會中比較在活的物體中更爲複雜，並且因爲要了解社會必須去求歷史。

所以每一種基本科學必須加添些東西到實證的方法上去。省略了任何一種基本的科學將使以後科學的組織爲之敗壞實證哲學似乎是最後出現。因此在孔德的系統中，爲心靈所追求的有兩條路：第一是一條向上的路，自實在的最低級開始，卽自幾何的，最簡單的現象開始，漸漸達到最高級，卽達到社會現象，最複雜的現象。這個最高級達到以後，一種實證的與普遍的科學就成立了。於是第二條向下的路就開始了，這是自社會學達於別種科學，在這條路中心靈規定每種科學以求這實證哲學爲目的，規定每種科學研究的界限，規定每種科學附屬於完全的人類文化之下，這種文化又復返附屬於道德與宗教。

孔德努力在這種方法中保持基本科學的互相連結與獨立。在這種思想中，最重要地是在宇宙中爲一切現象尋求一個簡單最高的公律，如以前聖西門所從事的，他幻想他已在牛頓的吸力中尋到這種公律。孔德反對「一切尋求幻想的與有害的統一。」依他說，爲基本科學目的之各種不同的現象，不能將此縮成彼。這些現象固然是互相有關係，但不是彼此相等。簡單的科學往往是在比較複雜的科學之前，孔德說複雜的科學反對侵佔簡單的科學。因此物理學家應當留心『代數的束縛。』在物理現象中有些東西不能縮成力學。相同，當我們由物理學經過到化學，由化學經過到生物學，由生物學經過到社會學的時候，在每一級有一個豐富的實在形式，假使我們以低下來解釋優越，那我們就不能領略這種形式。在科學中唯一的必然統一是方法的統一，此保持『思想的完全性，』並且這種統一爲社會學組織所影響。

爲一切現象尋求一個簡單最高的公律，與尋求原因，目的，與實體出於相同的本能；尋求絕對仍爲玄學的本能。但是實證哲學僅趨向於相對的知識，唯一與人接近的知識。誠然實證哲學要使特別的公律成爲普遍的公律；但是有許多公律並不服從這種歷程。實證哲學建立的科學統一，是從社會學的觀點。所以在一種意義中社會學是依賴一切別的科學，又在另一種意義中社會學是支配一切別的科學。

孔德分社會學爲社會靜學與社會動學，一個是研究一定時期的社會，一個是研究社會前進繼續不斷的階段；這就是靜與動，秩序與進步的區別。但是社會靜學的公律被發現，是因爲觀察在動作中的社會；社會因爲當一定的社會現象發生變化的時候，一切別的社會現象因爲互相有關係，所以也同時發生變化。宗教，藝術，道德，文明，經濟情形，政治制度，科學知識，這都是社會生活的許多方面，這並可以說是彼此的作用。

社會靜學最普遍的公律，至少是關於人類的社會，爲亞理斯多德所指出，即是作用分開與勢力結合的公律。但是因爲作用分開，社會僅成爲家族的聚集，並且分工將不能存在，然而這種分工爲複雜社會現象的必需條件：社會的增加，階級的形成，觀念與習慣的分歧，兩種政府（精神的與世俗的）的制度（孔德以此代表社會中的完全精神），在這些現象中都需要分工。

在文明人類的發展中，特別是在高加索種族的發展中，孔德研究社會動學。在孔德敍述人類的演進中，他沒有提到黑種與黃種，只說到當最進步的一部分人類完全達到實證的時期，他們（指黑種與黃種）將來也可以包括在人類的演進中（譯者按：此爲孔德的偏見，在近代歐洲人中有這種偏見的仍不少）。社會動學最重要的公律是進步。古代人不知道這種公律。像這些近代的思想家如巴斯噶，封特湼爾，堵哥，特別是康多塞與康德對於這個公律雖然多少也知道一點但不能有確切的表現，直到法國大革命，才知道由希臘羅馬的系統到中古時代的系統，由中古時代的系統到實證時代的系統之向上的路。

進步並不一定是指較好或無窮的改進。在社會學中與在別處相同，所謂進步僅是表現爲公律所規定的繼續階段。來布尼茲說：『現在是充滿了過去，包含着將來。』活的東西所發生的演化，即自胚胎的時代直到長成的形式，是進步的最好的解釋。孔德說：『進步是秩序的發展。』在最普通的方面去看進步，即是在最容易的發展中去看秩序，這種概念很奇怪，既能應用於生物學的與社會學的現象，也能應用於數學中。所以孔德稱之爲『百科全書的公律，』此能使我們知道牠們是『秩序的與集合的。』

孔德在很大的歷史哲學中發展他的進步的社會學公律，此處我們不能詳爲分析。但是我們已經認識這種公律的最普遍的原則，即是『三階段的公律。』孔德告訴我們人類如何由拜物教（這是神學階段最早的形式）到多神教，如何由多神教到一神教；如何玄學能使一神教漸漸成爲自然神教的形式，最後達於實證的時期。達到這點，人類心靈並不否認絕對，只是不去求這種絕對而以在實在的全領域中求公律爲滿足。所以人類自開始相同的狀態——拜物教，達於最後相同的狀態——實證主義；在這兩個極端的中間是宗教史，文明史與哲學史——一個必然繼續的變化，這種變化的連結就造成歷史。

人類常常使他的概念與他的觀察相合。但是人類概念的系統雖停住不動，被觀察的公律與事實仍然繼續增加，不久這種均衡又被擾亂了。所以概念必須再適應獲得的知識，一個新的均衡又成立了。這種相同的歷程使人類得跑出初民神學的狀態，不過許多實證精神的初步已混雜在裏面了。最普通的現象是人必定隱隱知覺管理他們的公律。由這種卑下的起源由這種刺激人自然惰性的必然發生出科學的精神，這是在人類智識演進中的重要分子，所以結果是全文明的重要分子。

由這種進步的學說可以知道，在一切過去的系統中，在每一種宗教中，在每一種玄學中，這都不是實證主義的敵人，只是實證主義的先鋒。實證主義不一定要排斥這些系統，並且在人類心靈的演進中，這些系統都是必需的連鎖。「實證哲學因為不想成絕對，所以也不批評一切的過去。」一個實證的哲學家固然不放棄判斷一切的權利，但是他並不藉激烈的原則來責備過去的時代。孔德只要我們在進步的演進的允許中希望過去，既不沉入於定命論，也不沉入於樂觀論。由歷史的觀點看實證哲學的相對性質是實在的，並且建立一個有很遠結果的原則，歷史變為十九世紀的「神聖科學」，並且變為道德中一切實證知識必不可少的條件。

這種進步論與知識論相同，在孔德以為將漸漸以人類代替個人。我們不應當研究「我，」只應當研究「我們。」「知道你自己」這句話為蘇格拉底以來哲學思想的原則，應當為文明人類這種教訓所代替，即「知道你的歷史。」所以孔德的哲學實在是一種「人道的哲學。」由這種人道的中心觀念影響於自神學到道德，政治與宗教的變遷。

四

孔德像聖西門一般，並且比聖西門更厲害，排斥十八世紀帶來的中古時代的觀念。在這個時代他並沒有看見一個野蠻迷信與愁苦的長夜，但只是一個有效果工作的時候，在這種工作中近代世界組織成一個比古代人較高的形式。有一個特色證明中古時代超過了古代，即精神權力的存在，與世俗君主權力不同的教皇權力，並且能與君主權力相抗衡。

孔德極力稱讚這種能保存基督教歐州統一的『人類智慧』。他希望實證的哲學能有一種新的精神權力，這好像中古時代天主教的組織，能集合一切的心靈，並使政治與道德附屬在下面。他也稱讚在這些時代中之教士的道德學說。在這種團體中我們看見一個可以稱讚的社會意識。使個人對於自己的犧牲仁愛的價值有很有力的印象；無論是卑賤的或偉大的都是一樣看待，此都總括在他的問答體中。在他晚年，孔德自己以基督的模仿(Imitation of Christ)與但丁的著作為他每天的讀物。

不幸，這種道德學說為教條所束縛，這種教條的信仰是為實證的精神所推翻。在許多點上，宗教信仰的失去往往伴以道德的衰落，這種衰落並且能影響到家族的制度。假使實證的哲學在組織的信仰以後，不預備組織道德，我們將極為驚異。

道德現象與社會現象相同，依靠宇宙中別種較簡單與較普遍的現象。人的行為最重要是為他活動的世界所決定。在太陽系統中的地球，四季的來往，物理與化學的公律，特別是生物學的公律，此決定人的生命的平均延長，最後是社會學的公律，所有這一切的公律都是決定人的活動有力標準。雖然很長的時候忽略了這些公律，但是人仍然服從他們的行動人要知道這些公律，絕不想去躲避這些公律；但是此處像他處一樣，人藉知識使自然律對於他所觀察的事物有幫助，並且『由自然的次序達到人爲的次序，』這就是道德的次序。孔德曾說過，假使我們愈有知識，卽是愈有道德；因爲對於人類堅固基礎的大事實認識愈好，所以人僅存在於人道中，我們行爲唯一適當的規則是『爲他人而生活。』反過來說假使我們愈有道德，卽是愈有知識；要實行這種規則，我們應當有連接同類感情的經驗。

孔德與喀巴尼及加爾相同，以爲十八世紀的哲學家誤解了人的道德性質，主張沒有東西是天生的，所有一切都是教育的產品。其實不然，人像一切的動物一樣，生來卽有許多傾向。生物學研究這些傾向對於我們有機體的關係，社會學研究這些傾向對於我們行爲的影響。這種天生的傾向有兩種：有一種是自利的，促動個人去求他自己的保護幸福與快樂；另一種是利他的，卽在他的行動中顧及到別人，愛他的隣人，總之，卽在別人的快樂中去尋自己的快樂。所以道德的問題應當是：使原來很微弱的利他情感佔勝自利的情感。自利的情感原來較強，所以換一句話說，卽使『人性戰勝獸性。』壓制這種自利的情感不在我們的權力以內，道德卽包含在使自利的情感居於次要的地位中。

假使外面標準的活動不能鼓動自動的道德，人類將不能在這方面繼續下去。例如家族生活與社會生活就極希望利他的情感與傾向有無窮的增加。這些情感與傾向在一個社會團體的一切分子中能同時發展，並且能因爲模仿與傳染漸漸增加。自利的情感適相反，活動時不能不彼此衝突，社會生活必須對於這種自私的情感加以制止。但是要智識增加實證哲學發展，道德的進步才能保持。因爲社會科學證明人類堅固基礎的根本公律，對於秩序的觀念加以明白的表現。同時告訴我們說自利的情感是很可笑，人不能不『爲他人而生活』

所以孔德的倫理學不能算作情感的倫理學系統中的一個，利他的倫理學只是根據於普遍秩序實證語言系統的轉變，與來布尼玆或斯賓挪莎的倫理系統相同。只是孔德將他的倫理學與神學的及玄學的原則分開。道德與科學相同，以前視爲絕對的，現在變成相對的。在人類良心與人類智識的演進中流行着相同的公律。

科學說我們生活在『人道』(Humanity)中；道德說我們應當爲人道而生活。因此有一種教育學，一種國政管理，與一種宗教連結很密切，並且根據於相同的原則。

教育是指導完全趨向於保持心靈的和諧，目的是要使心靈充滿共同的信仰，在這種積極的科學中只有哲學能使之成功。試驗這種科學與哲學的價值並不是人人都能做的，或者是爲人人的，那些能試驗這些價值的人，覺得沒有東西爲他們的理性不能承受。別的人相信這些人所做出來的試驗。有多少人能有資格批評與實證太陽系統的學說，然而每人都承受這種學說，並且這種相信是極有理由。當我們入於實證的時期，一切哲學也都是如此。共同的允許將產生有力的信仰，幾非我們所能形容。

孔德主張的國政管理與他的宗教不能分開，其第一原則是區別世俗權力與精神權力。後者是由科學家所組成之教士的特權，他們同時是靑年的教育者與人道的宣傳者，人道是孔德宗教的最高目的。人道他又稱之爲『大我』(Grert Being)，意思就是說爲『過去現在與將來一切存在的聯合，牠們都是自由地附屬於普遍秩序的完全。」這種『大我』有兩個重要的特點：一個是共同聯合，一個是繼續不斷，人類社會的共同聯合，爲自然供給最完全的一種聯合。社會的一切作用都是在不變的秩序中實行，雖在戰爭與革命的時候，這是很奇怪的事。更奇怪的是那些供獻這種秩序的人，多半是因爲尋求他們自己自私自利的目的。這種快樂的和諧並不阻止個人自由的競爭，並不壓迫個人的努力。沒有再大的錯誤，卽是將人與有機體的細胞或者與珊瑚的分支相比較。在孔德所述的社會中，每個分子的個性都是與團體的統一相合的。

「大我」的第二個特點是繼續不斷。因此人類社會才能有歷史。因此前一代的經驗才能傳給後一代。因此科學，藝術與文明才能有進步。孔德用很驚奇的話來表明這種繼續不斷。他說：『人類與其說由活人組成的，毋甯說由死人組成的。』這句話並沒有什麽比喻，孔德以爲他說的是很坦白的。因爲人類（譯者按：Humanity 一字，在孔德的哲學中譯人道可，譯人類亦無不可。故我有時譯人道有時譯人類）不是一個抽象的，是一個實在的，其實在正如組成人類之個人的實在相同。所以死人實際上仍活在我們當中。

孔德用『大我』中合作的實證觀念代替靈魂不朽的玄學觀念。人的行爲不能完全死滅；這些行爲藉社會的繼續仍然存在於他人中。所以人有兩種存在。第一是他加入於社會中的個人。假使他這種生活很有利益，換言之，假使他能使自利心屈伏在利他心的下面，在他死後他卽入於第二種存在，這是他較好一部分的存在，卽加入到人類的精神生活。這種不朽的形式是脫離了空間與數目的公律，能有多少人沒有巳死的耶穌或柏拉圖的靈魂？像這種理想的靈魂應當成『爲大我』因此對於死者不能不有紀念，這就是節期的由來，人類活的代表在這種節期中來紀念以前的恩惠者，即做成現在那種情形的恩惠者。

孔德因此建立他的人道教，這也就是孔德哲學的頂點。他解釋宗教為『一種完全諧和的情狀。』在個人中是規定知情意的關係。在社會中是將人聚集起來，或者使彼此的交際和諧。宗教的活動在人類歷史中是最高的一種活動。宗教是進步的重要徵兆。社會動學的公律，即三階段的公律，由宗教的形式，拜物教，多神教等等表明人類理解歷程。在實證的時期中宗教並不減少重要。理性的宗教並不反對默示的宗教，並且視其自己為合法的繼承者，並且理性的宗教視宗教的歷史為『人道教一個很長的未成熟期，在上帝的保護之下。』以後假使宗教的目的不在絕對，完全與永久，而在不完全，有條件與暫時，也不能因此宗教即減少熱度或減少慈善。

在他的實證政治系統 (Le Système de Politique Positive) 中與他的以後著作中，他詳細敍述這種新宗教的管理，信崇與教條。他取材於天主教的組織，他視這種組織為巧妙產品。這曾引起赫胥黎說孔德的系統是『天主教減去了基督教。』有許多弟子都圍繞着實證哲學的創始者，但是他們不承認這種人道教。當大師的學說不能獲得他們同意的時候，這些人固然有權利恢復他們的自由。但他們走得太遠。他們說不是他們拋棄孔德，而是孔德拋棄他自己；他自己對於他的學說與他的實證精神不忠實；並且在實證政治系統中，孔德依主觀的方法構造與他第一期完全相反的第二期哲學。誠然，孔德最後的著作有一種很強的情感與神祕色彩，這在他第一期的著作中是沒有。誠然在他組織的人道教中有許多細節是很可笑。但是他的哲學思想的一致是無可疑。他極端辨白反對那些人稱他為『不完全的實證主義者。』他說：『我一生努力建立健全哲學之眞實基礎的科學，因此使我很適合構造眞正的宗教。』在他的實證政治系統的最後，他將以前沒有發表的青年時代的小册論文重印出來，這是他在四十年以前寫的，在這論文裏面我們看見與他學說一貫的主要觀念，並且知道建立確實宗教爲他學說最高的目的。

所以不論利特雷（Littré）是怎樣說的相反，而孔德從沒有宣傳過兩種相反的系統。包括他的方法，國政管理與宗教只有一個系統，然而在他的系統中並不是沒有區別。在他哲學的一部分孔德表現他的時代普通傾向；在另一部分他表現這一代的特別精神。這一部分對於著者是最可實貴『青年時的思想實現於他的成年時期』，一種新宗教的創造是立卽萎滅的一部分。另一部分仍然充滿生活，並產生出結果。

孔德視他自已爲法國十八世紀哲學的糾正者，並且爲笛卡兒的繼承者，他要完成笛氏的工作。十八世紀的遺產由康多塞傳到他的手中，康氏是他的『精神的父親；』但是他受梅斯特的影響也很深，梅氏曾指明出這種哲學的消極性質與破壞性質。孔德不想調和他們兩個人，並且這是不可能，但是他發現了更高的一點，卽承認他們兩個人中都有眞理。這一點他以爲就是實證社會科學的頂點。

笛卡兒已很早就有實證的精神，他實在是近代哲學的始祖。但是他想藉數學的方法將一切自然科學都聚積在一個系統裏面，要將這種方法應用到複雜的現象，這種方法的不適用就漸漸看出來了。因此在生物學中他主張動物機械的理論實在是似是而非，當他研究到人與社會，他忽然拋棄實證的方法，又採取玄學的方法。這並不是他的過錯，是因爲化學在他那時候幾乎沒有存在，生理學更是沒有產生。孔德再來做笛卡兒的工作，並且完成這種工作。一方面他不願說物理的宇宙是一個機械。但是他立卽說各種現象是互相有關係的，是獨立的。另一方面他擴充實證的方法去硏究一切自然的現象，卽使是最複雜的現象。因此最後獲得實證精神的勝利。

所以孔德是古時法國哲學家的繼承者。在笛卡兒與他的哲學之間人可以尋到聯絡的線索，做成這種線索的是封特湼爾，孟德斯鳩，狄德羅，達蘭貝耳，康多塞，喀巴尼與比沙。孔德完全了解在前世紀所完成之科學工作的重要；他也有一種有力的影響，科學史的發展會將這種影響施於人的心靈。他自己也很知道在一種放棄追求絕對的哲學影響之下，一切道德，政治，社會與宗教努力的目的將完全改變。

所以孔德系統的價値儘可以爭辨，但我們不能不承認在現在的時候幾乎處處都潛存着這種學說的精神。不僅在我們今日的哲學，卽在歷史與科學工作中，甚至於在藝術與小說中，都爲這種精神所深入。

第十四章　芮農(Renan)與滕納(Taine)

一

芮農具有寫文章的天才；他除爲法國散文的大師以外，並且在純正文學家中也取得有地位。他也是一個歷史學家。不論後人對於基督教的來源(Origines du Christianisme)與以色列人民的歷史(Histoire du Peuple d' Israel)二書的判斷如何，這種工作實在是偉大的工作，在法國這種研究中，這種工作實在是表明一個特別的時期。芮農也是一個哲學家嗎？在他許多的著作中，在美麗表現的公理意見以外，我們還能尋找出什麼嗎？但是沒有統一與內部連結的束縛。雖然他避免一切辨證的表現，並且很小心從不給與任何證明，但是在他的著作中能否尋出一個一貫與堅固的核心，在明顯的變化中能否尋出一個保險他思想繼續的原則？芮農自己覺得是有。不僅他的哲學對話(Dialogues Philosophiques)有明顯的表現，此外如他的哲學戲劇(Drames Philosophiques)，特別是科學的將來(L' Avenir de la Science)也都有這種表現。他的其餘著作，即如他的專門學者的特別著作，如語言學，在他的心靈中也有哲學的印像。他像他的前輩步耳努夫(Burnouf)一樣，相信最大的結果是由最細的分析得來的。他這個哲學是與語言學家距離很近。

有好幾種原因容易使他被人誤解。第一是他文體的特別性質；他歡喜用曖昧不淸的意義，不歡喜用確切明瞭的決定。他歡喜以觀念爲遊戲，並且我們不能否認他有時歡喜自誇。這種自誇與一個嚴肅的心靈及眞理的尊敬不是不相合。芮農說我們要尊敬眞理絕不要過於誇大；假使我們陳述眞理沒有限制，沒有研究，沒有隱藏，甚至於沒有懷疑，那我們已經是誇大眞理了。『一個徹底完全的工作不是沒有駁斥的。』每種思想的反面應當指明出來，讀者可以看出每一個眞理所含的兩種正反的方面雖然在歡喜一貫的讀者也許不滿意這兩種互相反對的思想。

誠然，芮農的哲學在細微處變化很多，但在主要點上並不如此，他的變化特別是在他表現的音調中。芮農不僅對於世界與人類有一個廣大的觀點，並且他對於他親眼看見的事也很易感動，他對於他所受的反動均極爲震動，這在他的著作中可以看出。一八四八年的革命，使拿破崙第三稱帝的暴動，一八七零年的不幸，在一八七八年共和黨之最後的成功，這些事對於芮農的心靈均有極強烈的影響，然而這些事與其說給他一個新的方向，不如說給他一個不同的色調。芮農的哲學往往被誤解，他的哲學不是一種規則的，或者說純正的形式，也不是在平常的形式中形成的。他的哲學的問題不能在習慣的名詞中求解決。這是因爲芮農組織他的哲學完全爲他自己用的，爲他自己的需要壓迫的，與他同時代的許多別人都沒有像他所感覺的。他能將這些需要介紹給他們，這也就是他很大的榮耀了。

芮農像拉梅內與格拉屈（Gratry）一樣，是由天主教到哲學。但是在他們當中有一個很大的區別。拉梅內

芮　　　　农(1823–1892)

在用他的全力攻擊十八世紀的哲學以後，他就發展他在福音書中所知道社會原則，並且努力實現基督教平民主義的概念。在他與羅馬的辨論中他並不減少攻擊信仰的實質他稱他最有力的小册子爲一個信仰者話(Parole d' un Croyant) 是很適當。格拉屈以爲他在宗教的教條中找到哲學的證明。他的『超越的方法』使他對於理智與信仰的調和有很大的希望，這與用在數學中之超越的方法是相同。芮農就完全不同。他生育於天主教的信仰中，唯一的期望是要他變成一個教士，從沒有含過別的任何野心，他的家庭及教師亦以此來鼓勵他，但是他到了二十歲的時候，他覺得他的信仰是不充分。他不僅不做一個天主教徒，在嚴格的意義說來，他並且不做一個基督教徒了。他不得不斷絕他的一切柔和的繩結，拋棄他的一切最快樂的希望，他再復返到人世間來開始新的生活。

表現於他的哲學問題究竟是什麽？無疑，這些問題與這些人如緬因得俾龍，庫爭，或者甚至孔德的問題當然完全不同。他的情形是一致的。他需要的一種學說，第一要恢復他在信仰中已失去的一切東西，第二不藉超自然的幫助，能供給他以宇宙的解釋與行爲的規則。假使他研究這個問題的全部，假使他與笛卡兒相同，他開始暫時考慮他以前所思想與所信仰一切假的問題，那他將擔任一種工作不能適合於他的性質，或者超過他的權力以外。他採取了一個比較不激烈的解決。他不是論理地發展他的懷疑，他是使他的懷疑有一個限制。關於他所承受之信仰的完全系統，他只排斥與他的理性不相合的一部分，換言之，卽與科學及批評不相合的一部分；其餘的他仍保存着，他並由此構造着仍然爲宗教的學說。他不承認的是宗教史的外殼，狹窄的與片面的觀念，未受批評的神話，在基督教默示中之超自然性質的假定；而我們知道此處討論的現象與佛教，回教等等的表現是完全相同。但在宗教的本質中，在神聖的神祕中，與人參加到這種神聖的神祕中，芮農並不是不相信。

所以他的哲學必須是由他的信仰世俗化與理性化。他很抱歉，因爲一種使他最親愛的朋友很憂悶的破裂，但是在他的內心中既無道德的痛苦，也無智識的危險。『一切外部的革命並沒有內部的革命與之相應。我曾經知道許多事，但是對於智識與道德生活的普通系統我絕無變動。我住的房子可變小變大，但是仍在這個相同的地方。我視爲我離開正宗的宗教，只是對於一種重要的歷史問題意見的改變，這種改變不能阻止我仍根據與以前相同的基礎。我承受並且保存我過去一切實際的與理論的因襲思想，由我的思想與研究的論理結果漸漸糾正他們。』

芮農的哲學並不是與宗教相反，並且也無意來代替宗教。沒有東西能代替宗教。宗教形成人的一部分，無宗教人將與禽獸類無異。假使芮農在帶有神祕分子的積極宗教與完全缺乏宗教情感之哲學的抽象系統之間，不能不有所選擇的時候，他將選擇積極的宗教。但是幸而這種困難沒有發現。我們現在的工作是要保存宗教的一切本質於自由的及和諧的哲學中。所以我們必須『將宗教變爲不可攻擊的宗教，使超出特別的教條與超自然的信仰以外。』這種哲學必須都講到一切智識的與道德的生活，此爲基督教所未做。基督教完全忽略了眞與美，基督教視哲學詩與科學爲裝飾品。因此人類性質的許多要點均被剝奪。在智識的事物中，有世俗的與神聖的區別；這是極重要的區別；凡是來自靈魂的都是神聖的。

想像麥爾伯蘭基曾讀過歌德，康德與黑格爾，曾在步耳努夫之下研究過，並且了解拉馬克（Lamarck）的學說。假使芮農也像別人一般將人類心靈的歷史看作無用的描寫，只承認注視世界與人道，那他的眼界一定開展得多，他的偏見一定解放得多。他一定看到無窮的故事與歷史，無限的神聖創造；雖然這種觀點能除去他的狹窄的信仰，但是不能給他以眞正的神學，此爲世界與人道的科學，此爲普遍發展的科學，這種科學能使人在崇拜下達於詩歌與藝術，特別是達於道德。

芮農是想做十九世紀的麥爾伯蘭基。

二

假使芮農一生都過着與他的宗教教師相同的心靈生活與靈魂生活（他的宗教教師「使他認識了完全的道德」）他自將十分滿足與快樂，並且要省去了許多的鬥爭。但是一個人能如願自由地信仰或推理嗎？假使超自然的信仰對於自然科學讓步，神聖記載的信仰對於語言學的科學讓步，這是我們的過錯嗎？至少在這種不可免的演進中人沒有失去對於他很重要的東西。被破壞的已經是腐爛的；一切別的東西都在科學中可以尋到。假使不如此，正如乾生派（gansenists）說的，科學也將爲裝飾品了。

視科學的目的或爲心靈的娛樂，或爲人增加物質的幸福，這是大錯。當然這些利益我們也不能輕視。誠然，好奇心是人的智識高尚的特徵，物質的進步在一方面說來也是別種進步與較高進步必不可少的條件。但是科學的眞價値並不在此。我們需要一種表徵。宗教給我們是已經做成的；科學是將之帶走，並且剝奪我們在超自然中的信仰。科學還有別的貢獻。解釋人是應當藉人類完全的性質，這是唯一合法的權威。生活要沒有世界的普遍觀念，就不是實在的人的生活。科學必須供給我們這種觀念。假使你將科學這部分的功用搶去，你就帶走了科學的眞正價値，遺留下來的只是無味的渣滓，最多只適合於那些以渣滓爲滿意的人。假使舊的信仰是消滅了，讓科學以批評的信仰來代替。

芮農對於科學表示這樣高大的野心，並且他在二十五歲時候在他的科學的將來一書中極端熱心地稱讚科學，那末這種科學究竟是什麽？有時在他以爲科學就是指物理的與生物的科學，這些科學教人在宇宙中找到他的眞正的地位，並且使自己不要相信創造的目的。但是常常表現的科學是爲芮農比較更熟悉的科學，即是歷史的與語言的科學。由此超自然的性質受了致命傷。因爲這些科學才有聖經註釋，因爲有聖經註釋就有了比較宗教的科學，這種科學使舊的信仰爲不可能。芮農並想在這些科學中尋出他的新信仰的原則，這是自然的結果，雖然或者成爲欺騙的結果。他爲這些科學以前的影響所震驚，至於這些科學仍然能否完成，他略有懷疑。歷史不是爲我們現在哲學的基礎嗎？總之，新哲學是人道的科學，又在永久演進狀態中的科學，如不是歷史即爲無有。

這或者不免是一個狹窄與不穩固的基礎，由這個基礎來建築人的重要信仰的全部房屋。不要說歷史科學的弊病，誰不知道這種科學是最不穩固的科學？牠的結論不是常常因爲每一代新的科學而變化嗎？還有誰能對於這種科學的弱點知道的更淸楚？不僅他自己承認批評的結果不能證明，並且知道，但是到他晚年的時候，他似乎已失去這種最初的幻想，並且在他青年時所受之德國批評著作與步耳努夫教授的影響，到晚年更有勇敢熱心的相信。他很懊悔爲什麽一生研究歷史科學，而不研究自然科學。這種科學他在伊賽（Issy）學院時已很堅持。他看見『牠們免不了的結果。』人類將知道一切的過去，不過到了一定的時候就會停止，因爲這種研究的性質，當牠們一達到相當完全的狀況，牠們就開始分散。

除去這些不幸的反省以外，芮農的哲學根據於歷史仍然是對的。雖然不能有像數學的證明，但是批評的結果仍極有價值。明斷靈巧的心靈對於眞理的發現是很適當的工具，當發現是可能的時候。歷史的確實性較差，固屬不免，但絕沒有減少結論的力量，卽由比較語言學，註釋學，語言與宗教的歷史所抽出的結論。在另一方面，這些科學有很有價值的特權，能使我們了解發展與進步的性質。所以牠們能介紹我們解釋世界，人道與上帝本身的哲學。

進步的觀念是孔德哲學的基礎，所以在芮農中也佔一個很重要的地位。但是孔德當應用進步的觀念於各種現象的時候，努力應用之於嚴格科學的與實證的意義中。芮農使這種觀念也屬於玄學的意義。在芮農以爲進步是趨向於完全，趨向於善與美，趨向於存在與意識的進展。『一種內部的源泉鼓動一切東西趨向於生活，趨向於漸漸完全發展的生活，是必須的假設。』當我們研究人類歷史的時候，這種假設更是緊緊壓在我們的心靈上。假使有任何結果在十八世紀之末與十九世紀中是由歷史知識的發展獲得來的，那我們可以相信人類的生活與個人的生活無異；歷史不是孤獨事實的連貫，是趨向於一個理想目的的自動傾向，完全是人類的中心吸力，好像一切東西都有生命一樣。黑格爾對於這種眞理使有完全的明白，他是第一個人歷史哲學建立的時候，即這種進步的概念爲我們的思想所執住。以前進步是在自動的方法中；故以後進步亦將爲人類最好努力的意識目的。

有人以爲歷史只是一種無目的的起落，一種無任何結果的運動，這實在是沒有理由。『對於我們理想主義者』只有一種學說是實在的，即超越的學說，依此種學說人類的主要目的是構造一種最高的意識，或者如普通人所說，是使上帝榮耀。這種宇宙有一個理想的目的，並且附屬在一個神聖的目的之下。這種世界的目的是使理性有主權。組織理性是人類的義務。他在他的哲學對話中說：『我們都承認世界的目的是思想與完全意識的產品。除了人道以外沒有比這種思想意識之再高的形式。』在科學的將來一書中說的更簡單：『我們的信仰是進步的合理。』

三

這種特徵與其說是屬於實證主義派，不如說是屬於黑格爾派，使芮農在他的科學中保存了玄學與宗教的目的，不過有時稍有變化；這很能使他用發展的觀點代替不變永久的觀點。『上帝！神聖靈魂！很好的舊名稱，雖較嚴重，但很能表白與尊敬。』假使上帝對於人類不是超感覺需要的超越總結，即理想的範疇，那是什麼？我們既信自由與心靈，我們即信上帝。愛上帝，知上帝，是愛美與善，是知道眞。一個宗教家是知道如何在一切事物中尋到神聖的部分，不是用關於神聖的乾燥與不可了解的公式來申說信仰。在這種觀點中關於上帝本質與屬性的老問題是無用了。想到神聖的生活，每一種觀念都與我們瞬間的生活有關。這種絕對的東西是自由的與自覺的嗎？這種問題也可以回答是或不是。牠們含着一個不可改變的人神同性的幻像。同樣我們可以說上帝是與上帝將是。只有此能發展已經存在的。但是同時一切存在的普遍工作是使上帝完全即實現偉大的與最後的結果，此即藉一個最高統一來圍繞事物的周圍……理性在組織人以後，再組織上帝時間的無限在此處是很重要的分子。

並且讓我們留心，否則這些公式會領導我們達於一個抽象的理想主義，與玄學的玄想，不僅不能使我們與上帝接近，並且要使我們離開上帝愈遠。上帝如康德已看見很清楚，是道德意識的產品，不是科學或玄學的產品。決定上帝的觀念不是理性，是情感。在這一點上詩歌與宗教比較哲學更重。進步的信仰僅含在心靈，道德與審美的戰勝信仰中。所以讓宗教來繼續說上帝，我們要留心，否則愈使宗教簡單，我們將愈毀壞了宗教。不要說我們自己是超過宗教。他們的信仰只是比較我們有一點神祕，他們有許多利益我們都還沒有達到。在我們今日的神學可以用下面兩句話總括言之：第一，宗教在人類中將是永久的；第二，一切宗教的信仰是可以攻擊的與可以消滅的；這兩句話使宗教的觀念完全不決定。

奇蹟與超自然主義一同消滅。神聖如普通所了解的是一種魔術。芮農以爲眞正的神聖是不能與事物的秩序相離開。他引用麥爾伯蘭基的話：『上帝不活動於特別的意志中。』如宗教的本能在神聖觀念中所知覺的眞理，在進步觀念的純潔形式中也可以尋得。科學不將我們微小的動作與可憐的計算歸於神聖的人格。在自然中與在歷史中相同，目的似乎僅能藉特別的努力方能達到。萌芽的損失甚鉅。但是果如此，我們的精力都是枉費。我們不能將人類的最後觀念應用於進步。所有一切我們能說的只是善戰勝惡，眞理戰勝錯誤。證明世界是生活着並且向前動。

我們不能保存這種靈魂不朽的觀念，即由宗教的因襲遺留給我們的。假使我們對於我們自己是誠懇，我們也不能保存這種觀念，即使我們是願意。假使我們沒有這種信仰，我們如何敢要求別的信仰？芮農說，上帝禁止我說不朽的信仰不是必然的與神聖的。但是我主張不信這種不朽的懷疑論者，爲使貧窮者的安靜向他們宣傳這種安慰的教條，這就是欺騙。這是用不兌現的支票去欺人，用空洞求實在的話去欺騙頭腦簡單的人。不朽的舊觀念是初民世界遺留下的觀念。這與視上帝爲人形同性的表現是居於同等地位。這假定人是由兩種實體組織成的，不知道如何解釋記憶意識與個性，在一個毀滅後另一個仍能存在。讓我們坦白放棄這種精神主義，此與唯物論究有怎樣的接近眞難知道。

因爲要使我們心裏的本能滿足，承認對於進步一切所犧牲的仍然可以在無限遠的將來尋到，即在一種不朽中可以尋到，這種不朽道德科學有一天能夠發現，並且這種不朽比較過去的不朽正如凡爾賽皇宮對於兒童的玩物一樣。不朽的信仰包含的只是人對於將來的信任。「在進步的集合工作中個人是不死。沒有行爲能死。」後來，在芮農的晚年，他似乎承認在存在的繼續中仍以個人爲重。凡是在神聖工作中盡個力的將感覺到已完成的神聖工作，並且看見他自己一份的工作。我們仍居在我們協力所造的世界中。在道德方面，人類生活在無限的胸脯上劃一道痕跡，正如用圓規的尖端所劃的一樣。這個圓圈的弧是在上帝中劃出的，其永久像上帝的本身一樣。一切人的不朽卽在上帝的記憶中。

四

這種哲學，或者說科學，聽芮農願意怎樣稱呼就怎樣稱呼，實在是宗教的，但是不是基督教的。並且或者說是反基督教的。這復興了麥爾伯蘭基所謂異教不敬的來源；這否認創造與崇拜自然。芮農說耶穌常是我的上帝。但是耶穌不是人的贖罪者。人的性質無需贖罪，因爲原來就沒有罪，但在神聖進步的工作中是有一部分的。

在芮農的道德學說中有變化，雖然這種變化與他的根本點無關。他申明福音書所教的道德常常是他的道德，基督教的教育使他成爲現在的他，他將永遠感激這種教育，這種教育使他不墮落在卑鄙的習慣中。並他對我們極稱讚他的先生奥理略（Aurelius），尊敬他的勇敢與他的樂觀主義。又他很驚奇道德是否不能成爲欺騙的幻想，有見忤於基督教靈魂的危險，說美與道德是相同的好。但是這些話在芮農中不必假定學說的不穩固，或想驚異讀者也可以調和。他的道德觀同時是自然的，像伊璧鳩魯（Epicurus）一樣；理性的，像奥理略一樣；神聖的，像福音書一樣。他的哲學的全體原則就承認了這種綜合。

然而他有一個重要點與基督教的道德不同，卽他視自然爲神聖的。爲自然大工作之一的人生來固不是善的，但是很有變爲善的可能。在人類中的一切罪惡都由缺乏教育而來。芮農在此處與十八世紀的哲學家相同，完全相信人的性質。「我有一個受過教育的心靈，在我自己中所以尋不出有罪惡，在一切事物中對於我都好像是美的。假使一切人的心靈都像我一樣受過教育，那一切人也像我一樣是在幸福中，不會有錯誤的。一個受過教育的人只是跟隨着他的內心衝動的快樂傾向。他採取台雷姆教士（Thélème）的格言「你依你的選擇去做」因爲他除美的事物外不能選擇別的。一個有道德的人是一個藝術家。」

我們稱此爲驕傲或是譏諷？當然，Caliban 的著者對於卑鄙野蠻的本能遺留在『進步的人猿』中，他不會閉眼不看見的。他知道完成文明的工作曾經過很多的時候與很多的努力。但是人類的定義是在人類趨向的理想中，與人類要達到的理想中。基督教做成謙卑的道德是錯了。我們道德的基礎是完全是人性的完全自治。所以我們不必將善釋爲對於最高意志的服從。我們也不必將克慾的制度置於人的身上；克慾正是將慾望看的很高。柏拉圖克制他的身體比較羅勒卡（Loricat）爲少，而他是一個精神主義者。

又義務的強迫性質不必過於堅持。我們服從義務，但是我們知道義務所根據之論證的缺點。我們服從義務，因爲我們信仰上帝，因爲我們信仰進步，信仰善，並且相信最好的必有最後的勝利，並且沒有任何個人受賞的希望。使我們成爲宗教的，這是人類的特權；使我們成爲道德的，這也是人類的特權。『在人中有一種能力或需要，這種需要在我們現在是爲道德所滿足，並且常常如是，將來或亦如是。我明白道德這個字在將來也許變爲不適合，或者爲別的東西所代替。爲我的特別用法，我歡喜用美學這個字來代替道德。讓我們記住不論什麼是靈魂的都是神聖的。希臘人使美達於最高的完全，値得人的感激，正如猶太人教導人以神聖的公道値得人的感激一樣。』

此處我們不能討論芮農的政治的與社會的詳細觀念；要是提綱挈領來說這些觀念就等於曲解牠們。牠們固然是芮氏最歡喜討論的題目，但是牠們的繁複變化與矛盾常時使人迷惑。要解釋這種事，我們應當記得芮農在當時事體中所有的興趣，他的傾向很想使他的完全觀念與這些政治的及社會的觀念相調和，雖然在特別重要處仍不改變這些觀念。並且他的哲學的普遍樂觀論並不使他減少清楚的觀察，不能阻止他知道革命者的瘋狂與保守者的自私可笑。最後他自己承認他在重要點的意見因時間而改變。在他的科學的將來一書中，無疑是受了社會學說的影響，他相信科學最後能解放人類；他希望看見一切人都能達於新的宗教，參加到『人類與上帝組織』的完全意識中。後來，在哲學戲劇中，特別是在哲學對話中，他明白這種希望是空虛的；他認為無知的民衆仍需要為智識的貴族所管理。他並且含有少數人的這種希望，即藉他們的科學，地球的命運，並藉他們所激動的恐懼，來管理人類。但是這種夢想即在芮農本人也以為是一種噩夢。

到他晚年的時候，他回看他少年時候的著作，他自己相信在全體上說他仍是對的，並且他仍然忠於他的主要觀念。他說：『進步除了少數的失望外，在我所想像的方向中能夠完成。我像黑格爾一樣，誤將人類成為宇宙中的中心部分。人類的發展是好像浮在水面的青苔與浮萍。但在我們眼中人類包含其超越性，因為只有人類能構成宇宙的意識。在人類達到其最高的目的（即完全意識）以前，雖然生命在我們這個小的行星上能消滅，在此處逃走的在別處仍能繼續，並且趨向於上帝實現的努力仍不能失去。但是因為這種最高的希望，生命將成為很可笑了，並且這種不幸的戲劇也不值得演。假使我不相信人類有一個神聖的結局，我不是變為一個伊壁鳩魯派，就是要自殺。但是道德最後能證實我所說的。』

五

所以芮農的哲學實在是一種信仰。這仍是一種哲學嗎？這個問題在開始我已提出來，現在讀者可以回答。芮農的學說固未能實行構造系統的觀念，並且他自己也絕沒有想到構造一個系統。關於視玄學爲科學方面說，他的態度是一個實證論者的態度。他說每一個眞理在科學的實驗中均有其起點。眞理直接或間接均由試驗室或圖書館而來，因爲我們無論學習什麽，只是研究自然或歷史。『哲學不是一種分開的科學，是科學的一方面。在人類知識的光線中哲學是中心的焦點，光線都集中這一點上。』無疑，論理學或人類心靈的批評，如康德所從事的，在哲學中固然有一個地位，但是淺薄的玄學思想就不能佔有一個地位了。

但是除去古代武斷的要求，另一方面哲學也充滿有人道與進步的觀念。人道的觀念是新舊哲學之間的界線。留心研究爲什麽舊的系統再不能滿足你，你將知道這是因爲這種觀念在舊的系統中已沒有了。在形成與發展的歷程中人類被視爲一種意識的時候，有一種人類的與個人的心理學。所以，有一種人類心靈的科學，這不僅是個人了解機械的分析，並且是人類靈魂的歷史。

在法國十八世紀所預備的哲學已很清楚看出歷史的重要。但是在歷史本身，完全誤解了自動的部分，並且過度誇大思想的部分。所以歷史除本身外所了解的沒有別的。這種歷史不知道最初的時代也是創造的時代；想藉膚淺易知的字來解釋一切東西——『易信，』『迷信，』『狂信』——總之，在本質上攻擊宗教，不知道宗教之永久是與人的靈魂相同。結果是一個乾燥的，分析的，否定的理性主義，既不滿意想像，也不滿意心靈，並且也不滿意理性。孔德是了解歷史的重要與進步的觀念。但是他不知道人類深奧的變化。他並不知道東方與印度，他只是研究西方的世界，並且即在這種研究中他也忽略了歷史的詳細。因此他所造的系統未免模糊不淸。只有歷史的與哲學的科學對於人類的知識所做的，與實證的科學對於自然的知識所做的是一樣的多。在這些歷史的與哲學的科學中，宗教的科學對於人類的過去與進步的方向有很多的貢獻。因此，芮農在著基督教來源一書時，他以爲他是寫時代最必需與哲學的書。

理性不能批評宗教，這種理性好像是爲外來的勢力所反對，並且最後理性在人類一切的產品中承認牠自己。宗教是民衆的詩歌；玄學的系統是知道詩歌；所討論的題目根本都是相同的。無疑，我們對比宗教與哲學，正如我們對比兩種系統，但不是不承認牠們有相同的來源與根據於相同的理由。以前舊的辨論似乎承認宗教有一個不同的來源，因此妄解了牠們（指宗教）。我們漸漸胆大了，我們將變成更尊敬了。

這種態度在法國是一個新的態度。關於宗教，人民在仇恨與服從之間，不知道有中立的理由。芮農取一個地位，即他給宗教與理性以相同的公道。他使『哲學家』知道宗教並不是人類的禍根與侮辱，並且相反，這是人類的榮耀；他對於維持默示的宗教者解釋，沒有東西能反對眞理，就要被知道的時候，而超自然主義一定消滅。當科學表明牠是錯誤的時候。但是他說讓我們不要錯誤，以爲拒絕信從這種或那種對於我們似乎默示的信仰，就是非宗教。有一種嚴重人生觀的人，並且用他的活動去求一種寬容的目的的人，即是信宗教的人。歡喜娛樂與膚淺的人，又沒有很高尙的道德，卽是不信宗教的人。

因此，芮農用宗教來反對宗教，好像盧梭一樣，像雨果（Victor Hugo有人譯囂俄）一樣。但是他承認，不是沒有理由，卽他的批評比較乞恕反而能使宗教多得保存。他所了解的宗敎不是哲學家所稱的自然宗教，這是一種瑣屑無用的神學，對於人類既無詩歌的意味，也無感情的影響。眞正的宗教只是在一個完全的下面去觀察生活，在一切事物的下面去觀察理想與完全的意義，並且藉靈魂的淸潔與心靈的高尙使完全的生活成爲神聖的。

芮農仍然是一個教士，如他自己所說的。他是一個缺乏超自然要素與趨向善的實現的一個宗教教士。使芮農不得不離開教會的是天主教嚴厲的教條。在新教的國家中一個人不一定被強迫要離開崇拜者的交際，並且施行精神的管理，如赫特爾（Herder）與詩萊爾馬哈（Schleiermacher）所行的。在芮氏與赫氏及詩氏之間有極相同之點，卽他們對於懷疑與愚蠢的社會都想喚醒他們使尊重宗教與所謂神聖的意義。芮農在這一點上的成功甚至於超過他的希望，這也許使默示宗教的維持者驚異，卽告訴他們說，不論什麼是眞的，他帶回他們以更多的靈魂比較他所帶走的。至少他由他自己的例子表示一個人思想能有最大的自由，可以是一個進化論者，是一個黑格爾主義者，對於宗教史可以有一個科學的研究，並且同時仍可以是一個很深的宗教家。他實在能使十八世紀的理性批評主義與十九世紀的歷史傾向與宗教傾向有一個很諧和的結合。

六

在哲學史家與文學史家看來，芮農與滕納二個人是一樣的，因爲他們兩個人在智識的性質上很少有區別。誠然，他們有許多點是相同：歷史的嗜好，事實的尊重，對於職業的哲學家之不信任，尋索他們那個時候的進化傾向。但是他們也有不相同的地方，除了一個是完全懦弱，一個是完全強硬以外，他們所研究的也不是相同的問題，並且他們也不是用了相同的方法。芮農是由宗教與宗教的註釋而達於哲學，滕納是由觀念論與哲學批評而達於哲學。芮農是來自聖蘇爾比斯(St. Sulpice)學校，而滕納是來自高等師範學校(Ecole Normale)。

滕納第一個先生，也是影響他最深厚與最永久的先生，就是康的亞克。滕納很驚奇法國的人民能夠忘記康的亞克的方法『人類心靈的傑作之一，』而採取折衷主義。他反對庫爭與他的學生，說他們缺少精細，與其說他們是發現眞理，不如說他們是產生結果。他以爲我們應當回到康的亞克，康氏的心靈是非常的光明與精細。康氏對於一切大的問題都給與回答，在十九世紀的開始，在法國復活的神學偏見與德國玄學的輸入都不信任這些回答。但是人民將復返到他。滕納就是例子。他所謂分析的歷程，也就是方法的靈魂；他的心理學的原則可以歸縮到感覺，並且感覺是『人類智慧的本質；』最後，符號的與推理的心理學說與論理學說——所有這一切，滕納都受康的亞克的益處不淺。在這種意義中他可以被視爲一個觀念論者的繼承者。

然而他並不以繼續他們的學說爲止。孔德是站在觀念論者與滕納之間，孔德給與滕納的哲學觀念，一方面是無所不包，一方面是與科學與歷史的進展有密切的關係。滕納責備觀念論者的，說他們只是論理學家。他們一面缺乏具體實在的意義，一面也不歡喜具體的實在。他們只具有方法的理論，但是不知道方法的應用。他們稱他們自己爲培根的繼承者；但是他們開始點雖與笛卡兒不同，實際上他們與笛氏是走相同的道路，並且與他們相同，在稍爲注意經驗以後，即放棄經驗了。他們研究人不注意存在人們中間的區別。

現在滕納是相反，他與芮農相同，十分知道種族與文明的不同。在他看來人不是一個抽象的實在。滕納研究人是自他的個人的特點與體格的性質爲起點，所以注意人的大小，眼睛與頭髮的顏色，人的衣服，道德的特點，信仰，習慣等等——總之研究構造人的一切有形與無形的東西。應用康的亞克對於人的分析是滕納得意的方法之一。

在康的亞克以外，他的先生就是斯賓挪莎與黑格爾。滕納受他們的影響很深，他們的學說對於他產生出一個極強的印像。感覺主義者以爲人的智慧是由感覺與符號組成的，實證主義者與經驗主義者將科學只限於事實與公律，現象主義者釋自我爲感覺的聚集，一個玄學家對於超經驗的問題也沒有什麼畏縮。現在滕納純粹趨向斯賓挪莎的自然觀，視人的物理與道德性質爲一個相同實體的兩方面，此依照絕對必然的公律去發展；又他對於進化的見解他仍趨向於黑格爾。假使他不能成爲一個玄學家，這是因爲他多少帶有科學家的氣味。玄學一定不能與心理學及歷史的實證研究相混。但是他並不因此即認玄學的思想是不對或者是無效果。他對於這個問題抱着存疑的態度。他似乎覺得根據於經驗的一種玄學是可能的，經驗藉方法的進步能達到最高的公律，完全的實體可以能由最初的公式演繹出來。

最後，在感覺主義者與玄學家之下，在滕納中隱藏有眞正斯多噶（Stoie）派的靈魂，他選擇與理略爲他的

滕　　纳(1828-1893)

生活模範，他具有相同高深的世界觀，他具有相同非幻想的安靜，他具有相同高尚非功利的色彩。

假使我們忽略了這種內心的生活，我們能明白滕納如何連結這兩種互相矛盾的宇宙觀？一爲經驗的，一爲玄學的，他對於這兩種具有相同的興趣。自什麼觀點上他能在他的自己心靈中調和斯賓挪莎與厚謨，黑格爾與康的亞克？這種調和是藉『抽象』做成的。這種『美麗的能力，語言的來源，即是人與動物偉人與普通人的眞正區別，』這種能力即是使事實能孤立與使事實能分開的權力。

抽象在顯示到我們感覺的世界與爲我們的智慧所了解的世界之間構造一種過渡。自然有兩大方面，即複雜的事實與簡單的元素。前者是結果，後者是原因。前者是包含在後者之中，前者由後者演繹出，正如結論由前題中演繹出是相同的。這二者都有相同的價值；這是在兩種不同的光中所觀察的一個相同的實體。這個偉大活動的世界，事物的變化紛紜，生命的川流不息，這只由於幾個元素與元素中的關係演繹而來。要是自複雜到簡單，自事實到公律，自試驗到公式；這是抽象的工作。『英國的哲學視自然爲事實的聚集；德國的哲學視自然爲公律的系統。假使在這兩國的中間仍有一個地位，那就屬於我們法國人。我們擴充了十八世紀的英國觀念；我們在十九世紀對於德國的觀念更與以精確。我們現在所要做的是使這兩種精神能互相補助，互相完成，將這兩種精神溶成一種精神，要使他們能爲人人所了解，並使他們成爲普遍的精神。』

站在英國的經驗主義與德國的玄學之間，這就是滕納所要採取的地位。假使他是似乎趨向於經驗主義，那是因爲他覺得他自己爲折衷主義所反對。這種學說是假定理性的原則與經驗獨立，而滕納開始即攻擊笛卡兒主義或德國玄學的模仿。但是在這種經驗主義如穆勒（J. S. Mill）的經驗主義之前，滕納爲因果的原則辯護，並給這種原則以絕對的價值。他表示事實的聚集不是科學，並且他主張有達到普遍的宇宙觀的可能。他視抽象爲一個公斷人。哲學家當使之成有用的方法，不應當構造一個先驗的世界，好像德國的玄學家所做的一樣，他必須自實體中抽出他的建築的元素。因此『道德與物理的宇宙同在我們的手掌中，』而一個抽象的公式可以代表無數不同的事物，正如一個方程式代表一個曲線一樣。

七

爲與這些原則完全相合起見，滕納不僅注意到詳細的與特別的事實，並且歡喜普遍的與抽象的公式，甚至於說到一個人，一個國家，一種文明是『活動的公式。』由極瑣屑的事實到無所不包的公律，這是抽象繼續不斷的步驟，也就是科學的目的。在道德科學中所用的方法，與在物理科學中所用的方法並沒有區別。

不論事實是物理的或道德的，他們都有原因。勇敢或野心有原因，正如消化或呼吸有原因是相同。人類各種的產品——文學音樂圖畫哲學科學工業等等——是爲道德性質或爲道德性質的結合所直接影響。有了原因，就有結果；原因消滅了，結果也就不見了。因果當中的連結正如物理的現象與其前因，露水與周圍的冷空氣，熱與膨脹當中的連結相同。

除由物理學所得『因果』的研究以外，我們必須再加上由生物學所得來的『情境』與『依賴。』假使我們研究一個人，一個國家，一個種族，一個時代，我們可以在他們當中觀察到許多詳細的事實，與能夠分爲許多公式的普通性質。並且我們可以注意到這些公式是互相有關係，而性質亦有不同的變化。最後，我們將達到一個根本的特質，滕納與康的亞克稱之爲『最初的事實』，卽發生的原因，一切別的東西都由這個原因演繹而出。『在凡爾賽的一茅亭，麥爾伯蘭基的一個哲學的與神學的論證，霸羅 (Boileau) 一個詩的章法，科爾伯特 (Colbert) 的典當法律，波緒亞的關於神的威權論斷之一；這些事似乎距離很遠。我們初看見覺得這些事實無一點關係，彼此都是互無連絡。然而這些事實在他們所包括之團體的定義中仍然是有關係。這每一種事實都是理想的與普遍的人的一種動作；一切時間的策略與特點都聚集在他的周圍。』對於這種『理想的與普遍的人』抽象就達到最後的目的，一切的原因都連結在一個最高的公式之下。

由『依賴』與『情境』而成的原因，假使他們爲我們所熟知，那歷史亦將與別的東西相同，只是一個機械的問題。唯一的區別卽道德的力量與方向不能用數學的方法測量。但在每一種歷史的發展中至少我們能決定三種原始的原因卽種族，環境與時間。在這種社會固定與繼續的觀念中，滕納在此處不回到孔德所謂社會發展的客觀情境嗎？

英國文學史一書就是應用這種方法最著名的產品，依滕納說，這種方法可以應用到一切道德的科學。這種方法在一個很盛行的時期以後，卽受了嚴重的批評，最後不能不放棄了。此處不必討論這種命運是應得與否，不過我們必須承認這種方法是缺少精密。滕納許多『解釋』的浪費就是這種證據。他將道德科學，特別是歷史，依次與機械學，礦物學，物理學，化學，動物學，解剖學與普通自然的歷史相比較。不論這種比較是如何，或者正因爲這種比較，讀者反而迷惑了。滕納不知道他必須要在這兩種概念之間選擇道德的與社會科學的方法：一個就是根據於結果與原則之間關係的幾何的與力學的概念，一種是根據於部分與全體之諧和關係的生物學的概念。所以不論他的文體發生出如何地力量，終不能掩蓋他的學說的黑暗處。

八

滕納眞正哲學的著作包含有藝術哲學與知識論 (De L' Intelligence) 二書。在藝術哲學中，滕納的立足點是站在唯實論與唯心論的中間，與他站在經驗論與理性論中間的普通態度是相合的。當他說藝術是自然的模仿，在原則上他是一個唯實論者。但是當他說這種模仿的目的是藉事物『本質的特點』來表現事物的本質的時候，他又是一個唯心論者。這種本質的特點是一種性質，一切別的東西依照一定的連結都由這種性質而來。這種性質被決定了，我們必須能由此性質演繹出一切別的東西，正如由一塊化石的牙骨能演繹出一切肉食動物的機官。

藝術品的產生是爲許多情境所決定，總括起來是種族，環境與時間。滕納未免過於誇大這些情境的重要，因此不免忽視藝術家的個性。不過有一個事實不能不承認，卽在他對於藝術之理論的與歷史的研究中，他表現了許多天才的與有益的觀點。他藉許多的例子表示任何藝術在一定的時候都是完全文明之活的表現，又表示欲了解每一種藝術只有藉別的藝術。

當滕納的知識論出版的時候，在法國流行的心理學是庫爭，加內(Garnier)與喬弗羅(Jouffroy)等人的心理學。這種心理學是根據於意識及思想的觀察，特別是維護精神的玄學。滕納以為這種學說是太汎了，並且不能進步，要以科學的心理學來代替這種學說。他說假使心理學是一種科學，牠的目的是發現未知的事實，指導觀察。要有這些發現，心理學像別的科學一樣，一定要有一種觀察的工具，並且改變被觀察的東西。所以心理學不能不求助於實驗，求助於生理學，感官，心靈病理學與催眠術，及雙重人格有關之現象的研究，兒童與動物的觀察等等。滕納的知識論在他的那個時候對於心理學的問題很能給與一個好的科學觀念。假使他對於心理學的意見是已過時了，那正如許多物理學或生理學的討論因為科學的進步而過時是相同的。解剖學與生理學在最近四十年來都完全改造過了。即是滕納認為最重要的感覺分析也不能與我們現在知識的狀況相應。

除了這一部分的心理學以外，知識論還含有知識論的研究與靈魂之玄學的研究。知識論主要是研究抽象；只有由抽象我們才能由個別的事實推知道一個普遍的觀念，又由幾個普遍的概念推知道更普遍的概念，一步一步地向前推，依照着自然的秩序，藉着繼續不斷的分析，用清楚的記錄，像算學一般，先由手算，再到圖形的算，最後到字母的算。真理存在於事物中，因為要發現真理，我們只要將『事物分解成元素，用精密的符號記錄這些元數，將這些符號置入在確切的公式中，將這些公式一個一個地縮減，直達到最後的等式，這就是想要的真理。』滕納的科學觀或者就是培根的科學觀；他的方法完全是康的亞克的方法。但是滕納由這種方法想要求斯賓挪莎與黑格爾的宇宙觀，這既不是培根也不是康的亞克所能承認。

最後，他的靈魂活動的普遍觀念是聯想主義。假使他不十分知道斯賓塞（Spencer），培因（Bain），穆勒（J. S. Mill）以及一切英國聯想學派的著作，然而康的亞克與觀念論者的方法可以使他達於這種學說。依滕納說，我們的意識感覺記憶慾望等等都是由無意識的元素組成的。心理分析的目的就是要使這些元素獨立。這是一種心靈化學比較眞正的化學更爲進步。因爲後者不能不討論許多元素，稱爲簡單的實體，眞正的化學不能再分析這種實體，至於心理分析曾發現一個簡單的元素，一切心理現象的不同都由這種元素組成的。這種共同的元素構成我們一切的觀念，這種元素就是感覺。因此我們具有『最初的事實』由此可以演繹出智慧與心靈生活的完全『機械動作。』在我們今日的心理學很難相信一種靈魂的狀態是由簡單的元素所組成，好像一種結晶體爲小的分子所組成一般，而聯想主義也失去許多附和者。

九

總結起來說，在滕納中常常有兩種並存的哲學，他對於這兩種哲學一生均守之勿失。一種就是感覺的哲學。這與他的笛卡兒精神批評相連結，他對於事物之變化的形式，聲音，顏色，特點與奇異均頗能領略，他的文體與福羅貝爾（Flaubert），龔枯爾（Goncourts），佐拉（Zola）以及當時的藝術均有密切關係。另一種是在宇宙中看見公律的系統，在一小部分的公式內限制實在的無限變化，漸漸概括直到一個最高的公式，這個公式包括一切，結果包括實在的全體；在這一方面，滕納同情於斯賓挪莎與黑格爾。抽象固然幫助他由一個系統達於另一個系統。但是當他在經驗的世界觀與理性的世界觀之間尋出一個調和的時候，他豈不過於信任符號與對於這種方法要求太過嗎？康的亞克方法的這種較新的形式很不容易將一方面的穆勒與另一方面的康德連合在一塊。所以在滕納的著作中仍然遺留有二元論的痕迹，這種影響在他的著作中幾乎到處都可以看出。雖然他是一個著名作家，在他的實在表現中仍常常有幾何的與抽象的東西。他構造古代的統治；他構造雅各賓黨（Jacobin按此爲法國激烈黨之一）他構造拿破崙，這些構造與他的方法極相合，十分奇偉，但多少有做作的嫌疑。公式是說在抽象的方法中對於事實的集聚表現共同的性質；這種事實的聚集對於生活的諧和統一常常證明是不相等的。

然而，滕納方法的缺點與在他的哲學中的弱點不能立即可以看出。他的同時的人頗爲他著作的創造性，強力與美麗所震驚。他在心靈上的影響或者與芮農相等，即在他的敵人中都很感覺到他的影響。

第十五章 法國現代哲學運動

一

芮農(Renan)與滕納(Taine)在普通民衆中聲名很大。當他們的書爲一般人所誦讀與讚賞，並且爲通俗觀念的媒介的時候，在法國並有一部分更近哲學性質的著作讀者雖只限於一個很少的階級，但可爲法國純粹思想活動的證明。

我們一看十九世紀的後半期，我們知道學說的變化極多，再精確言之，學說的分散與獨立漸漸增多。沒有一個強有力的學派能集合大多數的心靈足以爲這時候精神的代表，如十七世紀的笛卡兒學派，十八世紀的百科全書派以及在一八三零年的折衷派。每一個哲學都走他自己的路。許多因爲不歡喜虛浮誇大的哲學，所以漸漸使哲學成爲私人的研究，這固然有利，但也有弊。要將哲學只關閉在『象牙塔』中，禁止之不使與現代生活發生密切關係，必有這種危險：即一方面將具有形式的，狹窄的，與中古經院派的性質；一方面將使精力消磨在純粹做作的問題上面。歷史告訴我們這種危險是很難想像。在另一方面。哲學要是專門取悅於大衆，那危險也不小；這種理由是很顯明。哲學家至少要逃脫這種危險。雖然除了與他們研究相同的幾個專門家以外，一切羣衆都知不道，這對於他們哲學的精密無絲毫損傷！

還有一個可注意的事實，即法國現代的哲學家，他們幾乎都是開始寫哲學史。在十八世紀，康德說他沒有時間使他自己認識別人的學說。在十九世紀的後半期剛剛相反，幾乎每一個哲學家都以爲在產生一個新的系統以前必須先徹底認識以前人的系統。哲學史在法國爲庫辛(Cousin)所復活，除此以外，大家都共同感覺到歷史的重要，所以哲學與別的道德科學相同，也應當感覺到歷史的效果。

在這個時期雖不能找出任何學說足以引起普遍有力的哲學潮流，但仍然可以指出各種學說，或在幾個大先存潮流的道路中，或與幾種潮流有關連。

除了折衷主義與實證主義以外，似乎我們還可以區別四個主要潮流：

第一是康德的潮流，一部分是來自康德的理論哲學，一部分是來自他的道德哲學。

第二是玄學的潮流，是反對實證主義與批評的及相對的學說的一種反動，這是由最大近代的哲學系統而來，特別是由來布尼茲與謝林而來。

第三是進化論的潮流，這是追隨拉馬克達爾文與斯賓塞諸人。

第四與最後一個潮流可以稱之爲分離派(Separatist)，這多少是直接由孔德而來，即放棄舊的哲學概念，組織科學的與實證的心理學倫理學與社會學。

還有許多次要的潮流與潛流，沒有述及，此處所述只是一個必不可少的大綱。

二

折衷主義現在在法國仍然是被教授的哲學。這種特權對於法國智識的發展極有影響，但在另一方面也極爲有害。因爲這折衷主義偏於政治的研究，無哲學的性質，所以系統既不能發展也不能變化。折衷主義的一個反對者(M. Renouvier)說『折衷主義不是研究，僅是教授。』幸而智識的創造絕不放棄其權利。除了瓦施諾(Vacherot)他是參加這一派爲要尋出一個新精神主義的系統以外，還有部耶(Bouiller)，他曾著有笛卡兒哲學的歷史，倍耳薩(Bersot)是道德論文的作者，卡羅(Caro)，他產生光明批評的研究，佛蘭克(Frank)發行了一本哲學字典，編輯者都是折衷派最著名的人；雷味格(Lévêque)曾應用折衷主義的原則到美學上去。札內(Paul Janet)曾用他清楚有力的判斷來研究各種題目。他不僅在他的道德學與最後因二書中闡說折衷主義，但是他在許多著作中曾討論到現代的問題，如腦筋與思想，現代危險等書均是。他對於哲學史也有很重要的貢獻，如政治學的觀念與歷史，聖西門派的歷史，還有他的先生庫爭的傳記，在這本傳記中在好幾個重要點上他都建立了眞理。札內極忠心於他在少年時所採取的學說，用極廣的同情來建立新的學說。他尊重哲學的自由，他不將這種自由與別種自由分開，所以使他對於他的敵人極端的武斷，然而是十分的誠懇，他的最激烈的敵人都願意以公平待他。

折衷的精神主義遇到的反對在力量與數目上漸漸增加，這種反對對於牠的結論還少，對於牠的方法更厲害。李洛未（Renouvier）曾責備說這派旣沒有淸楚一貫的方法，又沒有誠意與精密。他們只是『自神學的因襲中借來信條，這種因襲在現在已變爲慣例』並且他們是畏懼邏輯。反對這種學說還有別的幾種相同嚴厲的攻擊。特別是在庫爭死過以後，折衷主義常常失了根據。固然哲學家中很有人的玄學信仰與折衷派的信仰沒有多大的區別，但爲建立自己的觀點不能不攻擊這一派。

在另一方面，雖然實證主義的精神常常獲得新的勢力，並且普及於全法國的民衆中，但是這個系統眞正的附和者在數目上並未增加。孔德後來著作的特別體裁與異常假冒，對於實證哲學的本質很有不公平的地方，因爲原著很少有人知道。這派中的分裂與爭鬭也產生一個不幸的印像。利特雷（Littré）這是一派著名的人，雖也是一個意見不同的學生，不過與其說他是一個哲學家，不如說他是一個科學家。假使他能闡明孔德的豐富思想，那我們一定要承認對於孔德思想豐富與深奧不免有一個折扣。正宗的實證主義者在拉非特（Laffitte）的指導之下，使與教會發生密切的關係。這個時候就是玄學思想復活的時候來了。

三

這種思想的復活在十九世紀中半以前已露端倪，並有種種的形式依照武斷玄學的精神或康德批評主義的影響。拉魏孫（Ravaisson）的哲學是屬於前者，並且有許多是來自亞理斯多德來布尼茲與謝林。依照拉魏孫，一切哲學系統可以縮成爲三種形式，這三種形式是許多觀點，由這些觀點多少能覺知眞理。在最低的一級是經驗的哲學。凡是感覺不能顯示的他們都看不見。這種系統在他們肯定方面是不錯；但是他們所否認的比較他們認爲唯一的實在還要眞實。在這個系統以上的一級是悟性的哲學，如斯多噶派與康德派。他們承認心靈有正當的活動，但是他們相信心靈不能超過一定的界限，如時間，空間，因果等等，並且他們就停止於此。在最後的一個階級是玄學的系統，他們承認如沒有理性的直覺，所謂感覺知識與推論知識均不可能。實在（絕對）顯示其本身無任何間隔，理性由此連結絕對爲一切存在，一切知識，一切美與一切力的完全原則。在這種系統以外還有一種自然哲學，這是表示不完全東西的永久上升，這是他們的原因與目的，又一種歷史哲學在宗教與藝術默示中與理性的默示可以並行。

塞克雷登（Secrétan）的哲學與拉魏孫的哲學是同時，與謝林的第二系統也有關係，但是更爲密切。這種哲學有道德的及宗教的傾向。塞氏的主要努力是調和基督教信仰的教條與由他思想而來的玄學結論，他是一個新教徒，所以他很能明白討論這些問題的必需自由。當他討論到世界的起源，神聖的人格，惡的解釋這些問題的時候，他好像是一個神學家兼哲學家。他的最高的原則是上帝絕對自由的觀念，大玄學家如笛卡兒在他以前已承認這種原則了。由此他推知到在世界中有不定在人中有自由的可能。

在他的晚年，塞氏在這種崇高的玄學中曾失了許多興趣。不僅他不相信這是眞實的，並且他以爲這沒有需要。義務曾視爲良心上所表現的一種命令，現在他視之爲『絕對』的默示。所以他將這些使最有力的心靈不免迷惑的思想困難置之旁邊，集中力量於道德及社會的問題。他感覺到因社會主義來在歐洲前面的問題是如何地嚴重並想求解決之道，不過他不是用經濟家的眼光去解決，而是用哲學家與基督徒的眼光去解決。他的自由哲學一書對於法國的思想影響極深。這種影響在十九世紀後半期許多自由的哲學中更易看出，特別是在菲葉(Fouillée)的學說中更清楚。

四

假使康德的哲學在十九世紀的上半期在法國很少有反應，這不是因為這種哲學沒有被人知道；並且相反，在十九世紀的初年，這種哲學已有人述及與批評。但是沒有人停止研究這種哲學，或者因為受謝林與黑格爾影響的許多思想感受過於屈伏的痛苦；或者更因為如折衷派的哲學家所說，這些思想的理想主義結果是終於一種懷疑論。康德否認人類理性有解決玄學問題的可能，有證明上帝存在與靈魂不朽的可能，在他們的眼光中看來，康德是一個懷疑論者。反對一切懷疑論者的論據都用來反對他，再無需對他有任何更進一步的注意。所以後來開始研究康德著作的人似乎覺得有所發現。在消極的與懷疑的系統以外，他們尋到人類心靈一種極有力量的系統，一方面測量心靈自己能力的範圍，一方面調和科學與道德的要求。這種發見的效果延長沒有多久；此會給與法國哲學研究以新的衝動，還有幾種創造的系統也出現了，這都是受了康德觀念的靈感。

在法國重要理想主義的系統，好像在德國的情形一般，拉施里亞(Lachelier)因為要尋找歸納的根本原則，得到這種結論，卽思想律在同時如不能為自然的構造公律，如康德所主張的，那自然科學就不可能。但是拉氏沒有採取康德在純粹理性批判中所說的空間，時間與範疇的學說，此種學說承認我們的科學僅有相對的價值，並且否認人之事物的知識有物自如。拉氏適相反，相信有一種方法——反省——我們的思想可以藉此完成，在其本質中並能具有牠自己已經達到了這一點，思想卽到了絕對在牠自己以外就無所尋求。這只是一種理想主義較溫和的形式，超過了康德與來布尼玆相連結；在來氏的形成以後，感覺知識被認爲不清楚的智識的形式。空間與時間的概念是藉反省的力量由思想的本質演繹來的，不將之放在人的知識裏面，如在康德的系統中一般。因此一種純粹理想主義的學說就被提出來，依照這種學說，『觀念在感覺以前，公律在事實以前。』這種理想主義的形式在高等師範學校（Ecole Normale）講演以後，編輯成一種精密小書，反對實證主義的勢力，反對對於英國經驗主義漸漸增加的同情。這種理想主義主張一種玄學的思想，這種理想主義的本身是康德批評哲學的產品，依次牠又爲新學說的產品。

這就是布突魯（Boutroux）的學說，他在他的著名的著作自然界公律的偶合性質（La Contingenee des Lois de la nature）中問到自然界的公律是否爲絕對的必然，或者他們是否不承認一種偶然來供給理性動物以自由的活動。他證明絕對的必然爲我們的心靈所不能了解，他再自科學的觀點指明出科學的公律也不含有絕對的必然。如我們愈研究實在的秩序，自無生命的世界到生命的世界，自生命的世界到思想與道德的世界，爲現象公律所允許之偶然的程度也愈明顯，而最後自由亦確定表現於人的意識中。凡是能測量與計算的，表現出完全的規則一致與必然，這只是事物的表面。來布尼玆不可分辨的原則是眞實的；沒有兩個東西或現象是完全相等的沒有普遍的公式是適合於永久變化的實在。但是布突魯對於過去的大系統有徹底的知識，並且徹底研究過牠們的進化，對於玄學的原則保存一個批評的態度並不是僅由這些原則抽演出推理。他很知道實證科學的結果與假設，並且尊重經驗甚至於考察與解釋經驗他不犧牲實在任何部分，他對於事實與觀念科學與道德均有相等的注意。

五

李洛未的哲學也是自康德來的，一小部分是自厚謨與孔德來的。他的普遍批評論(Essais de Critique Générale)在十九世紀的法國哲學史中劃一個新的時代。李洛未像孔德與這時候好幾個別的思想家一般也是在高等專門工藝學校(Ecole Polytechnique)受了數學科學的訓練。這些科學與他對於社會問題的信仰引起李氏研究哲學的問題，一切別的都依賴於這種問題。他不滿意在他少年時候所流行的許多學說。他曾具着十分嚴重的態度責備折衷主義。他曾責備實證主義爲經驗的武斷論，自己藉其假定來『組織科學與宗教，』並在消極的方法中求解決或然的問題，『這種問題應當是自由信仰的特權。』但是他承受這種實證主義的原則，即我們的知識是屬於現象屬於現象的公律，這個原則是與厚謨及康德哲學的結果相合的一個原則。

李洛未稱他自己的學說爲批評主義。表示這種學說是來自康德，一方面表示根據以前人類悟性的批評解決哲學的問題，一方面陳述道德的問題。但是李洛未對於康德的知識論已加以十分的改變。誠然他也說時間與空間在牠們本身不是實體，並且我們的思想是藉範疇而活動（李氏對於這種範疇曾有一個新表。）誠然，他由此仍跟着康德走，推知道我們所知的只是現象，並且在每一種認知中，知的心靈與被知的事物是不能分的。但是在現像以外，康德承認一個「物自如」的世界為我們的知識所不能達到，並承認現象實在的基礎。李洛未認為這種「物自如」的世界只是舊日玄學「本體」的殘餘，厚謨對之曾有嚴重的批評，康德仍留此未免自相矛盾。「物自如」康德自己承認是絕對不知道，李氏排斥這種「物自如」正與一切的新康德派相同。李氏主張沒有實在，所謂實在只在我們的意識中。

有一個時候，李洛未很傾向於黑格爾，以為在我們有限的了解中雖有兩個矛盾的問題互相排斥，但自一個絕對的觀點看來，他們可以調和，或者還能互相維持。但是不久他就採取一個相反的地位，後來他並有一個規則，即凡與最高論理的思想律不相合的就認為假的，稱之為相反的原則；並且他構造他全體的哲學都與這個規則的應用相合。

例如他得力於康德對立論的解決很多；或者說，假使康德已遵從這個規則，他就不能形成他的對立論。因為一個人不應當問空間是有限或是無限，世界是有始或是無始。說空間的無限的，或者說世界是無始，這等於承認一個無限的數目是可能的與實在的。現在依李洛未說，一個無限數目的實在是一個很可笑的事，是一個矛盾的名辭；所以這個數目是不存在，所以我們必須承認空間不是無限的，世界是有始的，因果的上升有一個最初的端，所以偶然與自由在現象世界中均有一個地位。因此不能不排斥本體的觀念，假使要容忍這種觀念在系統中勢必達於本體的一致，即達於泛神論與定命論，如排斥這種觀念你就可以有一個理想主義與現象主義的系統此系統依批評研究的結果從事建立人的自由與人格在自然中建立一個與偶然相合的秩序，並且建立一個宇宙創造者的存在。

批評主義在一個很長與辛苦的旋轉以後，仍然回到老的武斷的玄學論嗎？苟如此說未免不公平，雖然區別不是如此之大，如一個人所最初想像的。但是批評主義所循的道路是一個新的道路，李洛未自誇說批評主義所佔的地位是老的玄學從來沒有達到的一個地位。因爲要批評人的心靈，要承認我們知道的僅爲現象，要明白確定僅爲信仰的形勢，自由僅包含在每人的承認中，所以這些『本體的』學說勢必爲他們自己原則的內部論理所咒罵，說他們否認人的自由，否認上帝與世界的區別。現象論的批評主義在承認這些事上面很能合乎論理。

李洛未最高的興趣是在行爲方面，所以他的哲學的中心在道德。最確定之點是在人的良心中尋出，又如信仰與一切東西所依據之絕對的默示也都在人的良心中尋出。義務的倫理在李洛未的著作中特別注重，這是他的學說的靈魂與中心。在我們現代人中仍有多數人堅持這種學說。

社會倫理學李洛未討論的比較康德更爲詳細得多。他很像是聖西門與傅立葉的同情者。但是當他承認社會互相影響的事實，他極力反對實證主義進步的學說，大概說來，一切歷史的哲學都是傾向於定命論。他視個人完全附屬於社會是一件不好的事。他對於將來唯一的希望是個人自由與審愼的努力。他的社會理想是公道的理想。

在一個長時間熱烈的奮鬥以後，哲學正式在法國教授了，批評主義最後也入於這種正式的教授中。批評主義現在是戰勝了折衷主義，此已不爲人所歡喜了，並且戰勝了武斷的理想主義的系統。在我們今日許多大學教授都附和李洛未的哲學並附和他的忠實弟子匹翁(Pillon)與達烏里阿（Dauriac）在五十年前布洛沙爾(Brochard)在他的著作錯誤論（De L' Erreur）中已經提起了。批評主義很淸楚地是新康德主義的形式這種形式到很合於這個國家（法國）不論將來的系統是如何，至少這種主義表現了有力的生活與恢復了在法國對於哲學之無偏見的硏究。」

又有另一個系統在許多方面都反對李洛未的哲學，這一個系統的成功也很可觀，這就是菲葉的系統，他是一個著作極多的著作家，想像力極豐富，也頗有辯才，他的文體之易正如李洛未用功之勤。菲葉（Fouillée）對大衆已表現了許多著作，有些是歷史的，有些是武斷的，又有些是批評的與辨論的；他的學說就漸漸在此中形成。他的第一個目的似乎是一個哲學的綜合，即無所不包與一貫，以代替折衷主義。爲熟悉系統的歷史與發現主要系統的建設原則如何使彼此能適應，如何使彼此能互相補助，菲氏即尋求一個較高的觀點，由此他可以測量一切他所要調和的系統。他對於近代自由的哲學硏究很深，但是他對於古代的大系統也獲益非淺，特別是柏拉圖的哲學，這就是他第一本著作的題目。人可以相信他即在這種寬大的觀念論中尋得他自己系統的模範；柏拉圖在這種觀念論中介紹了在他自己以前一切希臘哲學的重要部分，不損害其和諧的統一。

菲葉承認康德的批評主義比較以前的玄學系統進步很多；但是他毫不遲疑去批評康德自己的哲學，並且拒絕接受他的倫理學或他的知識論。他自己系統的主要觀念是『觀念力』(idées-forces)的假設。他根據此成立了他的心理學，他的倫理學，他的自然與社會的普通學說，與最後根據經驗的一種玄學。

依非氏說觀念不僅僅是一種代表，換言之，卽不僅僅是在自己以外之實在的或假定的事物之一種心靈的再現；一個觀念同時是一種使牠自己實現的力量。例如自由不是一個事物的實體，我們所以能有自由的觀念，因爲我們能覺知自由；但是相反，這是因爲我們有一個我們自己自由的觀念，因爲我們信仰自由，因爲我們使我們的行爲適應於這種信仰，卽我們實際是自由，並且我們的自由實在是在現象世界中。我們的觀念與情感是實在內部變化的條件，爲心靈進化中的要素，不是僅爲物理原因所作用之進化的符號。並且，每一個內部的變化與外部的變化或運動不能分開，影響於外界的世界，所以在內部動作的觀念同時也藉着一切的結果而表現於外。因此心靈狀態之內部與外部效果是不能分開的，因爲在物理與心靈之間有根本的一致。

所以觀念與動作是不能分開的。『觀念不僅是思想的形式，並且是意志的形式；或者說觀念不是一種形式，而是一種動作，自覺其方向，性質與密度。』這種在思想與行動之間不可分的統一是最重要之心理學的公律，用『觀念力』一辭來總括之。並不是觀念在物理上干涉到宇宙的總機；這只表現『觀念力』爲賦有一定能力的事物。非氏的思想不能比較再更進一步了。他沒有視觀念能彼此分開，並賦每一種觀念以各個的權力。每一種意識的狀態就是行動的結果與在我們及外面世界之間的反應，而其關係卽爲在任何時間中之我們腦筋活動的總數。

由這種概念菲氏很容易引起他批評唯心論與唯物論所視爲靈魂與身體之間的關係，引起他批評靈魂與身體本身的觀念，最後他構成一種普遍的宇宙論，在這種宇宙論中動的世界認爲與觀念的世界不能分開，建立一個實在的一元論，『觀念力』的一元論，超乎唯物論與唯心論之上。由此很容易明白如何將此相同的原則應用到歷史哲學與法律哲學以及社會學問題的解決，此種問題爲菲氏的特別興趣。在這些事實中他是立在經驗論者與理性論者的系統之上；他處處用來布尼茲的話，說他們的肯定是對的，他們的否定是不對。總之，他的學說是很公平地討論他們與批評他們，並且與他們每一種都不相同。這種寬大的調和精神沒有使他的精力虛耗，但是我們一讀他的現代道德系統的批評一書，我們就感覺到一個系統的弱點在他也難逃出。

菲葉的哲學誠然是對於當時的學說能集其成，並且爲現在時候的智識需要。他的學說幾乎含有近代思想的一切要素；批評的精神極爲勇猛，輕視批評主義派，試驗義務的觀念有採取歷史與進化觀點的傾向；尊重實證的科學；對於社會問題頗有興趣；努力構造一種實證的心理學，並想建立一種玄學的科學能誠懇地解釋近代的知識論。這種努力的偉大與趣人人都可以看出。在相反間兩個系統的調和，菲葉是否已經達到了沒有他的哲學的結構，『觀念力』的概念是否能支持住他這樣一個無所不包的學說，這在將來可以看出。

我們不可將菲葉與他的內姪居友（Guyau）分開，他在哲學上具有天才，可惜沒有成熟就死了。他是三十三歲死的，由他遺留的著作很足以證明他的心靈的創造力。想構造一個完全的宇宙觀這不是他的野心；他很怕無論那一種玄學的系統常常缺少固定性。他的努力是特別趨向於道德，審美，社會與宗教的問題，以前對於這些問題的解決對於我們現在任何良心都不能給與滿足。居友以爲一個新的解決可以求之於社會學中。菲葉說：「居友主要的觀念是以生命爲藝術倫理與宗教的公共原則。這是他全系統的概念，依他說，生命包括在其緊張中，爲自然的擴張結果與寬大的原則。由此他下結論說道德的生命自然在其本身內能調和個人與社會的觀點。」由這種個人生活的社會化，同時我們可以建立藝術與道德的基礎，這種基礎由此可以堅固。居友希望在二十世紀能根據一種科學的心理學創造一種社會科學，這種心理學的初步在他那時候已被看見了。在此處可以看見孔德的影響是很顯然的；這種影響在居友別的思想中也可以看出，例如在他的靈魂不朽的概念中就可以看出。不過他的著作很能表示出個性，這一半是因爲他思想的誠懇，一半也因爲他文體的迷人。

六

我們所討論這個時期的許多學說，很少的著作能有如此敏銳，深奧與創造的見解如庫爾諾(Cournot)的著作一般。然而他的聲名只限於一個很小的範圍以內。固然在他的文體中沒有東西能引起公共的注意；然而許多引起公共注意的人曾經讀過庫爾諾，並且對於他們自己也很有益。庫氏具有謹慎的方法，對於科學也極有訓練，反對一切過於急迫的概括，他想決定說我們可以知道我們知識的基礎。許多哲學家在我們知識能力的分析中要求得問題的解決。庫爾諾想找一種別的方法。他很留心研究每一種科學人類智識建造這種科學爲獲得一較好的宇宙知識，並給以實際的影響。他分析這種原則，科學即依據此原則來建設他們的公律，並且想發現這件事是否可能，即將各種不同科學的方法與原則連結起來，獲得一組根本的觀念。這組根本的觀念將建立他的哲學。

在這種學說中有三個觀念是極爲重要，此種觀念極力避免一切先天的演繹，只構造一個經驗能保證的系統；這三個觀念卽是秩序，機會與或然。秩序存在於宇宙中。秩序卽是現象之規則的復現，此能使我們獲得牠們公律的知識，能使我們獲得將普遍的秩序置入於了解的形式中（卽我們的理性）之能力。但是這種秩序不是我們能藉心靈的抽象動作演繹出現象的公律。達到這些公律必須要藉歸納法，而歸納法不能含有絕對的確實，只含有或然，此在實際上或等於實然，但是不能不爲相反的機會留有餘地。因爲機會不是一個發明來隱藏我們的無知，如爲哲學家所說的；這是實在總數的積極要素；這包括一切原因所獨立發生的結果。機會的部分在歷史中是不能否認，卽在我們宇宙的進化中亦不少有機會，這種宇宙的進化可以視爲一種歷史。但是不論機會的實際活動如何，實際上有許多現象仍爲規則地出現，所以秩序是存在。我們由此所得的結論不能比較原則的本身更爲絕對；這種秩序包含有不規則與例外的可能；在數學的範圍以外，我們必須做成一個原則，保留一個我們所不能預知的地位。所以沒有實在現象的科學能要求絕對的確實，道德的科學比較別的科學要少些，而哲學比較倫理學更少。哲學只是將我們所知道的各種不同的現象連結起來，視秩序爲普遍的。哲學的討論表示這種概念是可能的。哲學是使入自然由思想而進於科學，但是哲學的本身不是一種科學。

這種學說很與實證主義及批評主義相近，但是與牠們仍有區別，並且注意於牠們的缺點。這種學說要我們反對太鹵莽的確定與臆度，我們的理性會放肆於這種確定與臆度中。但是哲學不敢承認其本身為一種哲學，哲學還能存在嗎？庫氏的學說固有很大的價值，但是他的學說仍不免相對的晦塞。一種哲學的學說可以是一個大假設；這或者是哲學的缺點，但這也是哲學存在的主要原因。

七

有許多思想家他們相信這樣一個假設是不可能，他們並且放棄尋找一個宇宙的絕對與總解釋，所以他們放棄追求本質因果與目的。他們仍然是哲學家，但是放棄了玄學的名稱。這種實證主義的傾向在許多範圍中都可以找到。

第一我們當述及科學家，如生理學家的伯爾拿（Clande Bernard），化學家的柏德樓（Berthelot），當柏氏有有價值之發現使科學益為豐富的時候，他並想到科學本身的範圍與性質。伯爾拿對於實驗方法的觀察極感興趣，他努力決定生理科學之確切目的，而他的結論竟與孔德對於生物學的哲學所說的極相同。一方面伯爾拿使生理學脫離玄學的殘餘糾纏。科學所要求者只在知道現象與牠們的公律。對於用「活力的原則」來「解釋」這些現象，科學是無能為力，科學所解釋的現象只是物理的與化學的現象，此在有生命與無生命之物體中都是相同的。但是在另一方面伯爾拿並不是要將生理學縮成物理學與化學。他十分知道用較低的解釋較高的這是相等，正如孔德所說的。他表示生命有些事是特別的並且不能完全縮成物理的與化學的機械論。他很注意

『支配觀念』的活動，這種觀念似乎管束住活物的進化，並且注意於這種必要，卽生物學家想明白這種現象在同時與別種現象相連結，並且與生物之過去生活所形成的現象相連結。總之，伯爾拿之主要目的是建立生理學的積極性質，與舊的實證科學之關係，但是不能干涉到牠的分開，創造與不可歸縮的性質。

柏德樓精通化學與化學史，也達到與實證哲學相離不遠的意見。他以爲科學的進步將使神學與玄學的態度消滅。因爲心靈對於自然律的知識很知道牠們就不能容納迷信與任意的假設。此處柏氏與十八世紀的科學家與哲學家的希望與信仰是相同的。他表示實證科學的影響已生出很大的變化；然而所有這一切的科學差不多剛剛是開始戰勝激烈的反對。當這些科學獲得威權的時候，能有超過我們現在夢想以外的發現的時候，此可改變社會生活的情形與道德的傳統規則，將來我們還有什麼不可希望的？因爲道德的科學變成實證的，是在別的一切科學之後，這不僅是實在的，並且是一定的。

這最後的一個階段似乎我們今日的心理學已經達到了。李播將折衷派之半文學與半玄學的心理學拋開，在法國創造科學心理學的研究。他不是一個實證主義者像孔德一般，視玄學的研究爲無用的與有害的；他曾著了一本很好的小書論叔本華，想使一切的問題都成爲公問題的討論。但是他的心理學的概念是完全與實證主義的精神相合。他下心理學定義爲事實的科學，這種科學唯一的目的是研究關於這些事實的公律。心理學家無需在唯物論與唯心論之間有什麼選擇，也無需決定靈魂影響身體，或身體影響靈魂；這是玄學家的職務。

心理學知道事實由內面的觀察，並且依照客觀的方法來研究牠們。他並不視心理的事實能構成與其他一切事實無關的實在秩序並且相反，不但不要說意識的事實只是心理事實的一面，並且他研究意識的事實，唯一的目的是要尋求與建立與神經系統之物理事實的連結。例如李播出版了許多書，在這裏面敏銳的心理學的能力與嚴格的科學方法是連結的。在他的每一本著作中他都是努力使許多特別的公律縮成一個普通的心理學的公律，此將供給理性以許多事實。他主張心理的科學達到至少能暫時滿足的學說，無需絕對的證明，在這方面與物理學的大假設是相同。跟着李播來的有一派青年的心理學家，他們不研究這種學說，他們用他們的全力於實驗的研究。在這種意義中的心理學與折衷派或蘇格蘭派所稱的心理學沒有一點相同。

社會學離這種實證的形式還很遠。依孔德說社會學還有許多點仍然在玄學的階段中。關於社會學的著作現在仍努力於辯護這種科學的合法，目的或方法。凡是討論社會學的人很少將社會學當作一種科學，每一個人都有他們自己社會事實的定義，推翻別人已有的基礎，自己另建一個新的基礎。在此種社會學的狀態中沒有什麽可以驚異。因爲社會現象爲最複雜的現象，所以社會學之達於實證的階段一定是最後的科學。在許多想組織社會學的企圖中，有些對於科學的將來是很有用。例如厄斯皮拿（Espinas），涂爾幹（Durkheim），塔爾得（Tarde）等人的著作就是屬於這一類。在時期上說厄斯皮拿是第一個研究『動物的社會』。涂爾幹在他的社會分工與社會學方法論（按此書有許德珩君譯本）二書中努力用實證科學的方法來討論道德生活的事實，即不僅很小心地觀察牠們，敍述牠們與使牠們分類，並且要找出在什麽方法中能變成科學研究的目的，因此要想在牠們當中發現出客觀的要素，能允許確切的決定，或者在可能範圍中能允許測量。假使『社會學事實』的定義是十分確切，那最大的困難可以戰勝，並且社會的科學也可以有很快的進步。也像別的實證科學一般，能給人以『預見與權力。』

使社會學的研究成爲嚴格科學的研究的需要，塔爾得比較不及涂爾幹感覺得厲害。他時而以心理學家來究研社會現象，時而以歷史學家，時而以哲學家來研究社會現象。他的最得意的方法是比較法。他對於意大利的犯罪學有很徹底的批評，特別是朗伯羅梭（Lombroso）的犯罪學（按此書有劉麟生君的譯本。）他自己的刑罰的哲學一書含有不少特創與豐富的意見。他的模仿律與其他著作也頗相同。有時在他豐富的觀念中，可以找出更系統的審美的甚至於玄學的信仰，這些信仰時時使牠們自己表現，並且給工作以統一。

八

我們如將法國現代哲學運動給一個總括的觀念實在是不容易。有許多著作我們只得割愛不述了。現在我們只能將在各方面的人名略爲述及。在心理學方面有波朗（Fr. Paulhan），愛格爾（Egger），札內（Pièrre Janet），裴淚（Féré），畢內（Binet），柏克森（Bergson）。在玄學方面有愛位藍（Evellin）與羅（Rauh）。在論理學方面有李愛爾（Liard），波若沙（Brochard），拿位勒（Nauille）。在道德與宗教哲學方面有馬里溫（Marion），阿淚拉泊雨（Ollé-Laprune）與薩伯弟亞（Sabatier）。在社會學方面有羅伯梯（Roberty），格立夫（Créef），拉孔伯（Lacombe）與米什勒（Michel）。在科學的哲學方面有得標夫（Delboeuf），杭內幹（Hannequin）與哥涂若（Couturat）。在美學方面有敍黎泊盧段姆（Sully-Prudhomme），遂阿液（Séailles）。在哲學史方面有亞丹（Adam），唐內立（Tannery），里昂（Lyon），得爾波（Delbos），兜尼斯（Denis）。還有許多別人，恕我不能一一在此敍述了。

以上所述的這一部分已是很多，所以很能原諒我們不能一一敍述了。誠然這種哲學的活動給以許多表徵，似乎同時也很紛散零亂。但是我們或者將現在哲學的傾向估價過高。對於這些將現代事作一鳥瞰的人，或者以爲我們的工作是一種空虛的幻像。或者在許多學說中間有重要的相同點爲我們所忽略，因爲我們時代的精神卽表現於這些相同點中，而我們未免過於注意次重要的不同點。在下一個世紀（按卽指二十世紀，因此書係成於一八九九年）的歷史學家將分辨出適當的比例，描寫這種複雜進化的主要色彩比較我們當更爲容易。

第十六章 結論

一

假使我們對於法國三百年來的哲學作一個總括的觀察，即自笛卡兒的出世直到現在，我們可以看出有兩個重要特點。在此三百年中法國哲學一方面保存了牠自己的特點，一方面也沒有與歐洲哲學的總演化分開；哲學與科學的發展是否有密切關係？這種發展是否爲文明國家的共同工作？哲學觀念的互相影響正如科學發現的互相影響相同。這種情形特別在法國，英國與德國是如此。這三個國家中每一個國家都歡迎外來的觀念，這種觀念在本國初起的時候尙未能引起很大的注意。我們如想像一種哲學的國際情形，可以知道相同的學說在一個時代中在一個國家可由受人的影響變而爲影響別人。

在這個共同的演化中什麼是屬於某一個國家的哲學？哲學的學說並沒有實體，只是特別天才的痕跡，只是學說的形式與表現，只是思想家與著作家的努力。在這種意義下就有了法國的哲學。所謂法國哲學就是在歷史上許多法國哲學家一致努力的結果，換言之，就是法國民族天才的表現。雖然在十七世紀法國的思想與文學之花多半爲古代及西班牙，意大利之沃土所浸潤；十八世紀的培根與洛克，十九世紀的康德與黑格爾對於法國的哲學都供給了不少的材料，但是經過法國許多天才的溶化與貫通，結果仍成了法國自己的思想。

大概說來，英國的哲學家多半不是純粹的哲學家，或從事政治，或盡力宗教，因此他們的研究也很雜。培根是一個政治家，洛克是一個物理學家，柏克立是一個主教。在近代還有許多是生理學家，又有別的人是從事於公共事務的。然而我們不能因此對於英國哲學的性質抽出任何顯明的特點。在德國有許多哲學家是開始研究神，而這種事實不是沒有結果。在法國許多大哲學家是研究數學，例如在十七世紀的笛卡兒就是解析幾何的發明家；巴斯噶是幾何學家與物理學家；麥爾伯蘭基是科學研究院的研究員；在十八世紀如封特涅爾，達蘭貝耳與康多塞；在十九世紀如孔德，李洛未與庫爾諾都是對於數學有很深的研究。還有許多人並不是幾何學家，他們對於數學也有極深的興趣。服爾德是第一個介紹牛頓的學說到法國的；康的亞克著作過微積分。這當然不是一件偶合的事，在歷史上已數見不鮮了。固然不能因此推說法國的哲學是完全根據於數學，但是在法國數學與哲學精神實在不能分開。

清楚明白為數學的特點，所以法國哲學也歡喜清楚明白。自笛卡兒以來，直到十八世紀之末，『清楚觀念的哲學』在法國都佔着極重要的勢力。這種哲學預先假定在各種實在的表現中，凡是最清楚的，證據最充分的，就是最適合的。我們眞理的來源就由這種完全明白的表現中得來，在確定我們的結論，經驗雖也有用，但科學知識的獲得卻無需於經驗。我們有了原則，即可由此原則推演出結論，正如在數學中由定理推演出結論一樣。笛卡兒如有『積』與『動』他就能構造出物理的宇宙。康的亞克如有感覺他就能構造心靈的機能與現象。盧梭之構造社會，孔德之構造實證宗教，與以上所舉的例是一樣，都是由一個原則演繹來的。

爲發現與建造這些原則起見，方法是必需的。所以法國的哲學家沒有一個不重視方法。數學能有確定與結果不是就因爲方法嗎？科學的價值就依賴於方法的嚴正。差不多法國的哲學家中每一個人都有他的『方法論』，每一個人都相信他的方法論比前人都進步。笛卡兒以爲方法就是科學的本身。康的亞克以爲一切東西都依賴於善用分析，這種分析就能發現自然的歷程。最後孔德以爲建設實證哲學的方法能應用到一切的知識上面。總之尋着了方法，哲學就建造起來了。其餘是實行的問題，這雖多少是複雜而且困難，但究非重要部分。德國的思想是先構造學說本身，而後再由學說中抽出方法來，至於法國的思想多半是依照他們的方法來形成他們的學說。清楚明白的需要仍表現於法國思想中；只有當思想的歷程已經決定了，關於實在的思想似乎對於他們是有益而且可能。

像這種哲學常常有演繹的野心，可以使許多人在方法中爲經驗論者，但是很少使人氣質上能成經驗論者。在這方面可以拿洛克與康的亞克來比較——一個是很謹愼地跟着觀察的事實跑，一個是尋着一個『最初的事實』，據此以推知其他的一切。這種哲學在另一方面絕不能允許一個絕對的預言，也不能允許一個超過理性與論理論證不相適合的神祕直覺。當然在法國也有許多神祕論者，並且有很著名的人，但是他們是屬於神學的歷史中，不屬於哲學的歷史中。如聖馬丁（St. Martin），巴郎士（Ballanche）與歧內（Quinet）雖也是哲學家，究竟很少有哲學的精神，並且他們的影響只限於法國，唯一的原因就是因爲他們的意見缺少哲學上之方法

與嚴正的形式

因爲這相同的原因，在法國哲學家中很少有眞正的玄學家。他們的精力多半消磨於科學的哲學與道德的哲學中；此外如情感的研究，智慧的分析，政治社會的組織以及科學的綜合與分類，都在他們研究的範圍以內。分類存在或現象，發現他們自然的限制與關係，使特殊的公律在可能的範圍內成爲普遍的公律，這就是大多數人自動努力的工作。

因爲他們不可否認的原則與嚴格的證明，所以數學的眞理很容易與一切理性的心靈相接近。法國的哲學家自己以爲他們所用的方法很嚴正，所達到的確定程度也很高，所以他們大聲疾呼說他們學說之普遍確實性並不在數學之下。並且他們說，就要心靈受過適當方法的訓練，即可明白他們所發現的眞理，他們的眞理不是爲少數的哲學家與科學家所寫的；所以他們稱他們自己爲智識的宣傳者，特別是在十七世紀與十八世紀。他們想像中的聽者是全人類，只有全人類才是他們哲學眞理的判斷者。

所以在他們的哲學中，他們極力想消除純粹國家的形式，他以爲這種形式不能使學說的普遍性質完全表現明白。在道德與社會科學中，他們研究『人』與『社會』；假使他們要討論一個社會，常常要將特別屬於一地方和一時期爲眞，與在一切地方及一切時期爲眞分開。這差不多是法國哲學家共同的色彩，孟德斯鳩如是，孔德亦如是。他們不僅想他們的學說擴張到上流階級，並且還想他們的學說鑽入到下流階級，鑽入到民衆中間，要使一切有理性的人，不論他的社會情形如何，都能了解眞理。法國的哲學家可以說沒有一個例外，他們都想與民衆接近。笛卡兒的方法論在法國就是一個很好的例子。十八世紀的哲學家沒有一個不想爲全法國人與全歐洲人所了解。在十九世紀許多思想家都從事於社會問題，想直接與民衆接觸。孔德對於天文學有十八年的通俗講演，想幫助工人得着智識的解放。他說他的實證哲學的成功，主要原因就在他們。

由此又可知法國哲學差不多都想使他們的學說與常識能完全適合——意思就是說，要使理性脫離了傳統的偏見，雖然他們的方法沒有什麽出奇，只是常識規則的應用。康的亞克明白說『自然開始是對的。』在他以後，有許多人還是這樣說。依孔德說實證的方法是『通俗理性之系統的擴大。』

這種想全人類都了解的哲學，不能忽略大多人的興趣與注意——卽生活與活動的實際事務。所以這種哲學有一種傾向，就是要使實用爲其理想的目的，雖然不使研究的自由完全附屬於直接有用的觀念之下。此處數學又可以做一個模範；應用數學是很有用，因爲純粹數學研究是理論的眞理，所以不能引起興趣。康多塞與孔德以爲最初決定經度的幾何學家與天文學家不知道他們的發現將來會救了許多航海人的性命。依笛卡兒說，倫理學，醫學與機械學這是直接對於人有用的科學，不過假使不能澈底了解這些應用科學所根據的理論科學，那這些科學也不能有好的結果。

法國的哲學家多半相信人力超過自然。在自然中，尤其是在社會的進化中，他們多半承認人的意志力量是一個重要的原因。笛卡兒所希望於科學的，比較我們現在對於科學所敢希望的更多。他以爲科學有一天能延長人的生命至於無窮。十八世紀哲學家對於敎育及立法勢力的信仰，這是人人知道的。至少在十九世紀的上半期，法國思想家對於政治與社會的概念也不是過度的胆怯。他們想在社會中尋出一個清楚與邏輯的秩序，在理性眼中看來要公平；如社會中無此秩序，他們就要建設一個秩序。就是歷史的知識都不足警告法國的哲學家反對一個先在的社會構造。秩序與公道在他們看來差不多爲構造理想社會必不可少的；雖然他們的學說往往流於空想，但在另一方面常常是很近乎人情與能提醒他人。

二

總括言之，上面所說的幾個特點都是互相關連的，在法國哲學中三百年來只有一個整個的笛卡兒的精神。這一位近代的大哲學家的痕跡在世界上很難消滅，笛氏在他的學說中表示他的天才，影響於法國的民族精神匪淺。這種精神在十七世紀之末已極佔勢力，在十八世紀經過了封特涅爾與孟德斯鳩，已流行於哲學家中，即康的亞克也不能不受影響，在法國大革命中雖暫時消沉，到十九世紀又復活了，直到孔德仍不能不承認這種精神，雖然稍有修改。這種精神很奇怪，雖淵源於中世紀，經過了文藝復興與宗教改革，仍能適合於近代哲學的批評工作。主要目的是要將科學與哲學思想使之與神學思想分開，根據於歷史遺訓的制度完全推翻，而代以公平合理的系統。因爲法國哲學含有理性普及與仁愛諸性質，並且因爲有清楚的邏輯，所以特別適宜於此種工作。

例如歷史學家就很知道這種精神。雖然十八世紀的『哲學家』沒有創造的精神，雖然他們是代表英國的經驗主義，然而他們仍被人認爲法國精神的眞正代表，並且在道德問題與社會問題中他們所用的方法完全與笛卡兒的方法相同。他們著作的才能，他們對於改革的熱心，使他們極端反對舊的制度，他們攻擊舊的制度眞是體無完膚。經過他們『返於自然』，公道，人道與平等的觀念傳遍了全歐洲。這些觀念在十八世紀的後半期甚爲流行，未遇到任何反對。到了十八世紀之末對於這種哲學的反動幾乎到處皆是，與對於法國普遍精神如文學與藝術的反動相應合。在法國大革命開始時，已見有這種反動的萌芽。新的學說告訴我們十八世紀的法國哲學是抽象與淺薄。這些新的學說表示這種哲學爲『人類』構造一個社會，一個政治的制度，與一個教育的系統，只是人的理想團體，在他們剛剛大破壞以後，無過去，無歷史，無傳統的遺訓，無任何一切的束縛，——沒有東西屬於一個實際的與活的人民。新學說贊成有民族意識，反對無所不包的大同主義。他們尊敬歷史注意遺訓，在可能範圍內恢復十八世紀所破壞的。

當這種反動在法國得勝的時候，法國哲學吸收了許多外國的材料——蘇格蘭與德國。到了孔德，法國哲學又恢復了法國國家的哲學，而同時笛卡兒派也恢復了他們的方向；然而卽是孔德仍感覺到傳統潮流的影響。對於孔德的影響一部分是梅斯特，一部分是他極力稱讚的中古天主教的組織，與他對於十八世紀許多哲學家的輕視，他以爲他們只完成了一半的工作，結果是純粹的破壞。自這個時候起，法國哲學有一部分爲十八世紀的精神所控制，保存牠的批評的傾向；一部分是改造運動所控制，依歷史家說，這種運動是我們現在十九世紀的特點。這種分裂的態度就是對於民衆心靈影響弱的一個原因。

然而不論文明國家的政治將來是如何，『民族哲學』之衰頹已露端倪。在近代歐洲哲學的演進中，法國的天才與英國及德國的天才相同，均有一部分特別的活動，這一部分的活動變成公共發展的重要要素。實證的科學（哲學與之極有關係）是無國界的，是純粹國際的。社會學與科學的心理學在德國，美國，英國與法國在同時用相同的方法培養成功的，又如論理學與知識論也是相同的。我們現在正趨向於這種情形，即將來無所謂法國，英國德國或美國的哲學，只有一種文明人類的共同哲學。此在中古時代就如此。因爲許多原因的影響，特別是大歐洲國家的組織，哲學像文學與藝術一樣，形成了民族的特點，每一個大國家均有其自己的思想家，正如每一個國家有其自己的著作家與藝術一樣。但是這種時候將要來到，即民族特點將漸漸減少，哲學將沒有地理的限制。

在將來公共的哲學工作中，法國的一部分是什麼？這個問題的回答一定是很冒險，因爲有許多事實在是不能預料，只有天才的出現才能使人類的心靈前進。無論如何，一個國家產生出這些人，如笛卡兒，麥爾伯蘭基，孟德斯鳩，狄德羅與孔德，更希望在人類神聖的羣衆中能供給更多的領袖。但是哲學的演進究取什麼方向，這是很難斷言。舊的玄學形式似乎漸漸消滅了，不論其復興的潛力是如何。牠們的（指舊玄學）證明已經是過時了，因爲在最近兩世紀批評主義已明白表示牠們的過錯，並使牠們失了效力了。但是由這種批評主義發生出一種知識論，或者再由這種知識論發生出一種新的玄學（或稱玄學的科學）。

歷史告訴我們哲學的革命是漸漸完成的，當時認爲很激烈的呼聲，後來成爲很慢的過渡。我們的時候無疑是大的過渡階段，卽人的心靈由宗教教條支配他的心靈的情形過渡到另一種將來要實現的情形，這種情形或者也爲宗教的，但是教條將無勢力了。在這種解放的長奮鬥中，現在仍未能完成，忽退忽進，有幾個完全停頓的時期。在十九世紀曾有嚴重的反動，但是我們相信這些反動只是偶然的，他們的歷史原因是很顯明的，對於人類發展的普遍進步只有暫時的影響。雖然這種發展的發生是服從公律，但是由這一個階段達到另一個階段的過渡，是爲深的道德與社會變化所完成。這種變化只能由爭鬥，痛苦的攻擊與激烈的反對才能達到。那些反對這種變化的人，他們的努力正如產生這種變化的人之努力是一樣的。這種爭鬥反射在學說的衝突中，代表了我們的這個時代，而法國現在哲學的情形表現一個很忠實的描寫。

敬啟

『民國專題史』叢書，乃民國時期出版的著名學者、專家在某一專題領域的學術成果。所收圖書絶大部分著作權已進入公有領域，但仍有極少圖書著作權還在保護期內，需按相關要求支付著作權人或繼承人報酬。因未能全部聯系到相關著作權人，請見到此説明者及時與河南人民出版社聯系。

聯系人 楊光

聯系電話 0371-65788063

2016年3月28日